Norberto Bobbio: Trajetória e Obra

COLEÇÃO PERSPECTIVAS
dirigida por J. Guinsburg

Supervisão editorial: J. Guinsburg
Coordenação de texto: Luiz Henrique Soares e Elen Durando
Preparação de texto: Lilian Miyoko Kumai
Revisão: Adriano C.A. e Sousa
Capa e projeto gráfico: Sergio Kon
Produção: Ricardo W. Neves, Sergio Kon e Raquel Fernandes Abranches

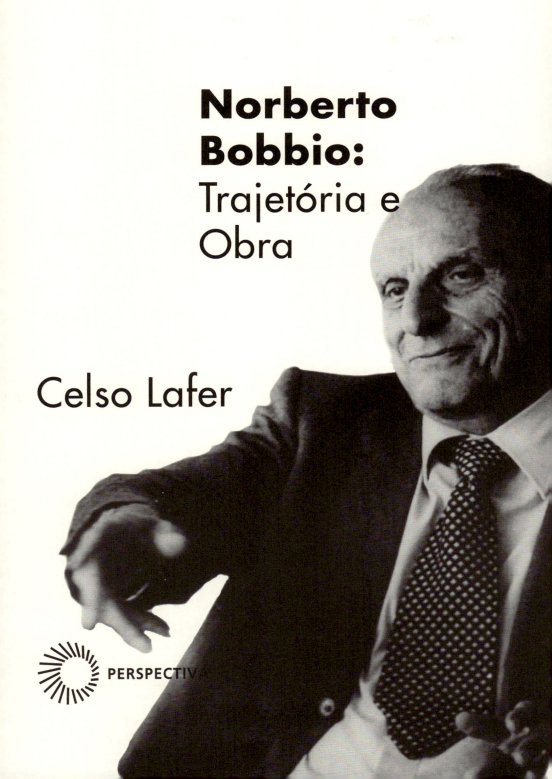

Norberto Bobbio:
Trajetória e Obra

Celso Lafer

PERSPECTIVA

CIP – Catalogação na Publicação
(Sindicato Nacional dos Editores de Livrso, RJ)

L163n

Lafer, Celso, 1941-
Norberto Bobbio: trajetória e obra / Celso Lafer. – 1. ed., 1. reimp. –
São Paulo : Perspectiva, 2013.
(Perspectivas)

Inclui bibliografia
ISBN 978-85-273-0976-9

1. Bobbio, Norberto, 1909-2004. 2. Juristas/Politólogos – Brasil –
Biografia 3. Direito, Ciência Política, Teoria das Relações Internacionais
I. Título. II. Série.

13-00670

CDD: 923
CDU: 929:32

30/04/2013   02/05/2013

1ª edição, 1ª reimpressão

Direitos reservados em língua portuguesa à
EDITORA PERSPECTIVA S.A.
Av. Brigadeiro Luís Antônio, 3025
01401-000 São Paulo SP Brasil
Telefax: (11) 3885-8388
www.editoraperspectiva.com.br
2013

Sumário

Apresentação   23

Parte I   PERFIL

1.   A Autoridade de Norberto Bobbio   31
2.   Um Professor: A Autobiografia de Bobbio   49

Parte II   RELAÇÕES INTERNACIONAIS

3.   O Problema da Guerra e os Caminhos da
Paz na Reflexão de Bobbio   59
4.   Guerra, Direito e Poder no Golfo Pérsico   77
5.   Bobbio e as Relações Internacionais   85
6.   Paz e Guerra no Terceiro Milênio: Os Ideais
de Bobbio, Balanço e Perspectivas   117

Parte III DIREITOS HUMANOS

7.   *A Era dos Direitos*: Uma Apresentação   133

8.   Bobbio e o Holocausto: Um Capítulo de Sua
       Reflexão Sobre os Direitos Humanos   147

Parte IV TEORIA JURÍDICA

9.   *Teoria do Ordenamento*: Uma Apresentação
       da Concepção de Bobbio Sobre a Estrutura
       do Direito   159

10.   *Da Estrutura à Função*: O Olhar de Bobbio
       Sobre a Função Promocional do Direito   171

Parte v TEORIA POLÍTICA

11. Filosofia do Direito e Filosofia Política:
Notas Sobre a Defesa da Liberdade no
Percurso Intelectual de Norberto Bobbio 179

12. Sobre *Estado, Governo, Sociedade: Para uma
Teoria Geral da Política* 197

13. Bobbio: Razão, Paz e Democracia 201

14. Hobbes Visto por Bobbio 213

15. Democracia e Relações Internacionais:
O Cenário Contemporâneo
e as Reflexões de Bobbio 219

16. Sobre *Qual Democracia?* 233

Bibliografia 243

Créditos das Ilustrações 252

a Michelangelo Bovero

*... a tarefa da inteligência humana é tirar
o valor das coisas da obscuridade para a luz.*

San Tiago Dantas
D. Quixote: Um Apólogo da Alma Ocidental

Apresentação

Bobbio, ao fazer, em 1994, um balanço de sua trajetória, observou que a sua obra caracterizava-se por livros, artigos, discursos sobre temas diversos, ainda que ligados entre si[1]. Parte muito significativa e relevante da sua obra é constituída por volumes que são coletâneas de ensaios, reunidos e organizados em função de seus nexos temáticos. Esses volumes de ensaios cobrem os diversos campos do conhecimento a que se dedicou: a teoria jurídica, a teoria política, a das relações internacionais, a dos direitos humanos e o vínculo política e cultura, rubrica que abrange a discussão do papel do intelectual na vida pública. Esses volumes são representativos do contínuo *work in progress* da trajetória intelectual de Bobbio, esclarecendo como, no correr dos anos, por aproximações sucessivas, foi aprofundando a análise dos temas recorrentes do seu percurso de estudioso.

Nessa linha e à sua maneira, reúno neste livro os meus principais textos sobre Bobbio. Foram redigidos num arco do tempo que se estende de 1980 até 2011. Estavam, até agora, dispersos em prefácios aos seus muitos livros publicados no Brasil, capítulos de obras coletivas dedicadas ao seu pensamento, artigos sobre suas contribuições aos diversos campos do conhecimento a que se dedicou, alguns dos quais vieram a integrar livros que fazem parte da minha bibliografia. Todos os meus textos, desde o primeiro, buscam, além do seu desenvolvimento específico, articular os nexos existentes e as interligações que proporcionam a coerência e o sentido de direção à obra e à trajetória de Bobbio.

O Futuro da Democracia, p. 16.

Este livro, assim, no seu conjunto, explora, pelo método de aproximações sucessivas, os nexos e as interligações que, como mencionei, caracterizam, numa dialética de complementaridade, o percurso de Bobbio. Está organizado, para efeitos analíticos, em cinco partes. Na Parte I, dois ensaios tratam do seu perfil de intelectual público e de professor. Na Parte II, quatro ensaios examinam a sua contribuição para o mundo das relações internacionais, com ênfase na situação-limite paz/guerra, que permeia a vida internacional, e nas possibilidades dos caminhos da paz. Na Parte III, dois ensaios discutem o papel da afirmação dos direitos humanos como *vis directiva* da convivência coletiva. Na Parte IV, dois ensaios explicitam como Bobbio inovou a teoria jurídica, seja pelo esclarecimento que trouxe para a análise da estrutura do Direito, seja pelo entendimento de sua função promocional de condutas. Finalmente, na Parte V, seis ensaios tratam de seus aportes à teoria política, tendo como fio condutor a defesa da liberdade, a preocupação com a igualdade e o valor da democracia.

Os campos do conhecimento a que Bobbio se dedicou e os seus temas recorrentes são aqueles aos quais consagrei a minha vida de estudioso. Na sua obra e no seu exemplo, encontrei uma referência fundamental que vem norteando a minha maneira de ver as coisas e tratar dos assuntos. Por isso empenhadamente consagrei-me à recepção de sua obra em nosso país e a examinei em livro escrito em parceria com Alberto Filippi, dedicado à irradiação de seu pensamento e exemplo no mundo ibero-americano, publicado em 2004[2]. Também tratei de "Bobbio in Brasile", na seção "Bobbio nel mondo" do livro sobre os itinerários de leitura da sua obra, organizado por Valentina Pazé e publicado na Itália em 2005[3].

Os ensaios reunidos neste *Norberto Bobbio: Trajetória e Obra* articulam as razões e são um testemunho pessoal do porquê eu o considero um dos grandes pensadores do século XX. O século XX foi um século de extremos, como o qualificou Hobsbawm. Lembro, nesse contexto, que Bobbio viveu os seus anos de formação no período fascista, ao qual se opôs, participando da Resistência. Teve, assim, a experiência vivida do deletério significado da fúria dos extremos, voltada para a destruição da razão e a glorificação da violência, das quais o regime de Mussolini foi um dos emblemas.

Os conceitos, numa época como a nossa, de universais fugidios, têm, na sua elaboração, a instigação da experiência vivida, como aponta Hannah Arendt[4]. É por

2   *A Presença de Bobbio*, p. 125-160.
3   *L'Opera di Norberto Bobbio*, p. 95-121.
4   *Between Past and Future*, p. 3-15.

esse motivo que se pode dizer, na linha de Pier Paolo Portinaro[5], que a oposição à fúria dos extremos e aos riscos de seus desdobramentos na política, no direito, na cultura e na sociedade é o fio condutor subjacente da obra de Bobbio e de sua atuação de intelectual militante, inserida no âmbito da especificidade do socialismo-liberal da esquerda democrática italiana. A obra e a militância de Bobbio deram-se basicamente nos anos subsequentes à queda do fascismo, no espaço público e acadêmico aberto pela redemocratização da Itália. Cobrem, fundamentalmente, o período que se estendeu da segunda metade da década de 1940 até boa parte da década de 1990 e são, nas suas diversas vertentes, contempladas nas cinco partes deste livro.

Bobbio buscou alternativas à fúria dos extremos, desatada no século xx, explorando caminhos de saída do labirinto (uma das suas metáforas prediletas) da convivência coletiva no mundo contemporâneo. Uma característica fundamental do seu magistério que explica o impacto da sua reflexão é uma inexcedível clareza no trato de assuntos complexos. Na obra de Bobbio, para recorrer ao que dizia o poeta Eugenio Montale, em *Ossi di seppia*, "tendono alla chiarità le cose oscure". Este também aponta no seu *Diario del '71 e del '72*, que "Tra chiaro e oscuro c'e un velo sottile". Bobbio lida com a obscuridade e os véus, mais ou menos sutis da ignorância e da má-fé, através da inteligência, cuja tarefa, como afirmou San Tiago Dantas, é precisamente "tirar o valor das coisas da obscuridade para a luz".

No exercício dessa tarefa são características específicas do modo de pensar e de expor de Bobbio a superior *ars combinatoria*, fruto de grande rigor analítico, precisa capacidade de contextualização histórica, arguto discernimento do relevante, sábio e erudito uso da "lição dos clássicos" e criativa engenhosidade no emprego e construção de dicotomias que permitem captar diferenças e lidar com o complexo pluralismo ontológico da realidade.

O ponto de partida do exercício da tarefa da inteligência por parte de Bobbio, que esclarece a dimensão de sua integridade intelectual é, para valer-me das suas palavras em *Política e Cultura*: "a inquietação da pesquisa, o aguilhão da dúvida, a vontade do diálogo, o espírito crítico, a medida no julgar, o escrúpulo filológico, o sentido da complexidade das coisas"[6].

O professor Antonio Candido, no generoso prefácio que escreveu para o meu primeiro livro, *O Judeu em Gil Vicente*, publicado em 1963, apontou que o "senso da complexidade" permeava as minhas análises. Na obra e no exemplo de

Introduzione a Bobbio, p. 3.
Politica e cultura, p. 281.

apresentação

Bobbio encontrei um caminho para lidar com o "senso da complexidade" que, desde moço, é a inquietação do meu percurso de estudioso. É por esse motivo que considero Bobbio um dos meus grandes mestres e uma referência fundamental na minha trajetória, que tem também a sua razão de ser nas coincidências e afinidades que provêm do fato de que os campos do conhecimento e da militância intelectual a que se dedicou são, como mencionei, os meus.

Permito-me ir concluindo esta apresentação com mais uma nota pessoal. Bobbio observou que na medida em que se passam os anos "contano più gli affetti dei concetti". Quando, como é o meu caso com relação a Bobbio, o afeto coincide com os conceitos e as posições, compreende-se por que este livro tem, para mim, o significado de um tributo à sua memória e à atualidade do seu legado que, espero, os textos reunidos neste volume contribuam para irradiar. Tem, também, por analogia, uma correspondência na obra de Bobbio com os vários volumes dos seus escritos de testemunho, nos quais homenageia, como disse no prefácio a *Maestri e campagni,* de 1994, aqueles intelectuais que, mesmo em anos difíceis, empenhadamente afirmaram "a liberdade contra a tirania, a tolerância contra a prepotência opressora, a unidade dos homens acima das raças, das classes e das pátrias que impede as divisões que provocam a diferença entre eleitos e condenados"[7].

Em *O Tempo da Memória,* Bobbio afirma que uma frase que o define está no prefácio ao seu *Italia civile: ritratti e testimonianze*: "Da observação da irredutibilidade das crenças últimas extraí a maior lição da minha vida. Aprendi a respeitar as ideias alheias, a deter-me diante do segredo de cada consciência, a compreender antes de discutir, a discutir antes de condenar", e arremata a frase dizendo em tom confessional que detesta os fanáticos[8]. São esses fanáticos, observo eu, que continuam desencadeando a fúria dos extremos à qual Bobbio se contrapôs com o vigor da lucidez do seu magistério. Esse magistério – que retém tanta atualidade no labirinto da convivência coletiva que nos cerca – tem sido para mim uma fonte permanente de inspiração, que não se cinge à leitura de sua obra, com a qual me familiarizei desde jovem, como cultor da filosofia do direito. Foi vivificada porque pude beneficiar-me das lições hauridas no contato pessoal.

Tive o privilégio de conhecer Bobbio quando da sua vinda ao Brasil em 1982,

7   *Maestri e campagni*, p. 7-8.
8   *O Tempo da Memória*, p. 172-173; *Italia vile – ritratti e testimonianze*, p. 11-12.

participando de um encontro sobre sua obra, organizado por Carlos Henrique Cardim na Universidade de Brasília e, subsequentemente, acompanhando-o a São Paulo, em parceria com o meu fraternal amigo Tercio Sampaio Ferraz Jr., nas atividades acadêmicas e conferências que realizou na Faculdade de Direito da Universidade de São Paulo (USP).

Esse foi o ponto de partida do meu relacionamento pessoal e, ouso dizer, de uma amizade com Norberto Bobbio que se adensou no correr dos anos graças a Michelangelo Bovero. Conheci Bovero em julho de 1989, em Buenos Aires, no XII Congresso Interamericano de Filosofia de que ambos participamos. Bovero me procurou naquela ocasião por indicação de Bobbio, e esse foi o início do nosso diálogo e de uma fraternal amizade. Ele me convidou para participar, em Turim, das celebrações dos oitenta anos de Bobbio. Compareci a essas celebrações de natureza acadêmica, acompanhado de Mary, minha mulher, e os renovados contatos pessoais com Bobbio e Dona Valeria, sua esposa, que o acompanhou na sua visita ao Brasil, deram ensejo para que, no correr dos anos, sempre estimulado por Bovero, vim a ter a oportunidade de inúmeras vezes visitar o grande mestre em Turim, no seu apartamento da Via Sacchi, de participar de seminários em que ele atuou, além de com ele corresponder-me.

Recordo com emoção que a última vez que, acompanhado por Bovero, estive com ele, foi em novembro de 2003, pouco antes do seu falecimento, em janeiro de 2004. Pude transmitir, com gratidão, como as suas lições não só me ajudaram na elaboração das razões que, na condição de *amicus curiae*, apresentei ao Supremo Tribunal Federal no caso Ellwanger, como também foram acolhidas pelos ministros nesse *leading case* que qualificou o antissemitismo como uma prática de racismo[9].

Bovero foi aluno, assistente de docência de Bobbio e seu coautor, e é hoje seu sucessor na cátedra de Filosofia Política da Universidade de Turim. É, entre os seus muitos discípulos, amigos e companheiros, o mais dedicado estudioso e organizador do seu legado, sobre o qual tem escrito trabalhos admiráveis. É um intelectual de primeira plana que vem levando adiante, com profundidade e rigor, as linhas do pensamento e militância traçadas por Bobbio. Foi com Bovero que discuti e dialoguei sobre todos os textos que escrevi sobre Bobbio desde 1989, que são a maior parte dos que integram este livro. Por

A Internacionalização dos Direitos Humanos, p. 33-120.

apresentação

todas essas razões, pelas afinidades e coincidências que nos unem, este livro é a ele dedicado com afetuosa admiração, na convicção de que ninguém mais do que ele apreciaria um trabalho consagrado à memória da obra e da atuação de Norberto Bobbio, nosso mestre comum.

São Paulo, junho de 2013

Parte I **Perfil**

1. A Autoridade de Norberto Bobbio[1]

*What ultimately stills the fear of death
is not hope or desire but
remembrance and gratitude.*

Hannah Arendt[2]

I

Bobbio, como ele mesmo observou, tem o gosto e o instinto das combinações. Em sua *ars combinatoria*, vale-se constantemente das dicotomias, utilizando-as como instrumento metodológico para distinguir e diferenciar, e desse modo clarificar, uma realidade percebida como complexa e concebida como pluralista. *O Tempo da Memória: "De senectute" e Outros Escritos Autobiográficos*, seu último livro, insere-se nessa tendência recorrente, caracterizadora de sua trajetória intelectual. Pode, assim, ser dividido em duas partes, distintas mas complementares, implantadas em um contínuo: o de sua vida.

Prefácio a *O Tempo da Memória: "De senectute" e Outros Escritos Autobiográficos* (1997). "O que, em última instância, refreia o medo da morte não é esperança ou desejo, mas lembrança e gratidão" (Tradução nossa). Cf. H. Arendt, *Love and Saint Augustine*, p. 52.

A primeira parte é a grande reflexão sobre o significado da velhice no mundo contemporâneo, em especial a dos *très âgés*, os da "quarta idade", vale dizer os que estão, como Bobbio, com mais de oitenta anos e se multiplicaram graças aos progressos da medicina e da saúde pública. Esses se tornaram um novo tema – social e psicológico –, pois não só cresceu o número de velhos nas sociedades como aumentou o número de anos que as pessoas, em sua individualidade, vivem como velhos. A reflexão tem aí como pano de fundo, como é usual na obra de Bobbio, uma prévia indagação sobre a pertinência da "lição dos clássicos". Bobbio registra que os clássicos – regra geral – escreveram sobre a velhice aos sessenta anos – como é o caso de Cícero – com o objetivo de desdramatizar a morte e fazer a apologia da sabedoria da idade. Trata-se de uma lição inequivocamente precária para os dias de hoje, quando o conhecimento se desatualiza e se desgasta rapidamente. Por isso somos de uma época de "tantos mestres e nenhum mestre". Daí a necessidade de repensar o tema, o que ele faz na primeira parte do livro.

A segunda parte é um conjunto de ensaios, redigidos entre 1979 e 1996, que também, como é característico da obra de Bobbio, resultam do método de aproximações sucessivas. São várias tentativas de balanço e avaliação de sua vida – basicamente, a de um professor universitário, com uma rotina privada serena, que por isso mesmo não manteve um diário íntimo, mas construiu uma bibliografia. A bibliografia de Bobbio é expressiva e enormemente representativa de um intelectual inquieto, voltado para a análise e a reflexão, de grande curiosidade e múltiplos temas, que buscou com rigor conhecer as coisas e compreender o mundo – o mundo do século xx que viveu duas guerras mundiais, a Revolução Russa, o comunismo, o fascismo, o nazismo, Auschwitz, Hiroshima, o equilíbrio do terror das armas nucleares, o fim da Guerra Fria, a desagregação da urss e o terrorismo internacional, para enumerar alguns dos eventos dramáticos do tempo histórico de Bobbio.

A atitude dele diante desse mundo é a de um "iluminista-pessimista" que confia no papel da razão esclarecida nos interstícios de uma realidade factual repleta de horrores. Esse papel pode e tem sido exercido por ele, kantianamente, pelo uso público da própria razão, por meio do diálogo com os conceitos e os homens. Um diálogo norteado pelas virtudes laicas da dúvida metódica, da moderação, da tolerância e do respeito pelas ideias dos outros, e conduzido pelas armas da crítica, mas sem os ímpetos desqualificadores de um cruzado-missionário. É assim que se contribui, no entender de Bobbio, para a verificação dos caminhos sem saída do labirinto – uma de suas metáforas prediletas – da vida e da convivência coletiva. Esses são assuntos que ele analisou em profundidade, cultivando, como professor de filosofia do direito e de filosofia política, os estudos jurídicos e políticos, e valendo-se continuamente desses dois pontos de vista – o do Direito e o do poder –, que são tão relevantes para o entendimento dos complicados problemas do convívio humano.

Qual é a relação entre as duas partes do livro, que acabo de indicar? Na primeira, Bobbio diz que a velhice não é uma cisão em relação à vida precedente. É uma continuação da adolescência, da juventude, da maturidade, que podem ter sido vividas de diversas maneiras. Por exemplo, como uma montanha a ser escalada, como um rio em que se está imerso, como uma selva em que se está perdido. Diz ele também, na segunda parte, que sua vida, com seus eventos próprios, e sua obra se interpenetram e se iluminam. Assim, parece-me metodologicamente que, para entender o alcance e o significado de sua reflexão sobre a velhice, devemos começar pelo exame da avaliação que faz sobre o próprio percurso de vida. Nesse contexto, e considerando que nele a produção intelectual é não só diário, mas também o que há de mais relevante em sua biografia, vale a pena sublinhar que ele registra, percorrendo o índice analítico da primeira edição de sua *Bibliografia*, que o tema mais versado é o da relação entre política e cultura, com destaque para as várias atitudes do intelectual diante do poder.

É nesse âmbito que quero, inicialmente, discutir *De senectute*. Adianto que a pergunta instigadora que me move é a aspiração de desvendar como Bobbio foi se convertendo, no correr de sua vida, em um ponto de referência do debate público na Itália, mas também fora desse espaço geográfico--intelectual-político em que basicamente se moveu. Em síntese, a pergunta é: por que é ele uma autoridade cuja palavra, impregnada de uma *gravitas* própria, é lida e ouvida com prioridade em relação à dos demais integrantes da frugal *res publica* da consciência? Palavra caracterizada por um impacto em relação aos seus destinatários, que, se é menos que um comando, é mais que um conselho – para valer-me da qualificação do grande romanista Mommsen, citado por Hannah Arendt (1906-1975) no ensaio "Que é Autoridade?", que integra *Between Past and Future* (Entre o Passado e o Futuro). É claro que ao me referir a essa passagem de Mommsen, estou pensando no importante estudo de Bobbio sobre a diferença dicotômica entre comandos e conselhos no qual, todavia, ele não trata desse *tertius* situado entre ambos[3].

II

Bobbio, que não se considera um homem de ação, mas de contemplação, registra como decisiva importância em sua vida a Resistência e os meses da guerra de libertação da Itália do fascismo e da ocupação nazista, de que participou ativamente. Trata-se de um tempo existencial, configurador de um "antes" e um "depois". Valendo-me de observações de Hannah Arendt[4], diria que esse breve tempo de *vita activa* foi para ele, como para tantos intelectuais que participaram na Europa da resistência à opressão, uma oportunidade de se encontrar e de transcender a opacidade da vida privada dos anos de chumbo do fascismo. Representou a *public happiness* proveniente de um agir conjunto no espaço público criado por parceiros na ação e ensejador da experiência da liberdade como participação.

A experiência de *vita activa* foi para Bobbio e seus companheiros tão relevante que a organização política, ainda clandestina, à qual aderiu em 1942, denominava-se, significativamente, Partido de Ação. Era um partido de intelectuais, sem maior enraizamento na sociedade civil, inspirado no socialismo liberal – entre outros de Carlo Rosselli –, que via na guerra de libertação não uma guerra de classes, mas a antecipação de uma revolução democrática. Na Resistência, os intelectuais do Partido de Ação combateram lado a lado com os comunistas, neles reconhecendo, independentemente das divergências, uma grande força ideal. Pelo Partido de Ação, que teve curta duração na cena política, Bobbio concorreu sem sucesso às eleições para a Assembleia Constituinte italiana de 1946, mas nos anos seguintes não teve nem vontade nem encorajamento para buscar outra oportunidade de ser um ator político militante.

É certo que muito mais tarde Bobbio passou a ter alguma atuação legislativa, quando se tornou, em 1984, já sendo um homem de idade, *senatore a vita*.

3   *Studi per una teoria generale del diritto*, p. 49–
4   *Between Past and Future*, p. 4-5.

parte i: perfil

Foi nomeado pelo então presidente Pertini, nos termos do artigo 59 da Constitução italiana, "por altíssimos méritos no campo social, científico, artístico e literário". A nomeação foi um reconhecimento explícito, pelo sistema político italiano, de sua autoridade intelectual, cabendo observar que, no Senado, Bobbio sempre se viu mais como espectador curioso do que como protagonista. Ao longo da vida, portanto, Bobbio foi construindo sua autoridade pública, não como ator político, mas essencialmente como intelectual, graças ao poder ideológico que se exerce sobre as mentes através da produção e da transmissão de ideias, pela palavra.

A autoridade pública de Bobbio é assim paradigma de um dos tipos ideais de relacionamento positivo entre o intelectual e o político: o que não visa a exercer o poder, porque este corrompe a liberdade do juízo da razão, mas faz uso público da razão, convencido de que esse uso serve para bem iluminar os assuntos de governo, consoante a lição de Kant no fecho do segundo suplemento de *Para a Paz Perpétua*[5].

Nesse magistério intelectual, cuja força expressiva não é política, Bobbio teve, na Itália, dois eminentíssimos antecessores, que viveram longos e laboriosos anos e foram os mestres de sua geração: o filósofo Benedetto Croce (1866-1952) e o economista Luigi Einaudi (1874-1961). Croce e Einaudi exprimem vertentes distintas do pluralismo que caracteriza a doutrina liberal. O primeiro emblematiza o liberalismo político; o segundo, a relação entre liberalismo econômico e político. Sobre esse tema – liberalismo na política, liberismo na economia – debateram durante o regime fascista, ao qual resistiram e contra o qual combateram, mantendo vivas e com dignidade as múltiplas dimensões da cultura liberal[6].

No plano da presença política, Bobbio se diferencia de Einaudi e Croce porque estes, sem prejuízo do fundamental, que foi o magistério de influência que os caracterizou, tiveram mais ação política direta. Einaudi, no pós--guerra, foi o primeiro presidente da República parlamentarista italiana. Croce foi chefe do Partido Liberal, ministro, ainda que por breves períodos, e senador. No plano das ideias, são muito expressivos os pontos que separam Bobbio de ambos, não cabendo aqui apontá-los. O que os une é a filiação comum ao campo liberal.

O que se pode dizer dessa filiação, do ponto de vista da construção da autoridade pública de Bobbio? Autoridade, etimologicamente, como lembra Hannah Arendt,

Cf. *Il dubbio e la scelta*, p. 12-13, 151-152.
Ibidem, p. 107.

provém do latim, do verbo *augere*, aumentar, e a *auctoritas*, que em Roma residia institucionalmente no Senado, derivava da responsabilidade de zelar por aquilo que podia ser acrescentado à tradição histórica romana[7]. Bobbio, no meu entender, acrescentou à tradição liberal algo significativo que o diferencia de Croce e Einaudi. Esse *algo*, que é um ingrediente importante na construção de sua autoridade, expressa-se na postura de suas obras de cultura militante, como ele as qualifica, e enraiza-se na experiência breve, mas decisiva, de *vita activa*.

Aliás, ele próprio reconhece que os artigos, recentemente coligidos e republicados, que escreveu para a imprensa em 1945-1946, depois da queda do fascismo, no calor da hora de sua militância no Partido de Ação, tratam inicialmente, mas de forma convergente, dos temas de cultura militante, que depois veio a examinar e desenvolver maduramente[8].

Explico-me, a respeito desse *algo* que Bobbio acrescentou a Croce e Einaudi, com uma consideração preliminar sobre a tradição liberal. Esta, ao contrário da socialista, na qual o poderoso legado de Marx abafou outros pontos de referência, é pluralista. Tal é nas suas origens, nos seus clássicos, e mantém-se nesses moldes nos seus desdobramentos. Assim, por exemplo, Kant e Adam Smith, Humboldt e Tocqueville, Benjamin Constant e John Stuart Mill, Raymond Aron e John Rawls, Popper e Isaiah Berlin, se têm afinidades que permitem integrá-los na doutrina liberal, caracterizam-se também por diferenças muito apreciáveis. É por esse motivo que convém falar em liberalismos, no plural, e não em liberalismo, no singular, no trato de uma doutrina que contém tanto vertentes de vocação conservadora quanto vertentes de índole inovadora. Bobbio é um expoente da vertente inovadora de esquerda, pois, para ele, na sua elaboração neocontratualista e republicana, liberalismo quer dizer mais liberdade e menos privilégios[9].

Pluralismo e reconhecimento do valor e importância da diversidade, que caracterizam a doutrina liberal, não significam relativismo axiológico. Na abertura de *De senectute*, Bobbio observa nesse sentido, reiterando a defesa do Partido de Ação, acusado no correr dos tempos de ter sido excessivamente condescendente em relação aos comunistas e excessivamente severo em relação aos fascistas, o que não existe, nem deve ou pode existir equidistância ou equivalência entre fascismo e antifascismo. O fascismo opõe-se frontalmente ao valor liberdade, que nas suas múltiplas

7 Cf. *Between Past and Future*, p.120-128.
8 Cf. *Tra due Repubbliche*.
9 *Liberalismo e Democracia*; e *Il futuro della mocrazia*, p.115-140.

36   *parte i: perfil*

dimensões é o cerne da doutrina liberal. Além do mais, ainda que menos feroz do que o nazismo, foi a primeira ditadura imposta no coração da Europa depois da Primeira Guerra Mundial e foi responsável, ainda que subordinado a seu poderoso comparsa do Eixo, pelo desencadear da Segunda Guerra Mundial. Era, portanto, o inimigo, ao contrário dos comunistas, que eram adversários. Daí a postura de Bobbio, no âmbito de seus ensaios de cultura militante, do *diálogo com*, e não da *prédica contra a esquerda*, em cujo campo sempre explicitamente se situou, em função da experiência decisiva da resistência à opressão da direita.

Na escolha dos temas desse diálogo com a esquerda, conduzido pelas virtudes laicas anteriormente mencionadas, Bobbio revelou uma aguda percepção dos problemas concretos suscitados pela experiência da política do segundo pós-guerra e associou, de maneira muito própria, senso histórico e inspiração analítica. A fecundidade e a oportunidade desse diálogo foram o *algo* que ele agregou à tradição liberal de Croce e Einaudi, seus antecessores italianos no magistério de influência.

III

Quais são os temas, os problemas e o sentido de oportunidade histórica desvendados por Bobbio na condução desse diálogo?

Na primeira metade dos anos de 1950, seu diálogo foi com os comunistas italianos, que detinham expressiva hegemonia cultural no campo da esquerda. Teve como cerne a defesa dos direitos humanos, em especial os direitos de liberdade, derivados do legado do liberalismo. O objetivo foi realçar que esses direitos não eram uma conquista da burguesia, e sim um valor de alcance universal, a ser reconhecido e preservado como requisito de salvação da própria Revolução Russa e de persistência do legado axiológico do socialismo. Os textos básicos dessa discussão foram reunidos no livro de 1955, *Política e cultura*. Cabe observar que dessa polêmica participou o próprio Togliatti, indicando, diga-se de passagem, a maior abertura do Partido Comunista Italiano ao debate – quando comparado com seus congêneres europeus e extraeuropeus. Esse dado explica, posteriormente,

1. a autoridade de norberto bobbio   37

as teses do eurocomunismo de Berlinguer, sucessor de Togliatti na chefia do PCI, e mais recentemente a reconversão do PCI em um partido com características social-democráticas[10].

A incursão seguinte de Bobbio no âmbito da cultura militante só ocorreu muito mais tarde, na década de 1970. Teve como estímulo básico a rebelião estudantil de 1968 que varreu o mundo, e que ele viveu como professor. A rebelião estudantil questionou a legitimidade do "reformismo democrático", ao exprimir-se em tonalidades estridentes de leninismo e maoísmo, na "utopia do homem novo" e também, no limite, na violência imprevisível e descontínua da crítica por meio das armas – o que na Itália se inseriu no contexto político do terrorismo das brigadas vermelhas. A rebelião estudantil e seus prolongamentos políticos exigiram de Bobbio uma nova reflexão sobre o marxismo, a revolução e a democracia.

Essa reflexão desdobrou-se, nos anos de 1970, no diálogo travado com os socialistas, os comunistas, os social-democratas e a própria esquerda extraparlamentar, radical e extremista. Desse diálogo resultou, em 1976, o livro *Quale socialismo?*, no qual Bobbio realçou a inadequação do marxismo para lidar com uma questão básica da convivência coletiva, que é a das instituições indispensáveis para o bom governo, tema ao qual sempre dispensou atenção recorrente como estudioso de filosofia do direito e de filosofia política.

O ano de 1976 assinala também o início da colaboração regular de Bobbio no jornal *La Stampa*. A consequência foi sua inserção mais constante no debate público, como "observador participante", tendo como lastro para a ampliação da sua autoridade a pertinência histórica do diálogo com a esquerda, anteriormente travado.

São muitas as facetas dessa atuação no campo da cultura militante voltadas, preponderantemente, para pensar os acontecimentos, à luz da teoria política e da sua capacidade de esclarecer assuntos tão variados como o mercado político, o governo dos honestos, a relação entre a praça e o palácio, a virtude dos fracos, o direito à fuga, o lucro e o poder, para mencionar alguns artigos recolhidos em *L'utopia capovolta*, de 1990. No seu pluralismo, esses textos têm, no entanto, um fio condutor que cabe explicitar: a convicção de que, no labirinto da convivência coletiva, o único salto qualitativo, possível, mas não necessário, é a passagem do reino da violência para o da não violência[11].

10 Sobre esse processo e sobre como o Par Comunista reformado se tornou, na Itá primeiro partido de esquerda, desalojanc socialistas do cenário político, ver N. Bol *Verso la Seconda Repubblica*, a Introduçã Parte 1 – Sulla crisi della sinistra.

11 Cf. *La ideologia e il potere in crisi*, p. 94.

parte i: perfil

Daí, no plano teórico, a defesa da democracia e de suas regras do jogo, que se baseiam na ideia de que é melhor "contar cabeças do que cortar cabeças", consoante a rigorosa elaboração contida nos ensaios de *Il futuro della democrazia*, de 1984. Daí, igualmente, no plano internacional, a preocupação com a construção da paz diante do risco onipresente e crescente da violência da guerra devido à destrutividade técnica das armas modernas. Para Bobbio, ela é a expressão, por excelência, do mal ativo, associado à prepotência do poder, e do mal passivo, emblematizado nas vítimas que sofrem uma pena sem culpa. Essa preocupação se exprimiu nos ensaios teóricos de *Il problema della guerra e le vie della pace*, de 1979, e se desdobrou nos textos militantes de um pacifismo ativo recolhidos em *Il terzo assente*, de 1989, assim como nas considerações polêmicas sobre a Guerra do Golfo, recolhidas em *Una guerra giusta?*, de 1991 – parte das quais comentei na época, defendendo a posição de Bobbio, em artigos publicados na *Folha de S. Paulo* e no *Jornal do Brasil*.

Democracia e paz se complementam, nesse mapa das preocupações teóricas de Bobbio – com sua repercussão nos textos de cultura militante –, por meio da defesa dos direitos humanos. Estes, tendo como base o lastro axiológico das Revoluções Francesa e Americana, representam, historicamente, a passagem do dever dos súditos para o direito dos cidadãos no plano da organização política da sociedade. São, consequentemente, a forma de consagrar institucionalmente a perspectiva democrática *ex parte populi*, diante da ameaça permanente do arbítrio dos governantes[12]. Democracia, paz e direitos humanos, em suas interconexões, constituem assim a meta ideal de convergência, na reflexão de Bobbio, da filosofia do direito e da filosofia política. São estes, com efeito, seus campos acadêmicos por excelência, e sua convergência traduz a preocupação recorrente de lidar com as duas faces de uma mesma moeda, necessárias para a boa organização da sociedade: o Direito e o poder, pois, onde o Direito é impotente, a sociedade corre o risco de precipitar-se na anarquia, e onde o poder não é controlado pelo Direito, a sociedade incorre no risco oposto de despotismo[13].

A domesticação da violência a que aspira Bobbio é constitutivamente complexa, por obra do caráter problemático inerente à relação entre o mundo dos fatos e o mundo dos valores, ou seja, do dualismo que separa "ser" e "dever ser". Como já ficou dito, Bobbio se interessa muito, analiticamente, por esse dualismo, também na condição existencial de "um iluminista-pessimista".

L'età dei diritti.
Diritto e potere, p. 170.

É isso que faz dele, ao mesmo tempo, um homem de ideais e um realista, muito ciente de que a vida moral e a vida de poder oferecem mais linhas paralelas do que convergentes[14].

Tomar conhecimento e analisar a realidade não o impedem de tomar posição diante da realidade, com agudo sentido histórico. No âmbito da cultura militante, a mais recente e consistente expressão disso é seu terceiro livro de polêmica política, *Destra e sinistra*, de 1994, que resulta de uma reflexão sobre um evento matriz: a catástrofe do comunismo histórico, que vem a ser "L'utopia capovolta", artigo de 9 de junho de 1989 que serviu de título ao livro de 1990 acima mencionado, coletânea de artigos publicados em *La Stampa*. O livro propõe o resgate, diante dos riscos ideológicos de sua diluição nos anos de 1990, das razões e dos significados da distinção política entre esquerda e direita. Assim, se *Política e cultura* e *Quale socialismo?* foram o diálogo de um liberal com a esquerda de cariz comunista e revolucionária, *Destra e sinistra*, ao sublinhar a permanência dos problemas da desigualdade que o comunismo buscou sem sucesso equacionar, é o diálogo do socialista que propõe e situa de novo a atualidade da esquerda, diante do risco de uma hegemonia cultural da direita.

A matriz teórica da reflexão de Bobbio que busquei indicar, e que se exprime no âmbito da cultura militante nos três livros de polêmica política e também nas suas intervenções jornalísticas, é a chave para explicar sua identidade política e como ela contribuiu para a construção da sua *auctoritas*. Explico-me: a identidade é um conjunto de predicados que responde à pergunta – quem sou? No plano político, como aponta Bovero, ela tem duas vertentes distintas, mas complementares: a identidade coletiva e a individual. A identidade coletiva se coloca pela afirmação da semelhança; a individual, pela especificidade da diferença[15]. Bobbio, no plano da identidade coletiva, situa-se no campo da esquerda, em sentido amplo, ao afirmar no correr de sua vida a solidariedade com uma concepção do bem comum. No plano da identidade individual, situa-se como um "socialista-liberal", com as tensões próprias inerentes às dicotomias individualismo/coletivismo, liberdade/igualdade. As tensões de sua identidade individual o levaram, como liberal, a dialogar com a esquerda na afirmação da liberdade, da democracia, da paz e dos direitos humanos, quando isso se fazia historicamente indispensável. Inversamente, o colapso do comunismo e a crise do socialismo, assim como

14 *Elogio da Serenidade e Outros Escritos.*
15 Identità individuali e colletive, *Richerche tiche due*, p. 33-34-41.

parte i: perfil

suas consequências no plano de organização da cultura política, levaram-no, como socialista, a afirmar a atualidade da dicotomia esquerda/direita.

A dicotomia "socialista-liberal" foi assim fecunda. Contribuiu, por obra de sua tensão dialética, para dar a Bobbio um olhar intelectual norteador de um juízo reflexivo prospectivo que o capacitou a enxergar contra a corrente e de maneira correta o que era historicamente relevante nas conjunturas. A pertinência desse olhar é o *algo* que acrescenta à tradição liberal, fazendo dele, por excelência, um sábio *intelectual de mediação*. O sucesso dessa mediação não se explica, no entanto, apenas pelo olhar. Resulta de um método de análise, de discussão e de argumentação que cabe indicar nas suas linhas gerais. É o que farei a seguir.

IV

Ao tratar da relação entre os intelectuais e o poder, no conjunto de ensaios reunidos no livro significativamente intitulado *Il dubbio e la scelta* (no Brasil, *Os Intelectuais e o Poder*), Bobbio observa que a tarefa do intelectual é agitar ideias e suscitar problemas, enquanto a do homem de ação é tomar decisões. Portanto, este escolhe (*gouverner c'est choisir*, dizia Mendès-France), e a escolha pode obrigá-lo, no limite, a cortar os nós górdios e correr o risco de optar por um caminho de futuro, graças ao querer da vontade. Já o intelectual pode se permitir a paciência existencial da dúvida metódica, com o objetivo de tentar, graças ao pensamento, desatar os nós inerentes à convivência coletiva[16].

Bobbio, como homem de contemplação e não de ação, no uso público de sua razão, está voltado para desatar nós. Ele os desata pensando e olhando para os diversos lados de um problema, o que é uma das características de sua postura de filósofo analítico. Metodologicamente, isso se traduz, como apontou em mais de uma ocasião Alfonso Ruiz Miguel, no uso das dicotomias, que são o instrumento por meio do qual ele distingue, diferencia e ilumina uma realidade percebida como ontologicamente complexa. O jogo dessas dicotomias, na sua *ars combinatoria*, é a maneira pela qual opera, como intelectual mediador, a

Cf. *Il dubbio e la scelta*, p. 62 e 127.

relação entre dois elementos distintos, esclarecendo os conceitos com senso histórico, inspiração analítica e preocupação empírica. Nesse processo, ele se vale da clareza iluminada do seu inconfundível estilo, que, como todo estilo, não é a forma que se adiciona à substância, mas sim, como apontou Proust, a qualidade diferenciada de uma visão de mundo.

Qual é essa visão de mundo, para retomar e aprofundar o que já foi dito? Ela é, ao mesmo tempo, a de um homem do Piemonte, com um sentido profundo da unidade cultural e política da Itália, e a de um europeu, que pensa e pensou a Europa, não em termos de Leste/Oeste ou de fronteiras nacionais, mas de sua unidade histórico-cultural e de sua vocação de universalidade. Essa é, por exemplo, em *De senectute*, a dicotomia da complementaridade existente entre os capítulos "Elogio do Piemonte" e "Política da Cultura". Nessa visão de mundo se inclui, como permanente exercício de humildade, o ter presente a "lição dos clássicos" em sua análise seja dos termos recorrentes do seu percurso teórico – por exemplo, Estado/ sociedade, formas de governo, mudanças políticas, Direito e poder etc. –, seja dos problemas da atualidade.

Entre os autores clássicos preferidos de Bobbio estão, no pluralismo de suas reflexões, cinco dos maiores filósofos da política da Idade Moderna: Hobbes, Locke, Rousseau, Kant e Hegel, o que indica sua implantação na grande tradição cultural europeia. Entre seus cinco autores mais recentes, estão três italianos – Croce, Pareto e Cattaneo – e mais Kelsen e Weber. Não há, como observa, maneira de racionalizar apropriadamente as relações de afinidade entre eles. Todos tiveram sua parte no desenvolvimento de seu percurso intelectual. Assim, por exemplo, Cattaneo o liberou de abstrações filosóficas estéreis; Pareto o ajudou a compreender os limites da razão; Kelsen lhe deu acesso a um entendimento do Direito como sistema dinâmico; Weber tem sido uma inspiração para repensar e reformular as principais categorias da política; Hobbes, além do método, é uma fonte inspiradora de três temas substantivos de seu pensamento político: o individualismo, o contratualismo e a construção da paz por meio da instituição de um poder comum.

A diversidade dos autores clássicos preferidos de Bobbio é reveladora do abrangente e complexo repertório de ideias a partir das quais ele opera seu papel de intelectual mediador. Nesse papel, ele não é um filósofo de sínteses impossíveis, mas um filósofo da análise, e é precisamente no rigor heurístico das análises que reside a força e a originalidade do seu pensamento.

parte i: perfil

V

A força e a originalidade da reflexão de Bobbio se fizeram sentir além da Itália, com impacto no debate público de outros países. Não é o caso de discutir, neste texto, a irradiação mais ampla de seu pensamento e de sua palavra, mas creio que vale a pena indicar como se deu o processo de recepção de sua obra no Brasil.

Em nosso país, Bobbio começou a ser discutido nos anos de 1950, entre os juristas, graças ao interesse que neles despertou. Com efeito, os juristas encontraram na sua visão de filosofia do direito, concebida *sub specie juris*, ou seja, como resposta aos problemas concretos colocados pela experiência jurídica, um indispensável ponto de referência. O rigor na análise da norma e do ordenamento jurídico e sua posterior abertura para a problemática, não apenas da estrutura, mas também das funções do Direito no mundo contemporâneo, explicam como o instrumental teórico de sua obra foi sendo incorporado ao debate jurídico brasileiro.

A partir da década de 1970 – que coincide com a presença mais constante de Bobbio no debate público italiano –, sua obra, tanto de cultura acadêmica quanto de cultura militante, passou a interessar a um público mais abrangente. Em um primeiro momento, isso ocorreu no contexto do debate sobre a redemocratização do país e da luta pelo término do regime militar; posteriormente, em função da contínua pertinência de sua reflexão para itens da agenda política brasileira, que vem coincidindo em boa parte com os temas recorrentes de sua reflexão. Entre eles menciono, reiterando em parte o que já foi dito: o papel do estado de direito; a interação entre sociedade e Estado; a dicotomia ditadura/democracia; os meios de mudança política (reforma/revolução); a relação entre Direito e poder; política e cultura; a autonomia da política (o assim chamado problema maquiavélico, da diferença entre ética e política); a autonomia do político (a autonomia do poder político e do poder ideológico em relação ao poder econômico, ou seja, porque o nexo entre a estrutura social e a base econômica e a superestrutura política e cultural não corresponde ao que afirmava na sua linearidade o catecismo marxista); a transparência do poder e os segredos do Estado etc.

O público para a obra de Bobbio no Brasil foi assim, a partir da década de 1970, se alargando dos juristas para setores mais amplos da sociedade. Em função de sua identidade política de "socialista liberal", e precisamente por conta de seu papel de intelectual mediador, Bobbio incorporou: 1. a esquerda intelectual não dogmática e de vocação democrática, que considerou fecunda sua discussão a respeito das limitações da teoria marxista do Estado e do Direito para a construção da democracia no Brasil; e 2. os liberais que, atentos à escala da desigualdade existente no país e ao desafio que isso representava e representa para o futuro brasileiro, encontraram em seu liberalismo socialista uma fonte de inspiração. Uma fonte de inspiração para, ao examinar os modos de organização da vida coletiva, afirmar não apenas o estado de direito, o respeito pelo indivíduo, o papel do mercado, como também o imperativo da concomitante tutela da liberdade e da igualdade para a democratização das sociedades nas condições do mundo contemporâneo. A consequência foi o sucesso editorial de Bobbio em nosso país a partir dos anos de 1980. Esse sucesso atesta a irradiação de sua obra, que hoje está em boa parte traduzida e disponível em português para seus múltiplos leitores.

Além das razões já expostas para a constituição do público de Bobbio no Brasil, a recepção de sua obra foi favorecida, no plano mais amplo, pela presença da cultura italiana na vida brasileira. Essa presença não se explica apenas em função da imigração e da proximidade da língua. Resulta de densidade própria indiscutível no âmbito da cultura ocidental, somada a uma aptidão para a abertura transcultural. Dessa abertura, tão necessária para uma sólida experiência intelectual, a variedade dos clássicos de Bobbio dá testemunho. Uma abertura desse tipo é relevante, como referencial, para um país com as características do nosso. Tem o mérito de ir além do ensimesmamento, derivado da combinação entre vigor intelectual e poderio político que assinala, por comparação, a cultura anglo-americana e a francesa.

No campo jurídico, por esses motivos, a presença italiana sempre foi relevante na Faculdade de Direito da Universidade de São Paulo (usp), para isso tendo contribuído o magistério de dois contemporâneos de Bobbio, Tullio Ascarelli e Enrico Tullio Liebman, que, forçados a sair da Itália de Mussolini pelas leis raciais, foram acolhidos na faculdade e nela lecionaram durante e após a Segunda Guerra Mundial, até poderem regressar a seu país de origem. Foi assim que nos anos de 1960, para dar um depoimento pessoal, como aluno de graduação, tomei conhecimento da obra de Bobbio nas aulas de filosofia do direito do professor Miguel Reale, que muito contribuiu para divulgá-la nos meios jurídicos brasileiros. Nessa linha registrei e discuti a dimensão jurídica da obra de Bobbio na minha tese de livre-docência de 1977, sobre o Convênio Internacional do Café de 1976, centrada, teoricamente, no papel da reciprocidade na criação e aplicação de normas do Direito Internacional Econômico.

Nos anos de 1970, que coincidem, como observei, com a publicação de *Quale socialismo?*, dei-me conta da importância e pertinência da obra de Bobbio no campo da teoria política, e noto, para continuar em um depoimento pessoal, que foi o professor Antonio Candido que me deu de presente, assim que foi publicada, a edição de 1979 da Einaudi, admiravelmente prefaciada por Bobbio, do *Socialismo liberale* de Carlo Rosselli.

Esse novo contato com a vertente política da obra de Bobbio acentuou minha admiração por seu pensamento, que oferecia resposta às minhas próprias inquietações intelectuais, voltadas para a mediação e a convergência entre a filosofia do direito e a filosofia política. Essa mediação e convergência foi o que explorei no meu primeiro texto sobre Bobbio: o prefácio de 1980 ao seu primeiro livro publicado no Brasil, *A Teoria das Formas de Governo na História do Pensamento Político*, também incluído, ainda no mesmo ano, no meu livro *Ensaios Sobre a Liberdade*[17].

No plano mais geral da opinião pública informada, o interesse pela obra de Bobbio entre nós teve um estímulo adicional por ocasião da viagem que ele fez ao Brasil em setembro de 1982. Foi quando tive a satisfação de conhecê-lo pessoalmente. Nessa oportunidade, Bobbio pronunciou duas conferências, na Faculdade de Direito da USP, que tiveram ampla repercussão na imprensa e participou de um encontro/seminário sobre sua obra patrocinado pela Universidade de Brasília e organizado por Carlos Henrique Cardim. Para esse encontro/seminário, preparei um texto que era um estudo sobre sua contribuição a outro campo de minha permanente preocupação intelectual: o das relações internacionais. O texto, intitulado "O Problema da Guerra e os Caminhos da Paz na Reflexão de Norberto Bobbio", revisto e ampliado, é um dos ensaios do meu livro *O Brasil e a Crise Mundial*, de 1984, e foi igualmente publicado em espanhol no *liber amicorum* organizado por Agustín Squella[18].

[7] O texto mencionado está igualmente reproduzido neste volume. Cf. Filosofia do Direito e Filosofia Política: Notas Sobre a Defesa da Liberdade no Percurso Intelectual de Norberto Bobbio, infra p. 179.

[8] Diretor da *Revista de Ciencias Sociales* da Universidade de Valparaiso, no Chile, Augustín Squella organizou em 1987 o número monográfico intitulado *Norberto Bobbio: Estudios en Su Homenaje*. O texto citado também integra, com o mesmo título, esse volume. Cf. O Problema da Guerra e os Caminhos da Paz na Reflexão de Bobbio, infra, p. 59.

O estímulo intelectual da obra de Bobbio, no meu caso reforçado pelas afinidades dos campos acadêmicos e dos posicionamentos políticos, teve como atração adicional os instigantes diálogos que mantivemos nas múltiplas visitas que lhe fiz em Turim, depois do nosso encontro em 1982 no Brasil. Daí o empenho em discutir e trabalhar pela divulgação de seu pensamento em nosso país. Foi assim que, dando sequência a esse empenho, aceitei com a maior satisfação o convite para elaborar este texto para a edição brasileira de *O Tempo da Memória*. Consequentemente, ele é também, para usar a classificação de Bobbio, um texto que se insere no gênero do testemunho.

Na obra de Bobbio, são três os livros desse tipo: *Italia civile: Ritratti e testimonianze*, de 1964, *Maestri e compagni*, de 1984, e *Italia fedele: Il mondo di Gobetti*, de 1986. E são estes os que gostaria que lhe sobrevivessem. Neles encontramos estudos sobre intelectuais que, na mediação sempre dilemática entre política e cultura, não incorreram na traição dos clérigos, para citar o livro de Julien Benda que tanto aprecia. De fato, eles afirmam, corajosamente, em situações difíceis, a liberdade contra a tirania; a tolerância contra a violência e a opressão, e a unidade dos homens acima das raças, das classes e das pátrias nas divisões que provocam a diferença entre eleitos e condenados. São representativos, portanto, como diz no prefácio a *Maestri e compagni*[19], do potencial de "uma outra história" que só se fez presente em raros momentos, felizes porém breves, mas à qual ele é fiel, na condição existencial de "iluminista-pessimista".

A importância que Bobbio atribui na sua bibliografia à memória dessa "outra história" é que me permite ir concluindo este escrito, retomando suas reflexões sobre a velhice, posto que nelas, coerentemente com sua vida, realça, em outras circunstâncias, a importância do tempo da memória.

VI

"Quem louva a velhice não a viu de perto", diz Bobbio parafraseando o dito popular baseado no adágio de Erasmo sobre a guerra. Com um saber de experiência, ele explica como em relação aos *três âgés* é ainda mais pertinente a máxima de La

19 Cf. *Maestri e compagni*, p. 8.

parte i: perfil

Rochefoucauld: *Nous arrivons tout nouveaux aux divers âges de la vie et nous y manquons souvent d'expérience malgré le nombre des années*[20].

Com efeito, a velhice, última fase da vida, exprime um ciclo que se avizinha do fim. Por isso, ela é também empregada metaforicamente para assinalar a decadência de uma civilização, de um povo, de uma raça, de uma cidade. Daí ser o termo "jovem", usualmente, o polo positivo da dicotomia velho/jovem.

Bobbio articula com a clareza habitual a decadência imposta pelos limites fisiológicos da velhice, contrastando a lentidão deliberada das solenidades – a do sacerdote na procissão, a dos grandes do Estado nas cerimônias públicas – com a lentidão não desejada do velho, no andar, no manejo dos instrumentos, no pensar. Essa lentidão é penosa para o velho e para os outros. Bobbio registra o drama da finitude com a limpidez da metáfora da escada: o velho percebe que vai descendo a escada da vida de degrau em degrau e, por pequeno que seja, ele sabe não só que não há volta como também que o número de degraus é sempre menor. Registra, igualmente, que a sabedoria convencional diria que, para um velho, o apropriado é conhecer e aceitar os limites resultantes do avizinhar-se do fim do ciclo da vida. Esses limites ele conhece, mas tem dificuldades em aceitá-los. Admite-os, como um realista, porque não tem alternativas. Por outro lado, sua postura diante da hipótese de uma outra vida depois da morte e de suas eventuais recompensas permanece, coerentemente, a de um laico: assim como os crentes acreditam crer, ele crê não crer em um outro mundo, entre os muitos mundos possíveis e imaginados de formas distintas por Platão, por Epicuro, pelos judeus, pelos cristãos. Diante disso, na vida como na velhice, é à *memória* que ele recorre, como meio de sobreviver.

Hannah Arendt, a quem tenho evocado aqui para refletir sobre o percurso de Bobbio, morreu com quase setenta anos, sem alcançar a etapa dos *três âges*. Como relata sua biógrafa Elizabeth Young-Bruehl, ela pretendia escrever um *De senectute* e dizia em *The Life of the Mind* que, na perspectiva do querer, a velhice é carência de futuro, pois, como aponta Bobbio, o mundo do velho é o do passado[21].

A falta de futuro, imaginava Hannah Arendt, não precisa ser necessariamente uma causa de angústia. Pode abrir novas possibilidades para o pensar, na medida em que o

---

20 "Nós chegamos como novatos às diversas idades (fases) da vida e nos falta frequentemente experiência a despeito dos muitos anos." (Tradução nossa.)

21 Cf. E. Young-Bruehl, *Hannah Arendt, For Love of the World*, p. 457.

"eu que pensa" extrai significado do passado, conferindo-lhe a forma de uma "estória" por meio da memória. Esta se converte assim na solidez da sede da alma, como dizia Santo Agostinho, um dos "clássicos" de Hannah Arendt – *sedis animi est in memoria.*

O sopro do pensamento, como o do espírito, não desaparece inapelavelmente quando se retém, como é o caso de Bobbio, a capacidade de um juízo reflexivo, apto a extrair um significado geral a partir do caso específico de uma situação. Esse tipo de juízo é fundamental em uma época como a nossa, na qual a lição do labirinto evidencia como os "universais" são fugidios. É esse juízo reflexivo que Bobbio também nos oferece, ao pensar sobre os *âgés*, operando, como sempre faz, uma nova mediação: o tempo da memória na busca do significado para lidar com a velhice e a vida.

No *De senectute* de Bobbio, como dizia Catão no *De senectute* de Cícero, os resultados do pensamento, do caráter e do juízo não diminuíram, mas aumentaram com a idade. Por isso ele não é só um grande intelectual e um grande homem, mas igualmente – e isso é, sem dúvida, existencialmente mais difícil – um "grande *vecchio*", um mestre dotado de autoridade, cujo ensinamento suscita sempre a melhor admiração.

2.

Um Professor:
A Autobiografia
de Bobbio[1]

A *Autobiografia* de Norberto Bobbio, que foi publicada em 1997 na Itália e, sob o título *Diário de um Século: Autobiografia*, já está à disposição do leitor brasileiro com prefácio de Raymundo Faoro, graças à boa iniciativa da editora Campus, é, num certo sentido, uma sequência do *De senectute*, publicado na Itália em 1996 e, entre nós, no ano seguinte. Com efeito, numa carta que Bobbio me escreveu em 6 de junho de 1997 comentando a edição brasileira do *De senectute*, que saiu com o muito apropriado título *O Tempo da Memória*, observava ele que o editor Laterza lhe perguntara, no contexto da repercussão do livro de 1996: "Por que você parte apenas da velhice? Por que não conta a sua vida a partir do princípio?" Bobbio registrava que cedera ao convite explícito. Surgiu assim sua autobiografia, que tem como base o depoimento, por ele revisto, dado ao professor e jornalista de *La Stampa* Alberto Papuzzi, que se preparou para a tarefa pesquisando dados sobre sua vida.

  Diário de um Século é consequentemente um livro muito indicativo do interesse e da qualidade que se pode obter com a história oral. Menciono, a título de exemplo, no Brasil, o recente e notável depoimento de Evandro Lins e Silva ao Centro de Pesquisa e Documentação de História Contemporânea do Brasil (CPDOC) da Fundação Getúlio Vargas, "O Salão dos Passos Perdidos", inclusive pelo que comportam de paralelo a vida de um advogado-militante e a de um jurista-professor. De

Artigo publicado no jornal *O Estado de S. Paulo* em 4 de janeiro de 1998 e incluído no livro *Bobbio no Brasil: Um Retrato Intelectual*, organizado por Carlos Henrique Cardim.

fato, se o núcleo básico do percurso de Evandro é a experiência do advogado, que a partir dela atuou como político e foi magistrado, o núcleo da trajetória de Bobbio é a do professor universitário de Direito. Como ele mesmo diz no capítulo v, a principal atividade de sua vida foi a universitária, o que significou duas tarefas difíceis de desenvolver: ensinar e escrever. Foi graças à ética no ensinar e no escrever, e não à ética no advogar, como Evandro, que ele construiu sua autoridade, como procurei indicar no prefácio de *O Tempo da Memória*[2].

São justamente sua autoridade de intelectual e seu inequívoco reconhecimento público, na Itália e fora dela, que dão a dimensão de ressonância das outras atividades e experiências narradas na sua autobiografia: as origens familiares, a vida de estudante e de jovem professor nos anos de chumbo do fascismo, o papel e a atuação na Resistência, a descoberta da democracia, o grande diálogo com os comunistas, as batalhas políticas na condição de "socialista-liberal", a discussão da paz e da guerra na era atômica e a defesa de uma abrangente consciência do valor da paz, no plano internacional, inclusive como algo indissociável da democracia e da tutela dos direitos humanos no plano interno.

Ao escolher a atividade de professor como foco deste comentário sobre a autobiografia de Bobbio, quero inicialmente realçar que, na transmissão do conhecimento e na formação das pessoas, nada substitui a presença de um grande mestre. Bobbio foi, na sala de aula, um grande mestre. Não fui seu aluno, mas nos últimos quinze anos tive a oportunidade de ouvi-lo várias vezes em conferências e seminários. Posso assim dar um depoimento. Bobbio impacta seu ouvinte pela clareza iluminada da exposição, pelo rigor da argumentação, pela sutileza das distinções, pela abrangente profundidade dos conhecimentos e por uma honestidade intelectual, instigada por uma curiosidade e interesse pelas coisas, inequivocamente reveladora de um homem de bem. Essa íntegra voz – um dos ingredientes de sua autoridade – escuta-se nos textos de seus cursos, inicialmente publicados como apostilas pela editora Giappichelli.

Bobbio foi, durante longos anos, professor de Filosofia do Direito, matéria que na Universidade de Turim era dada no primeiro ano, e por isso mesmo era concebida como disciplina dedicada aos conceitos gerais do Direito. Soube formar quadros e escolher assistentes que depois se destacaram na vida universitária, entre eles Sergio Cotta e Mario Losano. Procurava não repetir cursos

2 Cf., neste volume, A Autoridade de Alberto Bobbio, supra p. 31.

parte i: perfil

e, no seu percurso como titular da disciplina, distinguiu duas vertentes: uma teórica e outra histórica.

A vertente de caráter teórico está dedicada ao esclarecimento de questões propedêuticas à experiência jurídica. É por esse motivo que sua Filosofia do Direito destina-se aos juristas, pois oferece caminhos para equacionar problemas colocados pela práxis jurídica. Entre os cursos que tiveram ampla repercussão e continuam sendo reeditados estão: *Teoria della norma giuridica*, *Teoria dell'ordenamento giuridico* e *Il positivismo giuridico*.

Nessa vertente Bobbio sempre teve, como explica, uma preocupação com o que pode ser qualificado como a ciência do Direito. Sua tese de concurso de 1938 examina *L'analogia nella logica del diritto*. Nos anos que se seguiram à Segunda Guerra Mundial apurou sua concepção de cientificidade participando em Turim do Centro de Estudos Metodológicos, fundado por Ludovico Geymonat, que reunia filósofos, juristas, economistas e cientistas. Aproximou-se, na ocasião, do neopositivismo e da filosofia analítica anglo-saxã e consequentemente de uma virada para um filosofar baseado na linguagem. Daí a exposição feita no Centro, depois publicada em 1950 como artigo que teve grande impacto na doutrina italiana: "Scienza del diritto e analisi del linguaggio". Nesse artigo apontou que a cientificidade do Direito não está na verdade dos conteúdos, mas no rigor da linguagem, caminho que na Itália foi trilhado por muitos dos seus alunos, entre os quais destaca Uberto Scarpelli. Esse interesse explica por que foi, na Itália, o precursor e o pai-fundador da lógica deôntica, ou seja, da lógica das proposições normativas, e como inspirou os trabalhos posteriores de seu aluno Amedeo Conte, que deu à disciplina importante desenvolvimento.

Bobbio, citando uma frase de Balzac, está ciente de que "ao lado da necessidade de definir está o perigo de se embrulhar". Bobbio não se embrulha nem nos embrulha com o rigor de suas definições, que não se perdem em abstrações precisamente porque ele sempre teve o discernimento de colocar as perguntas pertinentes. Ele conta como, ao grafite do metrô em Nova York – "Deus é a resposta" –, se seguia outro – "Qual era a pergunta?". Em síntese, diria eu, valendo-me dessa lembrança da sabedoria dos grafites, que Bobbio dá respostas – as possíveis e não as impossíveis – às inquietações dos juristas porque sabe formular e circunscrever as perguntas relevantes.

A essa vertente, a filosofia do direito como teoria geral do Direito, associam-se no seu percurso de professor da disciplina cursos de caráter histórico destinados a examinar o pensamento de grandes personagens e correntes da filosofia do direito. Entre os mais conhecidos e também continuamente reeditados estão *Diritto e Stato nel pensiero di Emanuele Kant* e *Locke e il diritto natural*, que fundamentam, como ele diz, a reflexão da teoria liberal do Estado, uma das matrizes de seu pensamento político. Nesse tipo de curso vejo, apesar de não ser essa a sua opinião, uma linha de continuidade com os interesses de seu professor e antecessor na cátedra, Giole Solari, que estudou monograficamente pensadores como Grocio, Spinoza, Locke, Kant e Hegel à maneira, diz ele, de um professor de uma Faculdade de Filosofia e não de uma Faculdade de Direito. Lembro, nesse contexto, para sustentar minha posição, que Bobbio não só se formou e se doutorou em Direito, mas também se laureou em filosofia com uma tese sobre a fenomenologia de Husserl, e que nesses cursos fez, com extraordinária competência, a criteriosa exegese dos textos. Lembro igualmente que, à maneira de um professor de filosofia, foi o responsável por uma edição crítica da *A Cidade do Sol* de Campanella e de uma edição do *De cive*, de Hobbes, um de seus autores prediletos.

Essa vertente do estudioso da história das ideias é a ponte que o vincula à outra disciplina acadêmica a que se dedicou: a ciência política, na qual orientou, por exemplo, Gianfranco Pasquino, posteriormente seu colaborador no *Dizionario di politica*. Lecionou-a, concomitantemente com a Filosofia do Direito, desde 1962. Sua cátedra em Turim e a de Giovanni Sartori em Florença foram as primeiras na Itália. Cuidou dos partidos políticos, usando como livro-texto o de Duverger, e depois tratou do tema no seu relacionamento com a democracia, em *Quale socialismo?* e *Il futuro della democrazia*. Na sua preocupação com a disciplina, resgatou a contribuição italiana à matéria, por meio de estudos sobre Mosca e Pareto.

Seu interesse e contribuição à disciplina o levaram em 1972 a transferir-se da Faculdade de Direito para a Faculdade de Ciências Políticas, criada em Turim em 1969. Substituiu seu amigo que então se aposentou, Alessandro Passarin d'Entrèves, que como ele provinha da Faculdade de Direito, e que foi, no meu entender (e no de Hannah Arendt), o grande teórico italiano da teoria geral do Estado. Assumiu a cátedra de filosofia política, e seu curso de maior repercussão, continuamente republicado, é *La teoria delle forme di governo nella storia del pensiero politico*, em que explora a "lição dos clássicos", seus temas recorrentes e a contribuição que podem dar para o entendimento da atualidade. Ministrou, garimpando igualmente a "lição dos clássicos" em torno da mudança política, um curso sobre o conceito de revolução, cujas apostilas não teve a paciência de rever para publicação – fica-nos por escrito, seguramente inspirado pelo curso, o artigo "La rivoluzione tra movimento e mutamento", que foi publicado em *Teoria politica* em 1989 e depois passou a integrar um capítulo de seu livro *Teoria generale della politica*, organizado por Michelangelo Bovero e publicado em 1999. Formou e inspirou pessoas de alta qualidade, como Michelangelo Bovero, que foi primeiro seu assistente e, em consequência dos cursos, coautor de *Società e Stato nella filosofia politica moderna*, e depois seu sucessor na disciplina, e Luigi Bonanate, que é um dos mais interessantes estudiosos italianos das relações internacionais. Encerrou sua carreira de professor em 1979, aos setenta anos, depois de quarenta anos de ensino.

Com seu percurso de quarenta anos de professor, Bobbio analisa em sua autobiografia as transformações da universidade italiana. A Faculdade de Direito de Turim era, no início de sua carreira, austera e severa. Havia grande distância entre professores e alunos, mediada apenas pelo bedel – uma figura hoje perdida na memória dos mais velhos, recorda ele –, o que comporta, aliás, para fazer um comentário pessoal, um paralelismo com minha própria experiência de aluno de Direito na USP pré-1968 e de professor de Direito na mesma faculdade depois da revolução estudantil daquele ano, que varreu o mundo. Bobbio era dos poucos a ministrar seminários, para alunos selecionados, nos quais discutia temas específicos ou um livro, e menciona que, mesmo depois de aposentado, ex-alunos seus – já na condição de advogados, magistrados e professores – se recordavam deles com entusiasmo, perguntando, por exemplo: "Lembra-se, professor, do seu seminário sobre a sanção?".

A rebeldia estudantil surpreendeu-o no plano político. Imaginava consolidada a experiência de centro-esquerda da democracia italiana do pós-guerra. Reconhecia sem dificuldade as disfunções da universidade italiana, mas não ficou à vontade com o desencadeamento da exaltação coletiva autogestionária. Considerou despropositada, em função da democracia nascida da Resistência ao fascismo da qual participou, a irrupção do furor revolucionário inspirado pelo mito da China de Mao. Identificou no movimento estudantil um movimento libertário. Nele enxergou um componente de revolução dos filhos contra os pais, avaliação que, no seu caso, não era apenas uma metáfora, dada a ativa participação de seu filho Luigi no movimento, como ele narra com muito respeito na autobiografia. Refletiu, mais além da academia e da mudança de costumes, sobre o desdobramento político da revolução estudantil que provocou um trauma na esquerda italiana, à qual sempre esteve associado. Viu, assim, como a violência verbal dos contestatários acabou levando, na Itália, à violência de grupos revolucionários de esquerda, fazendo dos atos terroristas uma prática não apenas da direita subversiva, na tradição do fascismo italiano, mas da esquerda extraparlamentar. Ponderou o potencial desagregador na política inerente à associação sem direção do terror e do horror. Como é de seu feitio, dessa traumática experiência redundou a motivação pessoal de natureza dialógica dos seus grandes livros de cultura militante sobre a relação entre socialismo e democracia e sobre o futuro da democracia, além de inúmeros ensaios sobre a violência.

Para arrematar este comentário sobre a autobiografia de Bobbio, diria que no capítulo v avultam e pairam duas grandes figuras de juristas do século xx: Carl Schmitt e Hans Kelsen.

Kelsen é um autor que o marcou e o influenciou, tanto na sua visão da teoria do Direito quanto na da teoria política. Bobbio escreveu textos significativos sobre o autor da teoria pura do Direito, reunidos no livro de 1992, *Diritto e potere: Saggi su Kelsen*. Teve com ele, no entanto, um único encontro pessoal, num colóquio em Paris, em 1957, sobre direito natural. Schmitt ele conheceu em Berlim, em 1937, por ocasião de um curto período de estudos na Alemanha, para completar uma pesquisa sobre Max Scheler. A relação de Bobbio com Schmitt passa por Hobbes. O primeiro de muitos escritos de Bobbio sobre Hobbes é uma elogiosa resenha do livro de Schmitt de 1938, *Der Leviathan in der Staatslehre des Thomas Hobbes*, publicada na Itália em 1939.

Schmitt é um autor que pouco aflora na obra de Bobbio, mas com o qual, em contraste com Kelsen, no correr dos anos, Bobbio manteve uma intermitente, porém interessante, correspondência, parcialmente reproduzida em sua autobiografia. Além da afetiva evocação do encontro de Berlim, da manifestação do respeito intelectual e apreço pessoal, de discussões de temas de interesse comum, em especial Hobbes, Bobbio não deixa sem demarcar sua posição em relação a Schmitt. Numa carta de 1950 aponta que, não sendo comunista ou marxista, vê atrás de Marx povos que têm sede

54   *parte i: perfil*

de justiça; atrás de Donoso Cortés, autor conservador espanhol do século XIX sobre o qual escreveu Schmitt, vê apenas os poderosos que têm sede de sempre maior poder.

Essa explicitação não explica, no entanto, o porquê do interesse de Bobbio por Schmitt – que, diga-se de passagem, polemizou pesadamente com Kelsen – e do cordial contato que mantiveram. Com efeito, Schmitt, cuja originalidade teórica é indiscutível, ao afirmar o interesse pela exceção e não pela normalidade no plano do Direito, e ao considerar o político como a relação amigo/inimigo, é, nesse aspecto, um antípoda de Bobbio. Nessa linha, Schmitt, com extraordinária engenhosidade e imaginação conceitual, subordina com gosto o Direito à política. Em contraposição, Bobbio, com o mesmo empenho, busca domesticar o poder através do Direito. Na dedicatória que me fez em 1994 no seu livro sobre Kelsen, acima mencionado, no contexto de uma conversa sobre os intelectuais e a política, escreveu: *per un diritto al di sopra del potere*. Acresce dizer, para diferenciá-los, que Bobbio atuou politicamente como um intelectual que, por meio do debate e do diálogo de boa-fé, procurou, mediando conceitualmente, desatar nós. Schmitt se dispôs a cortar nós, foi "conselheiro do príncipe" e, nessa condição, um dos coveiros da República de Weimar, contribuindo assim para o advento do nazismo. Tornou-se, consequentemente, à semelhança de Heidegger, um "autor maldito". Por que então o diálogo? Arrisco dizer que Schmitt foi para Bobbio como uma "sombra", encarnadora da tentação demoníaca do poder, um Dr. Fausto de gênio que vendeu sua alma. Bobbio, porque foi professor, viveu como professor e atuou politicamente por meio do debate com a sua autoridade de professor, não incide nesse risco. Representa assim, com sua força e suas fraquezas – humanas e não demoníacas – um contraponto ético a Schmitt, como transparece no subtexto de sua límpida biografia.

Parte II **Relações Internacionais**

3.

O Problema da Guerra e os Caminhos da Paz na Reflexão de Bobbio[1]

São características marcantes do pensamento de Norberto Bobbio o esforço de examinar as coisas na sua inteireza, o rigor na análise dos conceitos e a clareza consistente no estudo dos problemas. Foram justamente estas notas típicas de uma admirável trajetória intelectual – na qual se alternam preocupações específicas com o Direito, a política e a cultura – que levaram o eminente pensador, sempre atento aos mais vivos e candentes problemas do nosso tempo, a lidar com o tema da paz e da guerra – o tema por excelência das relações internacionais.

Neste ensaio, tentarei mostrar a dinâmica dessas características da reflexão de Bobbio em três etapas. Na primeira, procurarei evidenciar como o tema da guerra e da paz se insere coerentemente no cerne básico de inquietações de sua obra. Na segunda, buscarei indicar as visões paradigmáticas da sociedade internacional para, em seguida, mostrar o que Bobbio deve a cada uma delas. Na terceira e última etapa, concluo o ensaio analisando como Bobbio, a partir dessas visões paradigmáticas, encaminha sua reflexão sobre o problema da guerra e os caminhos da paz através de uma elaboração própria e de grande atualidade. Essa elaboração transita pela análise do papel da razão na história, pelo estudo da paz como valor e pelo exame do alcance e dos dilemas do pacifismo no mundo contemporâneo.

Versão revista da conferência pronunciada no simpósio sobre a obra de Norberto Bobbio promovido pela Universidade de Brasília em 1º de setembro de 1982. A primeira versão foi publicada na revista *Senhor* de 8 de setembro de 1982, e a versão revista foi incluída nos livros *O Brasil e a Crise Mundial: Paz, Poder e Política Externa*, de minha autoria, e *Bobbio no Brasil: Um Retrato Intelectual*, organizado por Carlos Henrique Cardim.

I

A presença de temas recorrentes, que revelam inquietações em torno de alguns problemas centrais, é algo comum na trajetória intelectual de vários pensadores. Na obra de Bobbio, direito, força, poder, violência, liberdade e democracia são temas substantivos recorrentes. Foi justamente a interligação desses temas recorrentes que o levou a tratar da guerra e da paz.

De fato, quem, como Bobbio, entende que a força é antes o objeto de regulamentação das normas jurídicas do que um meio de realizar o Direito[2]; quem, como Bobbio, considera que a legalidade é uma qualidade de governo que impede a tirania da força arbitrária pela qualidade do exercício dos poderes juridicamente controlados e disciplinados[3]; quem, como Bobbio, insiste no estudo do socialismo e, a partir de uma óptica socialista, realça que não se resolve o problema da emancipação do homem de suas servidões dando ênfase apenas à dimensão de *quem governa?* (se poucos burgueses ou a massa operária), pois, já que o Estado e o poder político permanecem nos países comunistas, os abusos são sempre possíveis, o que requer a reflexão institucional sobre *como se governa?* (se bem ou mal)[4]; quem, como Bobbio, ao discutir a relação entre meios e fins no campo político, realça o *condicionamento* que os meios exercem sobre os fins, afirmando que "o fim justifica os meios que não modificam, corrompendo, o fim"[5], mas ao mesmo tempo enfrenta os dilemas do relacionamento entre meios e fins, ao discutir os limites e as aporias da regra da maioria numa democracia[6]; quem, na década de 1950, se preocupou em diferenciar a paz da propaganda da paz[7], logicamente deveria chegar a uma reflexão mais ampla sobre a guerra e a paz.

Il problema della guerra e le vie della pace, ou seja, *O Problema da Guerra e as Vias da Paz*, é precisamente o título de uma coletânea de ensaios de Bobbio sobre o assunto, publicada em 1979. É esse o livro que pretendo examinar nesta exposição, não só porque constitui o cerne da reflexão bobbiana sobre o tema, mas também porque vejo nesses ensaios um fio condutor, esclarecedor de sua consistente coerência como teórico do Direito e da política, que se reflete igualmente tanto no plano

2 Cf. *Studi per una teoria generale del diri,* p. 119.
3 *Teoria della norma giuridica*, p. 210-212.
4 *Quale socialismo?*, p. IX, XI, XII, 12, 37-80-81.
5 Ibidem, p. 82-83.
6 N. Bobbio; C. Offe; S. Lombardini, *Dem crazia, maggioranza e minoranza*, p. 33-7.
7 *Politica e cultura*, p. 72-83.

interno do Estado e da sociedade quanto no plano internacional. Consistência em que o rigor e o realismo não excluem, mas reafirmam, o papel da razão, do diálogo e da moderação como instrumentos específicos e válidos da cultura e da condição humana numa sociedade democrática, mesmo numa época histórica de grandes violências e não menores injustiças.

A prevalência, no trabalho de Bobbio, da análise crítica sobre o espírito do sistema não impede a unidade de sentido de sua obra. Trata-se, como observa Alfonso Ruiz Miguel, de uma obra que vem sendo construída como um *work in progress*, na forma de uma teoria aberta que vem incorporando revisões e aperfeiçoamentos, graças a uma permanente atitude crítica que não afasta, mas reforça, dadas as suas características próprias, a coerência de uma trajetória intelectual[8].

Na introdução a *O Problema da Guerra e as Vias da Paz*, Bobbio aponta que os problemas de um ordenamento jurídico democrático, para a Itália pós-fascista, e de um ordenamento pacífico nas relações da Itália com o mundo – temas com os quais se ocupou depois da liberação e que se inserem naturalmente na agenda de um militante antifascista – têm como raiz a preocupação de eliminar, ou limitar ao máximo, a *violência* como meio para resolver os conflitos entre indivíduos e grupos dentro de um Estado e nas relações entre os Estados. O nexo entre o interno e o externo, Bobbio deve ao ensinamento de Carlo Cattaneo. Este insistia que o autogoverno, em relação à Itália, caminhava passo a passo com um pacto federalista em relação aos Estados europeus[9] – um federalismo visto sob a óptica de Cattaneo, ou seja, semelhante a uma *teoria da liberdade* como esquema normativo a assegurar a liberdade civil e política através da multiplicidade autônoma dos centros em contraposição ao esquema dos Estados unitários, opressivos, porque niveladores das diferenças[10].

O estudo das alternativas à violência no plano internacional ajusta-se coerentemente, na obra de Bobbio, à crítica da violência no plano interno – sua rejeição da tortura como meio que desqualifica os fins; sua insistência nos procedimentos e, portanto, na legalidade como qualidade de governo[11]; sua discussão da ditadura jacobina, soberana e constituinte – inclusive a do proletariado –, que, ao impor o medo e o terror, converte-se em tirania e despotismo[12]. Como diz o próprio

Cf. A. Ruiz Miguel, Estudio preliminar, em N. Bobbio, *Contribución a la Teoría del Derecho*, p. 9, 16 e 17.
Cf. *Il problema della guerra e le vie della pace*, p. 7-8.
Una filosofia militante, p. 54-55.
Quale socialismo?, p. 44-45.
Ibidem, p. 55; *La teoria delle forme di governo nella storia del pensiero político*, caps. XIII e XIV.

Bobbio, existe um nexo de complementaridade e coerência na crítica ao caso mais clamoroso da violência coletiva, que é a guerra entre os Estados e outros tipos de violência[13].

Essa crítica, em Bobbio, não é apenas uma crítica formal, pois ele não é um normativista puro, que vê o Direito como um instrumento específico, sem função determinada. Ao reconhecer e registrar a historicidade do papel do Direito e as funções de controle e estímulo que este exerce na sociedade, Bobbio vale-se do normativismo para colocá-lo, como procurei mostrar em outra oportunidade, a serviço da causa da liberdade enquanto ética da paz[14]. Essa paz, inclusive no plano internacional, não é uma paz qualquer – não é nem a paz da impotência, nem a paz do poder, mas sim a ética de uma *paz de satisfação*[15]. Por quê? Porque toda condenação da violência é estéril, diz Bobbio na coerência de sua militância reformista, se não for acompanhada da pesquisa de meios alternativos de transformação e mudança da sociedade[16].

"Certamente o homem não pode renunciar a combater a opressão, a lutar pela liberdade, pela justiça e pela independência. Mas é possível, e seria também producente e conclusivo, combater com outros meios que não são os tradicionais da violência individual e coletiva? Esse é o problema" – afirma Bobbio[17].

Por isso ele se dedicou, no plano interno do Estado, à elaboração de uma proposta democrática como alternativa à violência da "resistência à opressão"; e também criticou o terrorismo revolucionário buscando meios de não violência coletiva para a ação revolucionária[18].

Por esse motivo dedicou-se também, na reflexão sobre o problema da guerra e os caminhos da paz, ao estudo das alternativas que se colocam à violência nos conflitos internacionais – que passo agora a examinar tomando como ponto de partida as visões paradigmáticas da sociedade internacional moderna, indicando, a seguir, o que Bobbio deve a essas visões e em que medida delas se afasta, através da originalidade de uma construção própria, voltada para os dilemas do mundo contemporâneo.

13 *Il problema della guerra...*, cap. VI.
14 Cf. C. Lafer, *Ensaios Sobre a Liberdade*, p. 60. O texto também integra este volume Filosofia do Direito e Filosofia Política: tas Sobre a Defesa da Liberdade no Perc Intelectual de Norberto Bobbio, infra, p.
15 Cf. *Il problema della guerra...*, p. 180.
16 Ibidem, p. 201.
17 Ibidem, p. 14.
18 Ibidem, cap. VI.

II

Ubi societas, ibi jus é um adágio clássico. É por isso que o primeiro problema do Direito Internacional Público – e de qualquer internacionalista – começa por uma indagação sobre as características da sociedade internacional, que engendra o Direito das Gentes. Nesse sentido, inspirado por Bobbio, diria que a análise da sociedade internacional é um *tema recorrente*[19] da teoria geral das Relações Internacionais e do Direito Internacional Público.

Um tema recorrente é importante para determinar afinidades e diferenças entre teorias diversas e de épocas distintas. É também fundamental para a identificação de algumas categorias gerais que organizam o conhecimento de um campo de investigações – a começar, no caso, pelas semelhanças ou diferenças entre a política e o Direito nos planos interno e internacional.

De acordo com os especialistas, existem três visões paradigmáticas da sociedade internacional, que até hoje inspiram e configuram o estudo das relações internacionais: a de Hobbes, a de Grócio e a de Kant.

Para Hobbes, o sistema internacional é um exemplo concreto do que ele entende por estado de natureza, ou seja, o estado de guerra de todos contra todos, no qual a única lei é a da sobrevivência, que dita, portanto, apenas regras de prudência ou de expediente. O que diferencia, na visão hobbesiana, a política internacional da política no âmbito interno dos Estados é a *anarquia*, em contraste com a *ordem*. Por isso, a política internacional é, por excelência, a *política do poder*. Daí o *realismo* que permeia a visão hobbesiana, da qual um bom exemplo, no campo teórico das relações internacionais contemporâneas, é a obra de Hans Morgenthau.

A visão grociana é distinta da de Hobbes, pois Grócio descreve o sistema internacional como uma sociedade de Estados, na qual existe um potencial de solidariedade e sociabilidade suficientemente vigoroso para tornar inadequada a visão de anarquia. A política internacional, consequentemente, não é um jogo de soma zero. Por isso, existem normas – as de Direito Internacional Público – que se sustentam em um consenso comum, assinalado por um *background* moral – o Direito Natural, que Grócio busca fundamentar, ecleticamente, tanto pelo método *a priori* (a conformidade necessária de alguma coisa com sua natureza racional)

La teoria delle forme di governo..., p.1.

quanto pelo método *a posteriori* (a dedução provável: o Direito Natural é aquilo que em todos os povos se crê como tal). Daí, na visão grociana, um certo idealismo internacionalista e a convicção de que instituições jurídicas e preceitos morais são caminhos para a paz e a ordem internacional.

A visão kantiana diferencia-se tanto da de Hobbes quanto da de Hugo Grócio. Com efeito, Kant analisa o sistema internacional a partir de uma perspectiva universalista, através da ideia da paz que leva às últimas consequências o valor estoico cristão da unidade da humanidade. A paz entre as nações é uma das metas da razão prática enquanto ideia regulativa – que se sustenta na filosofia da história de Kant – ou seja, nas modalidades pelas quais a social insociabilidade do homem serve para estimular os poderes racionais dele, fazendo avançar o destino racional da humanidade. Esta é a garantia última do projeto kantiano de paz perpétua. Creio, por exemplo, que Karl W. Deutsch, no campo teórico contemporâneo das relações internacionais, representa, em novos moldes, essa visão kantiana[20].

Existe uma diferença básica, no que tange ao plano interno e ao internacional – que cabe realçar –, entre a visão de Hobbes e as de Grócio e Kant. Para Grócio, como para Kant, o Direito é um *dado* da sociabilidade e da razão que engendra a ordem. Nesse sentido, não existe, para ambos, ruptura, mas sim continuidade entre a política e o Direito nos planos interno e internacional. Para Hobbes, como positivista, o Direito é algo *criado*, que não existe para ser descoberto ou revelado, nem na natureza, nem na sociedade. Essa criação requer poder – *auctoritas non veritas facit legem* – e, como este não se encontra unificado no plano internacional, a dessemelhança entre o plano interno – onde existe ordem como algo criado – e o plano internacional – no qual prevalece o dado da anarquia – é fundamental[21].

Feita esta explicitação, para dar seguimento à segunda etapa deste ensaio, cabe agora a pergunta: qual é a relação do pensamento de Bobbio com essas três visões que acabam de ser sucintamente resenhadas?

20 Cf. T. Hobbes, *Leviathan*, part 1, cap. H. Grocio, *Del Derecho de la Guerra y Paz*, tomo 1 – Prolegomenos, p. 7-41, bro 1 – cap. 1, p. 43-68; E. Kant, *Proj paix perpetuelle*; idem, *Filosofía de la Hist* particularmente Ideas de una Historia versal desde el Punto de Vista Cosmopo H. Bull, *The Anarchical Society*, p. 23-52, Grotian Conception of International Law H. Butterfield e M. Wight (ed.), *Diplon investigations*, p. 51-73; M. Wight, *P Politics* , p. 100-104; A. Lijphart, Inte tional Relations Theory, *International S Science Journal*, p. 11-21; W. B. Gallie, *losophers of Peace and War*, p. 8-36; S. H mann, *The State of War*; C. F. Murphy Jr., Grotian Vision of World Order, *Amer Journal of International Law*, p. 477-49 Lafer, *Paradoxos e Possibilidades*, cap. 11.

21 Para a análise da diferença de atitude di do Direito entre um positivista e um não sitivista, cf. N. Bobbio, Kelsen et les sou du droit, *Revue Internationale de Philoso* p. 474-486.

1. Bobbio e Grócio

Bobbio não é, evidentemente, um grociano, uma vez que Grócio se insere na grande tradição do Direito Natural, que Bobbio submeteu a rigorosa análise crítica. O jusnaturalismo, diz ele, não se sustenta como teoria de moral, pois a análise histórica de diversos sistemas jusnaturalistas não autoriza a afirmação de que a *natureza* seja critério válido e unívoco para distinguir as várias tendências do homem.

O que é natural? A desconfiança, como a entendia Hobbes, ou o *appetitus societatis*, como imaginava Grócio?[22] Para Bobbio, *a natureza do homem é um ponto de chegada e não um ponto de partida* – é um caminho de investigação que transita pela história, pela análise dos valores e pela sociologia[23]. Por isso rejeita a grande tradição do Direito Natural.

A crítica de Bobbio ao jusnaturalismo não o impede de apreciar a importância de Grócio para uma teoria do Direito[24], tanto é assim que ele a salienta no seu curso sobre o positivismo, ao realçar a distinção grociana entre *jus naturale* e *jus voluntarium*. Este último, que é um Direito Positivo, de acordo com Grócio, pode ser posto e positivado por três instituições: o Estado, a família e a comunidade internacional[25].

Essas ponderações parecem-me importantes para caracterizar a análise de Bobbio sobre os direitos humanos, objeto de dois capítulos de seu livro *O Problema da Guerra e as Vias da Paz*. No Capítulo III, numa análise histórico-filosófica sobre os fundamentos dos direitos do homem, Bobbio mostra que é difícil encontrar um fundamento absoluto para direitos que se revelaram historicamente relativos. É evidente que existem bons argumentos para justificar os direitos humanos – que Bobbio alinha e reafirma –, porém não é esse o problema-chave. O problema básico é o da tutela, e, enquanto tal, a proteção dos direitos humanos é antes um problema político-jurídico do que filosófico[26].

Por isso, no Capítulo IV, ao discutir o presente e o futuro dos direitos do homem, Bobbio chama a atenção para a Declaração Universal dos Direitos do Homem de 1948, realçando que ela não se fundamenta nem na *dedução*, nem na *evidência*, mas sim num *consenso positivo e voluntário* da comunidade internacional. Trata-se, em síntese, de uma primeira e positiva declaração

Giusnaturalismo e positivismo giuridico, p. 187. Ibidem, p. 47, 53, 55-58, 62-66; C. Lafer, *Ensaios Sobre a Liberdade*, p. 52-53, ou, neste volume. Cf. Filosofia do Direito e Filosofia Política: Notas Sobre a Defesa da Liberdade no Percurso Intelectual de Norberto Bobbio, infra, p. 179.
Cf. *Giusnaturalismo...*, p. 49.
Il positivismo giuridico, p. 11-12.
Il problema della guerra..., p. 119-130.

universal sobre um sistema de valores de âmbito planetário. É a partir desse fundamento dado por um *jus voluntarium* que, com a declaração de 1948, tem início uma afirmação político-jurídica de direitos de cunho universal e positivo[27].

É certo que essa afirmação, dadas as características da comunidade internacional, é antes uma *vis directiva* do que uma *vis coativa*: uma *vis directiva* heterogênea, que combina direitos econômico-sociais de um lado e direitos políticos e individuais de outro. Essa *vis directiva* está ligada ao desenvolvimento global da humanidade, e não pode ser examinada abstratamente, desligada dos dois grandes problemas políticos de nosso tempo: *os problemas da guerra e da miséria, o absurdo contraste entre o excesso de poder que criou as condições para uma guerra de extermínio e o excesso de impotência que condena as grandes massas humanas à fome*[28].

É por essa razão que, para Bobbio, o problema da paz e da guerra não transita apenas pelos preceitos morais e pelas instituições jurídicas dos direitos humanos. Portanto, ele não é um idealista na tradição associada comumente a Grócio, e, por isso também, penso eu, ele estaria de acordo com Raymond Aron quando este afirma que não se pode fundamentar a política internacional somente nos direitos humanos[29].

2. Bobbio e Hobbes

Já tive oportunidade de realçar que o rigor do normativismo de Bobbio está a serviço de uma ética substantiva da paz. É isso que se verifica em sua análise sobre as relações entre *Direito e Guerra*, objeto do Capítulo II do livro que estou examinando.

Existem, consoante Bobbio, quatro tipos de perspectivas que buscam caracterizar as relações entre Direito e guerra: 1. a guerra como *meio de realizar o Direito*, ou seja, como sanção. Daí as teorias da guerra justa e a justificação da violência como força a serviço da conservação do Direito (por exemplo: a legítima defesa); 2. a guerra como *fonte do Direito*, ou seja, como violência inovadora a serviço da justiça (por exemplo: as guerras de libertação nacional; 3. a guerra como

27 Os dois textos de Bobbio sobre os direi[tos?] humanos incluídos na primeira edição d[e?] *problema della guerra...* não integram as e[di]ções subsequentes, pois foram incorpora[dos] a *L'età dei diritti*. Cf., neste volume, *A [Era?] dos Direitos*: Uma Apresentação, infra, p. 1[?]

28 Cf. *Il problema della guerra...*, cap. IV, p. 1[?] 135, 137, 146-148, 154-156.

29 Cf. R. Aron, *Le Spectateur engagé*, p. 286-2[?]

parte ii: relações internacionais

objeto do Direito, ou seja, como regulamentação do uso da força. Neste caso, ao contrário dos dois tipos anteriores – que cuidam da *legitimidade* da guerra –, estamos diante das regras de conduta que disciplinam a *legalidade* na condução da guerra; e 4. finalmente, a guerra como a *antítese do Direito*, que é a posição dos pacifistas[30].

Em todo procedimento judiciário distingue-se o *processo de conhecimento* do *processo de execução*. A guerra no plano internacional, observa Bobbio, é um processo de execução destituído de um adequado processo de conhecimento, uma vez que, dada a distribuição individual e desigual de poder entre os Estados, não há nem *certeza* dos critérios do juízo de conhecimento, nem garantia da *imparcialidade* dos que julgam. Por isso, a força não está a serviço do Direito, e sim da força. O resultado da guerra não é fazer vencer quem tem razão, mas dar razão a quem vence[31].

Nesse sentido, o Direito não desempenha uma função básica, que Bobbio a ele atribui, como técnica de organização social, ou seja, lidar adequadamente tanto com a *legitimidade*, que impede a *tyrannia absque titulo*, quanto com a *legalidade*, que impede a *tyrannia quoad excercitium*[32]. Essa última tirania, que resulta do uso arbitrário da força, é hoje em dia impossível de evitar no plano internacional, pois, com a guerra atômica, não há possibilidade de *legalizar* e, portanto, limitar o uso da força.

Com efeito, o *jus belli* clássico impunha quatro limites à conduta da guerra: 1. o *respeito a pessoas*, pela distinção entre beligerantes e não beligerantes; 2. o *respeito a coisas*, pela individualização dos objetivos militares; 3. o *respeito a meios*, pela interdição do uso de armas particularmente insidiosas; e 4. o *respeito a lugares*, pela delimitação das zonas de guerra.

Se as técnicas da guerra moderna tornaram, no século xx, praticamente inviáveis e obsoletos esses limites, a guerra atômica irá torná-los inexistentes e arqueológicos. É por isso que uma guerra atômica será *legibus soluta*. Nela verificar-se-á necessariamente uma crise de legalidade. A esta se adicionará a crise de legitimidade proveniente da precariedade de um processo de conhecimento, que tem como característica, em uma guerra, dar razão a quem vence e não fazer vencer quem tem razão[33]. Desse modo, é difícil no plano internacional – como diria G. Ferrero – a interposição da legitimidade como uma ponte entre o poder e o medo que torna mais humana a convivência social[34].

Cf. *Il problema della guerra...*, cap. II, p. 97-111.
Ibidem, p. 52-54.
Studi per una teoria generale del diritto, p. 79-93
Il problema della guerra..., p. 57-60.
Cf. J.-J. Chevalier, La Legitimité selon G. Ferrero, *Annales de Philosophie Politique*, p. 211-221.

Tal situação decorre, na linha da visão hobbesiana, do fato de prevalecer, no plano internacional, uma anarquia de significados por força da razão subjetiva dos protagonistas do sistema internacional, cada um buscando seus fins. Por esse motivo, a lei não é sabedoria – como querem os jusnaturalistas – e só pode converter-se em Direito Positivo através de um poder unificado, que impõe normas e atribui significados.

Hobbes, como se sabe, é um autor que Bobbio estudou com originalidade e divulgou na Itália com grande competência. Creio, aliás, que Bobbio deve a Hobbes sua extraordinária capacidade de raciocinar à moda hobbesiana, ou seja, calculando as consequências. Bobbio, no entanto, não aceita as consequências da proposta hobbesiana da gramática da obediência, que tem como horizonte apenas assegurar a sobrevivência individual por meio da ordem, no *Leviatã*[35].

Para Bobbio, o problema da paz não se esgota na ordem da paz de poder ou na da impotência. A paz não é, para ele, como para Hobbes, um fim exclusivo. Na linha de Kelsen, a quem Bobbio tanto deve – como ele próprio explicitamente reconhece –, a paz é um fim imediato, que se coloca em função de uma consideração positiva mais ampla do papel do Direito. Este tem como uma de suas funções promover a paz – que é um limite ideal para o qual o Direito tende[36]. Daí minha conclusão de que, em última análise, Bobbio é um *pacifista* que vê a guerra como a antítese do Direito: um pacifista, no entanto, que não é um grociano idealista e que se viu marcado pelo realismo hobbesiano, sem, contudo, aceitar, seja a proposta da gramática da obediência de um *Leviatã* de alcance planetário, seja a anarquia do estado de natureza que compromete o papel positivo do Direito como instrumento de delimitação da força e do medo. É isso que aproxima Bobbio da visão kantiana, como a seguir tentarei esclarecer, num caminho que recusa tanto os perigos da sedução do progresso permanente quanto os equívocos do fascínio do abismo a partir de uma certeza absoluta[37].

"Ou os homens renunciam a resolver os seus conflitos sem recorrer à violência, em particular aquela violência coletiva e organizada que é a guerra, tanto externa quanto interna, ou a violência os cancelará da face da terra"[38].

---

35 Cf. T. Hobbes, Introduzione al De Cive C politiche, v. i: *Elementi filosofici sul cittadino*, p

36 Cf. *Contribución a la Teoría del Derecho*, p 116-117; *Dalla struttura alla funzione*, p. 2 213.

37 *Il problema della guerra...*, p. 117.

38 Ibidem, p. 14.

3. Bobbio e Kant

Kant é um autor que Bobbio conhece bem e que estudou com profundidade, a partir do estímulo de seu mestre Giole Solari. É de 1969 a segunda edição, revista e ampliada, de seu curso *Direito e Estado no Pensamento de E. Kant*, cuja primeira edição é de 1957. Nesse curso, ao estudar o sistema de Direito Público Interno e Externo de Kant, Bobbio examinou o pensamento kantiano a respeito do problema das relações entre os Estados e a proposta de paz perpétua. Bobbio insiste, no seu curso, em como, para Kant, o problema do futuro da sociedade internacional insere-se no problema mais vasto da direção e do fim da história humana[39]. Ele mostra igualmente, no seu belo ensaio sobre Kant e as duas liberdades, como o ideal da paz de Kant coincide com os objetivos kantianos de estender e reforçar a liberdade civil, isto é, a liberdade garantida pelo Direito, em contraposição à liberdade brutal e selvagem do estado de natureza[40].

No curso sobre Kant, Bobbio também examina vários tipos de pacifismo: o pacifismo político, o econômico, o social, o jurídico e o moral[41].

Creio que essa reflexão sobre o pensamento kantiano é um dos importantes pontos de partida da reflexão do próprio Bobbio sobre a paz e a guerra. Um ponto de partida que, tendo como horizonte o realismo hobbesiano, o levará a: 1. definir e discutir o papel da *razão* na direção da história; 2. estudar o valor da paz e examinar o pacifismo à luz de uma detida análise, conduzida com rigor hobbesiano, sobre as consequências e a viabilidade das relações entre meios e fins. É isso que me proponho discutir na terceira e última etapa deste ensaio.

Diritto e Stato nel pensiero di Emmanuelle Kant, p. 266.
Da Hobbes a Marx, p. 162.
Diritto e Stato nel pensiero..., p. 284-285.

III

1. O Papel da Razão

Ao examinar o problema da *razão* na história, Bobbio vale-se de três imagens: a da *mosca na garrafa*, a do *peixe na rede* e a do *labirinto*.

Para uns, a tarefa da filosofia, como dizia Wittgenstein, é ensinar a mosca a sair da garrafa. Isso pressupõe que a garrafa não esteja tapada e que exista uma saída, perceptível para o filósofo espectador. Para outros, os homens estão como os peixes, colhidos na rede do pescador. Os peixes debatem-se, buscando uma saída. Entretanto, ela não existe. Por isso, todo movimento, como sabe o filósofo-espectador, é vão e destinado ao insucesso.

Para Bobbio, os homens não são nem moscas na garrafa, nem peixes na rede. Estão dentro de um labirinto. Existem saídas, mas elas não são nem óbvias, nem fáceis de serem encontradas. A única coisa que o homem aprende na experiência do labirinto é que existem becos sem saída. A lição do labirinto, portanto, é a verificação da *via blocatta* (estrada bloqueada).

A partir dessa imagem, Bobbio passa a indagar se a guerra – com o aparecimento das armas termonucleares – não se converteu numa *via blocatta* no labirinto da história humana; se não é um caminho que deve ser abandonado porque não conduz aos fins propostos.

Por que abandonar uma *via blocatta*? Existem, segundo Bobbio, duas hipóteses: 1. porque ela é *impossível* (de acordo, por exemplo, com as previsões dos teóricos do equilíbrio do terror); ou 2. porque é *indesejável* (nesse sentido, trata-se de um *projeto*, não de uma *previsão*, na linha dos movimentos pacifistas que advogam a formação de uma consciência dos riscos da guerra atômica)[42].

Bobbio aponta que a expectativa da guerra nuclear coloca em crise todas as tentativas até agora feitas de se dar um sentido, um *telos* à humanidade. Através da guerra atômica seguramente não se chegará à realização hegeliana da liberdade, mas sim à destruição da humanidade[43].

Kant diz que devemos atuar para chegar à paz perpétua. Essa atuação é um dever moral a ser cumprido independentemente do resultado. Bobbio não chega a esse extremo: ele fala dessa atuação como algo que *convém* ser feito porque existem bons argumentos para se supor que não estamos como os peixes na

42 *Il problema della guerra...*, p. 21-31.
43 Ibidem, p. 33.

parte ii: relações internacionais

rede. Estamos perdidos no labirinto e devemos buscar uma saída, não *como* se ela fosse possível, mas sim *porque* ela é possível[44].

Bobbio mostra como a atitude dos *realistas* do equilíbrio do terror é insatisfatória, posto que não é uma teoria do fim da guerra, mas apenas a continuação da trégua num estado de natureza hobbesiano. Por isso advoga o *projeto* da formação de uma consciência dos riscos da guerra atômica[45], através de um *pacifismo ativo*, que requer, como passo analítico prévio, uma discussão sobre o valor da paz.

2. O Valor da Paz

A análise da paz como valor a ser preservado vê-se antecedida, no Capítulo I do livro de Bobbio, por uma crítica: 1. à guerra tida como *mal aparente*, porque fruto de um desenho divino ou da natureza; 2. à guerra tida como *mal necessário*, isto é, como meio para fins desejáveis, tais como o *progresso moral* (por exemplo: Hegel, Humboldt, Nietzsche), o *progresso civil* (por exemplo: Carlo Cattaneo), o *progresso técnico* (por exemplo: Herbert Spencer)[46]. Essas considerações se complementam com as apresentadas no Capítulo V, sobre a ideia da paz e a importância do pacifismo.

Com efeito, no Capítulo V, Bobbio esclarece como, na relação paz--guerra, a paz é termo fraco diante do termo forte que é guerra – pois normalmente a paz é definida como ausência de guerra. É o contrário do que ocorre na relação ordem-desordem, na qual o termo forte é a ordem e o fraco, a desordem – normalmente definida como falta de ordem[47].

Então Bobbio parte para ponderações sobre como a definição e a situação da paz, entendida apenas como ausência de guerra, são insatisfatórias. Isso leva à discussão sobre *a paz como valor*, pois Bobbio, na coerência de sua postura axiológica de reformista, vê na paz, entendida apenas como ausência de guerra, um bem insuficiente.

A paz como ausência de guerra e, portanto, como bem insuficiente determina o estudo sobre os diversos tipos de paz, que Bobbio examina a partir de uma tipologia proposta por Raymond Aron: a *paz do poder*, a *da impotência* e a *da satisfação*, para evidenciar como o discurso sobre a paz não é necessariamente coincidente com o do pacifismo.

Ibidem, p. 43.
Ibidem, p. 49.
Ibidem, p. 61-70.
Ibidem, p. 162-164.

Na tipologia de Aron, a *paz do poder* pode assumir três formas: 1. a de equilíbrio, baseada na igualdade do poder dos Estados; 2. a de hegemonia, sustentada na preponderância de um Estado sobre outro; e 3. a de império, calcada no domínio imperial efetivo e da qual o grande paradigma continua sendo a *Pax Romana*. A *paz da impotência*, para Aron, é aquela dos nossos dias, produto do equilíbrio do terror trazido pelas armas atômicas.

Bobbio, ao comentar a tipologia de Aron, observa que onde o medo é recíproco reproduz-se o estado de natureza hobbesiano. Nesse sentido, tanto a paz fundada no equilíbrio convencional de poder quanto a do equilíbrio do terror, produto das armas atômicas, são em verdade paz da impotência e do poder, pois cada um é potente na medida em que o outro é impotente. Em outras palavras, para Bobbio não existe, com clareza – exceto na paz imperial – a situação-limite da paz do poder ou da impotência, mas sim distintas formas de paz nas quais a potência e a impotência estão distribuídas de maneira diversa entre os vários protagonistas da vida internacional.

Finalmente, cabe mencionar a *paz da satisfação*, termo que Aron adaptou de uma reflexão de Valéry. A paz da satisfação não é uma paz de expedientes, que tem como nota única a ausência de guerra e é o produto do temor. A paz da satisfação é aquela que resulta da inexistência de conflitos insuperáveis, em um contexto caracterizado pela confiança recíproca, facilitada, por sua vez, pela não ocorrência de pretensões territoriais excludentes. A paz a que almeja o pacifista não é, evidentemente, uma paz qualquer, mas obviamente a paz da satisfação entendida como um meio para efetivar a livre convivência entre os homens em escala universal[48].

A ameaça latente que as armas nucleares representam para a sobrevivência da humanidade, ao ir fomentando uma consciência dos riscos da guerra atômica, deu nova dimensão ao discurso do pacifismo – um discurso que remonta ao século xviii, com os textos do Abbé de Saint-Pierre e de Kant. Com efeito, essa ameaça, ao questionar e problematizar a sabedoria convencional sobre a inevitabilidade da guerra no processo histórico, vem estimulando a necessidade de a razão prática buscar, como ensinou Kant, os caminhos da paz perpétua.

Bobbio, na sua reflexão, mostra como o belicismo e o imperialismo opõem-se ao pacifismo, indicando também, com muita sutileza, as afinidades do pacifismo com o internaciona-lismo, o cosmopolitismo, o mundialismo e o

48 Cf. R. Aron, *Paix et guerre entre les nat* cap. vi, em especial p. 157-168; *Il prob* *della guerra...*, p. 159-189.

parte ii: relações internacionais

universalismo[49]. Mostra igualmente a importância de três filosofias da história que, nos séculos XVIII e XIX, consideraram a paz durável e universal como um momento positivo e necessário do desenvolvimento histórico. Por isso, foram matrizes inspiradoras de três vertentes do movimento pacifista: 1. o *pacifismo iluminista*; 2. o *pacifismo positivista*; e 3. o *pacifismo socialista*.

Para o pacifismo iluminista – por exemplo, Kant –, a guerra é produto de regimes políticos despóticos. A chave da paz está, portanto, com o povo, que, ao controlar o poder estatal, impede a guerra por meio da democracia.

Para o pacifismo positivista – por exemplo, Comte –, a chave está na passagem de sociedades do tipo militar para as de tipo industrial, que representam um estágio superior no qual desaparecerá a guerra como meio de solucionar conflitos.

Finalmente, para o pacifismo socialista, a chave da paz está na construção da sociedade socialista, na qual o poder não seria exercido por meio da violência, interna e externa, de grupos dominantes minoritários. *Organização política, sociedade civil* e *modo de produção* são as variáveis de cada um desses três tipos de pacifismo[50].

A partir desse quadro mais amplo, Bobbio elabora sua própria reflexão sobre o pacifismo: que ele vê como uma tarefa política e, por isso, denomina pacifismo ativo.

3. O Pacifismo

O pacifismo ativo, consoante a lição de Bobbio, move-se em três direções, ao tentar agir sobre os *meios*, as *instituições* e os *homens*.

A ação em relação aos meios – o *pacifismo instrumental* – almeja ou eliminar, ou reduzir os armamentos – que são os meios da guerra – através de uma política global, regional ou nacional de desarmamento. Favorece ao mesmo tempo, por meio das técnicas da solução pacífica de controvérsias (negociação, mediação, arbitragem etc.), a prática da não violência e a eliminação do uso da força no plano internacional. Desarmamento e solução pacífica de controvérsias, no entanto, não tocam no cerne da instituição básica que estrutura o sistema internacional moderno desde a Paz de Vestfália: o Estado soberano. É em relação à instituição da *soberania* que procura atuar o pacifismo institucional.

Cf. *Il problema della guerra...*, p. 182-183.
Ibidem, p. 185-188.

3. o problema da guerra e os caminhos da paz

O *pacifismo institucional* tem duas variantes: o pacifismo jurídico e o pacifismo social. O *pacifismo jurídico* identifica na multiplicidade de Estados soberanos, quaisquer que sejam as suas estruturas econômicas e sociais, a especificidade da competição no plano internacional e a causa da guerra. Por isso, busca eliminar a anarquia prevalecente na comunidade internacional através da paz pelo Direito, instrumentada por organizações internacionais que teriam um papel importante na construção consensual de um futuro Estado mundial.

O *pacifismo social* não se satisfaz com essa proposta contratualista, mais de natureza formal, de passagem do estado anárquico de natureza para a construção convencional de um Estado mundial. Entende, na sua vertente marxista, que a guerra é essencialmente o produto da opressão interna de classes e da expansão externa do imperialismo. Por isso advoga a tese da paz por meio da revolução social que, ao transformar as bases sociais do capitalismo, destruiria um certo tipo de Estado. Isso levaria, no entender dos adeptos dessa vertente, por meio de um salto qualitativo, a novas formas de convivência também no plano internacional, baseadas na liberdade e no interesse comum. Independentemente da aceitação ou da recusa da versão da ortodoxia marxista, cabe dizer que há, no pacifismo social, uma preocupação com o concreto da desigualdade em escala planetária que merece ser realçada, posto que, no mundo contemporâneo, essa dimensão da injustiça é um dos fatores da tensão difusa que permeia o sistema internacional.

Finalmente, há os pacifistas que entendem que as instituições resultam dos homens, e não os homens das instituições. Por isso, não se satisfazem com o pacifismo institucional, advogando também uma atuação sobre os homens por meio de um *pacifismo de fins*. Para os que entendem que a causa última da guerra radica-se no defeito moral do homem (o pecado original) ou no predomínio das paixões, em detrimento da razão, na conduta humana; ou ainda no contraste entre a disciplina ética, que faz a grandeza do homem, e a violação dessa disciplina, que faz a sua miséria, o problema é de *natureza pedagógica*. Trata-se, em outras palavras, de um pacifismo que vê sua tarefa como obra de persuasão e conversão. Para os que veem a causa da guerra nos instintos e nas manifestações do inconsciente – portanto, nos fenômenos que a psicanálise, a partir de Freud, vem aflorando –, o problema é de *natureza terapêutica*. Conversão pedagógica ou terapia são, portanto, esquematicamente, consoante Bobbio, as duas vertentes do pacifismo de fins.

Pacifismo de meios, pacifismo institucional, pacifismo de fins, conforme ensina Bobbio, podem ser complementares, porém diferenciam-se pelo teor de complexidade e profundidade. O pacifismo institucional, que lida com a organização social, é mais complexo e profundo que o de meios, que cuida das técnicas; o de fins, que trata do homem – que inventou as técnicas e a organização social –, é ainda mais complexo e profundo que o institucional e o de meios.

A eficácia do pacifismo está ligada à sua complexidade e profundidade. Entretanto, as possibilidades concretas de sua atuação na vida internacional são inversamente proporcionais à sua profundidade e complexidade. O pacifismo de meios tem mais condições de possibilidade na prática internacional que o pacifismo institucional, apesar de ser menos eficaz do que este último, o mesmo se pode afirmar do pacifismo de fins. Daí um dos dilemas na busca da paz perpétua, nesse labirinto – com possíveis saídas, mas repleto de becos – que é o presente e o futuro da vida internacional contemporânea[51], e que lembra as palavras de Octavio Paz: "portas de entrada e saída e entrada de um corredor que vai de parte alguma a lado algum"[52].

Diante desses dilemas que dificultam os caminhos da paz, Bobbio não se considera um otimista em termos de previsão. Isso não o impede de fazer, com todas as suas forças, uma *escolha* em prol do pacifismo, certo, entretanto, de que essa escolha é um pequeno grão de areia, com grandes dificuldades de emperrar a engrenagem da máquina de guerra no mundo atual[53].

A escolha de Bobbio assume a forma de um *conselho*, que se distingue de um *comando* – como explica Hobbes –, porque o conselho é um preceito cuja razão de acatamento deriva da própria coisa que se aconselha, ao contrário do comando, que obtém acatamento pelo poder concentrado da vontade de quem o emite. E um conselho, como aponta Hobbes com seu habitual realismo, é dado no interesse de quem o recebe, não de quem o formula[54].

Creio que o interesse maior da comunidade internacional reside em acatar o conselho que Norberto Bobbio, como democrata autêntico, busca transmitir com a força da convicção e o rigor dos argumentos, sem ilusões fáceis, mas imbuído do desejo de mudança. Seu desejo de mudança parte do pressuposto de que, se o realismo é o ponto de partida de qualquer análise, jamais poderá ser o ponto

Ibidem, p. 75-91.
O. Paz, Para o Poema, *Signos em Rotação*, p. 312.
Cf. *Il problema della guerra...*, p. 94-95.
Cf. T. Hobbes, *Opere politiche*, v. I, cap. XVI, § 1º, p. 265; *Studi per una teoria generale...*, p. 49-78.

de chegada, uma vez que significaria, como atitude, sucumbir diante do peso dos fatos e dos condicionamentos.

Neste final do século xx, homens como Bobbio estão à procura do contexto para uma vida mais justa e humana dentro do conjunto das atividades coletivas e sociais. Eles sabem que preparar o futuro significa uma vontade permanente de intervenção, ainda que consciente dos limites que lhes são impostos pelos fatos.

Uma política pode resignar-se à injustiça ou pode estar animada por inflexível vontade de progresso. Um filósofo militante – para usar expressão do agrado de Bobbio –, empenhado na vida política de seu tempo, sabe que a vontade de progresso que o anima requer a virtude cívica. Esta apoia-se em dois pilares que eu resumiria com duas frases – uma de Zola e outra de Jaurès – do gosto de Pierre Mendès-France, que, como Bobbio, representa o melhor de uma tradição: aquela que busca colocar a força de sua palavra e o rigor de suas convicções a serviço da política entendida como a ampliação do poder de controle do homem sobre o seu próprio destino. *Je n'ai qu'une passion, celle de la lumière*, afirma Émile Zola. *C'est à nous de fatiguer le doute du peuple par la persévérance de notre dévouement*, insistia Jean Jaurès. A paixão pela luz e a perseverança da devoção são traços da obra e da militância de Norberto Bobbio que suscitam a melhor admiração.

4. Guerra, Direito e Poder no Golfo Pérsico[1]

Norberto Bobbio, em entrevista dada ao *Corriere della Sera* do dia 17 de janeiro de 1991, posicionou-se em relação à guerra no Golfo Pérsico. Na entrevista, em síntese, Bobbio destacou: 1. que os pacifistas italianos e ocidentais têm dado às suas manifestações um caráter antiamericano que não o convence, pois não estão levando em conta a invasão do Kuwait pelo Iraque de Saddam Hussein em agosto passado e 2. que o conflito, iniciado no dia 16, e previamente anunciado como uma possibilidade legalmente autorizada caso não se restabelecesse, por via diplomática, o *status quo ante*, tem o caráter de uma guerra justa, ponderando, no entanto, que a ação militar precisará ser eficaz e útil, limitada no tempo e no espaço, para que a correção do erro não venha a se transformar num massacre.

Os pontos de vista de Bobbio suscitaram, na Itália, muita controvérsia, conforme noticiou em 28 de janeiro o *Jornal do Brasil*, em matéria enviada pelo seu correspondente Araújo Neto. O próprio Bobbio, em função dessas controvérsias, aprofundou sua reflexão em importante entrevista concedida à *Folha de S.Paulo* de 29 de janeiro, na qual dava destaque à dimensão trágica da guerra.

O ponto de vista de Bobbio é, como sempre, intelectualmente relevante, tem o peso político de sua autoridade moral como reconhecido prócer da esquerda liberal italiana, permanentemente disposto ao debate substantivo, e é especialmente significativo para uma discussão sobre

Artigo publicado no Caderno Ideias do *Jornal do Brasil* em 3 de fevereiro de 1991 e incluído em *Bobbio no Brasil: um Retrato Intelectual*, organizado por Carlos Henrique Cardim.

a guerra, já que considera, como reafirmou na entrevista ao *Corriere*, ser a paz um bem fundamental num mundo em que as armas não são mais baionetas, mas mísseis e outros artefatos de enorme poder letal.

Com efeito, Bobbio tem-se destacado na Europa como preeminente e lúcido defensor de uma ativa consciência pacifista, segundo é possível ler nos textos recolhidos em dois de seus livros: *Il problema della guerra e le vie della pace,* de 1979, e *Il terzo assente: Saggi e discorsi sulla pace e la guerra* (O Terceiro Ausente: Ensaios e Discursos Sobre a Paz e a Guerra), de 1989. Por outro lado, no seu último livro, que acaba de ser publicado e se intitula *L'età dei diritti* (A Era dos Direitos), de 1990, sublinha ele a importância da paz no contexto mais amplo de sua reflexão político-jurídica, ao afirmar na introdução: "Direitos do homem, democracia e paz são três momentos necessários do mesmo movimento histórico: sem direitos do homem reconhecidos e protegidos não há democracia, sem democracia não existem as condições mínimas para a solução pacífica dos conflitos".

Assim, parece-me importante contribuir para a discussão pública no Brasil, explicitando suas sintéticas colocações no *Corriere,* com base nas indicações que sua obra oferece, e levando em conta os fatos tais como são, e como os interpreto no momento em que escrevo este artigo. Penso que, dessa maneira, é possível construir-se uma moldura esclarecedora das dimensões jurídicas, político-econômicas e estratégico-militares que incidem nesta gravíssima situação que afeta não apenas a região do Golfo Pérsico, mas todo o mundo.

Bobbio, num texto de 1965, dizia que são quatro os tipos de relação entre a guerra e o Direito: 1. a guerra como meio de se afirmar o Direito, ou seja, como sanção; 2. a guerra como objeto de regulamentação jurídica, ou seja, vista sob o ângulo da legalidade da conduta dos beligerantes no conflito, em consonância com as normas do Direito Internacional Público; 3. a guerra como fonte de um Direito-Novo; e 4. a guerra como antítese do Direito.

A guerra como antítese do Direito, porque nela silenciam as leis e impera a força, é um dos pontos de partida do pacifismo. O pacifismo, enquanto pensamento e atitude, vem adquirindo relevância crescente diante das armas nucleares e dos armamentos, que, dotados de tecnologia cada vez mais destrutivamente precisa, podem pôr em risco a sobrevivência da humanidade. Para o pacifista radical, a guerra é como o Estado para o anarquista e como foi a propriedade privada para o comunista – um mal absoluto.

Better red than dead, dizia Bertrand Russel na década de 1960, no período da Guerra Fria. A ele se contrapunha Jaspers, que afirmava que era preciso enfrentar a morte para salvar a liberdade, como lembra Bobbio em outro ensaio no qual discute a relação entre guerra e moral. Em outras palavras, mesmo para quem considera a paz um valor prioritário e não assume o realismo da política do poder como um dado absoluto da vida internacional, podem surgir situações nas quais a guerra é o mal menor.

Na sua análise das modalidades de pacifismo a serem praticadas, Bobbio discute, num primeiro nível, o pacifismo instrumental de meios. O pacifismo instrumental de meios tem duas vertentes: o desarmamento, cujo objetivo é diminuir ou eliminar os meios da guerra, e a solução pacífica de controvérsias, que busca o encaminhamento não violento dos conflitos.

A região do Oriente Médio, desde a Segunda Guerra Mundial, tem sido particularmente violenta. Por isso caracteriza-se como um contexto diplomático no qual, para adaptar uma fórmula de Raymond Aron, não só a paz foi impossível, mas a guerra tornou-se a hipótese sempre mais provável. São causas dessa violência instigadora da guerra as iniquidades da dominação europeia e o impacto disso nos nacionalismos que se afirmaram no período pós-colonial; as distintas ambições de um renascimento da irradiação árabe e muçulmana no mundo, que se encarnaram em homens como Nasser e Khomeini e se viram também instigadas pela presença de Israel na região e pelo problema dos palestinos. Todo esse caldo de tensões, somado à pobreza, até recentemente operava no macrocontexto da Guerra Fria, ou seja, o da alta política de segurança mundial, estruturada pela rivalidade dos EUA e da URSS, que buscavam equilibrar e controlar o impacto e o alcance dos conflitos locais. Por isso tornou-se o Oriente Médio uma região assinalada não pela diplomacia do desarmamento, mas sim pela corrida armamentista, que, com a contribuição de tantos países fornecedores de armas externos à região, a começar pelos EUA e a URSS, multiplicaram os meios de guerra.

Evitar a guerra entre países armados foi a difícil tarefa da diplomacia e da negociação na crise do Golfo Pérsico. Essa tarefa fracassou. Na substância desse fracasso estava o objetivo de Saddam Hussein de, por meio da ação militar, anexar o Kuwait, alegando tratar-se de território historicamente pertencente ao Iraque. Seguia ele, nesse sentido, a mesma lógica que o levou a iniciar, com base em reivindicações territoriais do mesmo tipo, uma longa, dura e afinal malsucedida guerra com o Irã.

4. guerra, direito e poder no golfo pérsico

As fronteiras e os limites entre os Estados são regidos pelas normas do Direito Internacional Público, que proíbem o uso da força como meio de conferir título jurídico de soberania sobre o território. A razão de ser política dessa norma está ligada à multiplicidade dos contenciosos territoriais existentes no mundo, que, se fossem encaminhados pela força, gerariam uma instabilidade que poria em risco a ordem mundial.

Foi por isso, para dar um exemplo, que os países africanos aceitaram as fronteiras que lhes traçaram as antigas potências coloniais, sem levar em conta etnias, línguas e o passado dos povos da região, pois sua não aceitação implicaria a desestabilização política da África.

Resolver, portanto, problemas territoriais através da guerra é, dado o fato de que há sempre um componente do acaso no traçado de limites, uma ameaça à vida internacional que alcança todos os Estados. Foi em obediência a esse raciocínio que o Conselho de Segurança, com base nas competências que lhe foram atribuídas pela Carta das Nações Unidas, e por etapas graduadas, que começaram com penalidades econômicas e chegaram à autorização do uso da força – esgotado o prazo fixado para se solucionar o problema por meio diplomático –, qualificou a guerra ora em curso, conduzida por uma aliança de Estados liderada pelos EUA, como uma sanção ao Iraque.

Observa Bobbio que, de acordo com a tradição jurídica, existem dois tipos de guerra justa: a de defesa e a de reparação de um dano, apesar de ser hoje difícil, por força do potencial destrutivo das armas, considerar justa uma guerra. A qualificação da guerra do Iraque como uma sanção e, portanto, como meio de afirmar o Direito através dos procedimentos legais da Carta das Nações Unidas dá a ela os pressupostos de uma guerra justa e legal. Esse é o parecer de Bobbio, que, na entrevista ao *Corriere*, diz também que não se pode ficar passivo diante de uma agressão.

A qualificação da guerra ao Iraque como justa e legal se fez no âmbito de um contexto da política internacional que permitiu a ação do Conselho de Segurança. Esse contexto precisa ser esclarecido para o correto entendimento do assunto.

A atual crise do Golfo Pérsico é a primeira grande crise que eclodiu depois da queda do muro de Berlim e do fim da Guerra Fria. Isso possibilitou que a URSS não buscasse contrabalançar a presença norte-americana no encaminhamento do problema, mas, ao contrário, concordasse com o papel protagônico nele assumido pelos EUA.

A dessuetude do conflito Leste/Oeste nessa crise uniu a alta política de paz e de segurança à política mais prosaica, mas não menos importante, de abastecimento e de oferta de petróleo em escala mundial, atingida pela ocupação do Kuwait e ameaçada pelos riscos que corriam a Arábia Saudita e os Emirados Árabes diante do expansionismo iraquiano. Hoje a guerra magnifica esse problema.

A vocação hegemônica afirmada por Saddam Hussein tem como base interna um regime cuja raiz é a proposta inicial de um laicismo modernizador para o mundo árabe, que inspirou a criação do Partido Baath. Nos seus desdobramentos, essa proposta inicial foi se perdendo, e o regime de Saddam Hussein não só adquiriu um componente fundamentalista como assumiu uma feição crescentemente autoritária, notabilizada pela violação dos direitos humanos, cabendo destacar, neste capítulo, o tratamento dado à minoria curda do país.

Essa vocação hegemônica, no caso de Saddam Hussein, faz dele, como disse Bobbio na entrevista à *Folha de S.Paulo* de 29 de janeiro, "uma das mais extraordinárias e impressionantes encarnações daquilo que se chama vontade de potência", o que efetivamente coloca o problema de saber se a guerra teria sido evitável por meios diplomáticos ou por sanções econômicas. Essa "vontade de potência" catalisa-se, interna e externamente, em torno das aspirações mais amplas de um novo papel no mundo a ser exercido pelo islamismo, foi alimentada pela sublevação dos ressentimentos árabes diante do Ocidente e procura, agora, conferir ao conflito uma forte conotação religiosa-fundamentalista, a ela agregando importantes ingredientes da tensão Norte/Sul com vistas a obter uma ressonância internacional de maior magnitude.

A leitura dessa visão tem sua propagação limitada na região, pois a ação do Iraque de Saddam Hussein é uma ameaça ao Egito e à Síria, que também têm suas aspirações de liderança e seus recursos de poder para pleiteá-la e, por isso, se incorporaram à coligação da força conduzida pelos Estados Unidos. A ação iraquiana é também inaceitável para os países árabes do Golfo, que tinham conseguido estabelecer, desde Nasser, que o seu papel no grande projeto árabe era o de financiá-lo, e não de desaparecer via anexação. Finalmente, a postura do Iraque condiciona a posição de vigilância do Irã, que, escaldado pela experiência da guerra anterior, acompanha o conflito com a preocupação de zelar pelos seus interesses e sua segurança, o que não exclui algum tipo de entendimento com o Iraque, como parece ser o caso do refúgio concedido aos aviões iraquianos.

É em função desse quadro regional que o Iraque de Saddam Hussein procurou desde o início da crise no plano diplomático, e procura agora através de agressivas ações no plano militar, provocar a inserção no conflito de Israel e do problema palestino, sem dúvida fatores graves de tensões não resolvidas na região, mas que não são a causa desse conflito. Tem a ação político-militar iraquiana o objetivo de fazer prosperar sua posição no mundo árabe e fora dele, com vistas a uma até agora não bem-sucedida transformação do problema para melhorar sua situação.

Essa sucinta descrição do quadro político dentro do qual, na moldura jurídica do Direito Internacional Público, a guerra liderada pelos Estados Unidos, com o apoio militar e diplomático de tantos Estados, foi validamente qualificada como uma sanção ao Iraque e, portanto, como meio de afirmar o Direito, é importante para se examinar em que medida, para voltar a Bobbio, será ela fonte de um Direito-Novo.

É difícil dar, a esta altura dos acontecimentos, uma resposta a essa pergunta sobre as consequências da guerra. Sem dúvida, ela se trava em meio à gestação de uma nova ordem mundial, na qual a URSS não só não terá o papel de superpotência que teve nas últimas décadas, como correrá o risco de uma explosão das forças centrífugas que nela atuam, podendo desembocar, com um eventual fracasso da *perestroika*, num "Chernobil social". Caracteriza-se a ordem mundial *in fieri* também pelo potencial de ação de uma Alemanha unificada, com irradiação para o Leste Europeu, no contexto de uma Europa da CEE que deverá redesenhar o seu papel no mundo. Passa, igualmente, pelas novas funções que o Japão poderá exercer no sistema internacional. Terá como ingrediente a persistência dos problemas Norte/Sul que continuam a dividir o mundo e que atuam como forças centrífugas a embargar as forças centrípetas do mercado e da eficiência na atual economia interdependente e global.

Nas variadas peças desse incompleto e complicado mosaico, a capacidade de iniciativa político-diplomática dos EUA no mundo e sua ação estratégico-militar no Golfo são parte de um esforço para consolidar, nessa nova ordem em gestação, seu papel como a única superpotência efetivamente atuante no campo da paz e da guerra. Em outras palavras, como um país que tem não apenas interesses específicos em relação a outros Estados, vistos como aliados, protetores ou inimigos nos seus respectivos contextos diplomáticos mais ou menos abrangentes, mas também interesses gerais na conservação da própria ordem mundial. O tempo dirá se os recursos de poder dos Estados Unidos e se a brecha hoje existente entre o poderio econômico mundial e suas aspirações e realidades estratégicas de superpotência lhe permitirão continuar no exercício desse papel, que a distribuição individual e desigual do poder entre os Estados classicamente confere às grandes potências no sistema internacional.

Na atual conjuntura, cabe observar que efetivamente os Estados Unidos estão conduzindo as operações militares no Golfo com base num pensamento estratégico que não é nem o derivado da hipótese do conflito de alta intensidade e risco para a própria sobrevivência da humanidade, como foi o dos cenários contemplados pela confrontação Leste/Oeste, nem o resultante dos conflitos de menor intensidade, como a guerra de guerrilhas, mas sim um pensamento voltado para os conflitos de intensidade média. Nesse tipo de conflito, do qual a Guerra do Golfo parece estar sendo o banco de provas, a maciça mobilização de recursos e a dimensão tecnológica dos artefatos de guerra estão sendo vistos como variáveis-chaves do sucesso.

O emprego desses meios obedece, em tese, para retornar a Bobbio, às normas jurídicas, que são as do *jus in bello*, voltadas para a regulamentação da conduta dos beligerantes. Essas normas compreendem dois ramos complementares: o Direito de Genebra e o de Haia.

O Direito de Genebra tem como objeto a proteção da população civil e a tutela do pessoal militar colocado fora de combate, com ênfase na integridade física e moral dos prisioneiros de guerra. No que tange a esse ramo do *jus in bello*, parece claro, a essa altura da condução das hostilidades, que o prontuário policial do Iraque será grande, tendo em vista o seu anunciado objetivo de se valer de prisioneiros de guerra como escudos vivos na defesa de alvos estratégicos.

O Direito de Haia cuida da disciplina dos meios e métodos de condução das operações militares, com o objetivo de evitar o sofrimento desnecessário e o dano supérfluo. É no seu contexto, por exemplo, que se insere o esforço de proibir, desde os anos de 1920, o uso de armas químicas, que o Iraque de Saddam Hussein não hesitou em empregar na sua guerra com o Irã.

É nesse contexto, também, que se coloca um novo e terrível problema jurídico: o da responsabilidade pelo dano ecológico de repercussão universal, que se avoluma com o direito à utilização, sustentado por Saddam Hussein, do petróleo derramado nas águas do Golfo Pérsico como arma de guerra.

As normas do Direito de Haia, dada a velocidade do desenvolvimento da tecnologia militar, tendem à rápida obsolescência. Isso não quer dizer, para voltar ao que Bobbio observa na entrevista ao *Corriere*, pensando na conduta dos EUA, que os responsáveis pela condução da guerra se valham das armas sem medida, apenas estribados no direito, que está ao seu lado, de restabelecer a legalidade violada. Devem eles levar em conta a ética dos resultados, ponderando as consequências de suas ações para evitar produzir um mal maior do que o que visam combater. O que distingue o emprego da força, autorizada pela ONU, da violência é a medida. Violência é força sem medida, caracterizada pela desproporção, a ser verificada, entre meios e fins. Força é a violência como medida necessária para restabelecer a ordem. No caso, a desocupação do Kuwait. Se teremos na região e no mundo, por conta da Guerra do Golfo, a força calibrada pela medida, ou se ela desencadeará a violência, não é possível, no momento, dizer qualquer coisa de mais conclusivo. O que se pode afirmar, hoje, é que a guerra, embora penosamente difícil, é não só justa como um mal menor, e a paz, apenas no seu sentido mais elementar de ausência de guerra, quando vier, será, como diria Tancredo Neves, uma complexa "esquiva conquista da razão política".

5. Bobbio e as Relações Internacionais[1]

I

Norberto Bobbio, em texto intitulado "Autobiografia Intelectual", realça que para ele e para a sua geração existiu um corte existencial entre o "antes" do período fascista e o "depois" que se seguiu à queda do fascismo, para a qual colaborou participando da Resistência e integrando o Partido de Ação. O "depois" significou não só a possibilidade, mas, para alguns como ele, o dever moral de participar do debate político[2]. Daí ter harmonizado no seu percurso a dimensão de intelectual militante com a integridade e a seriedade da sua obra e da sua atuação como acadêmico e professor.

Já em setembro de 1979, no prefácio à primeira edição de seu livro *Il problema della guerra e le vie della pace* apontava ele que, terminada a guerra e abolido o fascismo, dois eram os problemas fundamentais da agenda política italiana: a efetivação da democracia no plano interno e, no plano externo, o ordenamento pacífico nas relações entre a Itália e o resto do mundo. Observava, igualmente, no plano conceitual, que os dois problemas se interligavam, pois diziam respeito a como eliminar, ou pelo menos limitar, da melhor maneira possível, a violência como meio para resolver conflitos, tanto entre indivíduos e grupos no interior de um Estado quanto nas relações entre Estados[3].

Prefácio a *O Terceiro Ausente: Ensaios e Discursos Sobre a Paz e a Guerra* (2009), tradução brasileira de *Il terzo assente: Saggi e discorsi sulla pace e la guerra*, de Norberto Bobbio. Cf. *O Tempo da Memória*, p. 123 e 128. *O Problema da Guerra e as Vias da Paz*, p. 39

Cabe lembrar, a propósito da violência, que a formação de Bobbio se deu no "antes", ou seja, no período fascista, regime político que é parte integrante da dinâmica da "era dos extremos" que historicamente moldou o século xx. Como disse: "O fascismo trazia a violência no corpo. A violência era a sua ideologia"; uma das suas características mais constantes foi "a exaltação da guerra até o paroxismo", e o seu ímpeto motivador foi o combate à democracia, tida como "imbele, pacifista e anti-heroica"[4]. Por outro lado, sua produção intelectual realmente significativa ocorreu no "depois", ou seja, no arco temporal que se estende da segunda metade da década de 1940 à primeira metade da década de 1990. Essa produção intelectual, tanto no campo acadêmico quanto no das intervenções no debate público, tem como um dos seus elementos constitutivos, na avaliação de Pier Paolo Portinaro, a contestação da fúria dos extremos, voltada para a destruição da razão, que caracterizou o contexto político italiano e europeu dos anos do "antes". É, assim, uma obra muito voltada, no "depois", para a pesquisa e a análise de alternativas medularmente distintas daquelas que o fascismo emblematizou, em especial a destruição da democracia e o belicismo[5].

Foi nessa moldura que se configuraram como temas recorrentes e interligados da reflexão de Bobbio a defesa da democracia – que "conta cabeças e não corta cabeças" – e o empenho em prol da paz, direcionado para conter o caso mais clamoroso de violência coletiva, que é a guerra entre os Estados. Esses dois temas respondem, analiticamente, à perspectiva de quem tinha a firme convicção de "que o único e verdadeiro salto qualitativo da história humana é a passagem, não do reino da necessidade ao reino da liberdade, mas do reino da violência ao reino da não violência"[6].

II

A contribuição de Bobbio à teoria da democracia é bem conhecida, inclusive no Brasil, mas sua análise da paz e da guerra não teve até agora a mesma ressonância. No entanto, fazendo um balanço da sua produção intelectual, ele realça a importância que atribui aos trabalhos dedicados ao tema da paz e considera

4   *Do Fascismo à Democracia*, p. 27, 53, 56.
5   Cf. *Introduzione a Bobbio*, p. 3.
6   *As Ideologias e o Poder em Crise*, p. 111.

central em sua obra de ensaísta o texto "O Problema da Guerra e as Vias da Paz", primeira parte do livro do mesmo nome no qual reuniu, em 1979, ensaios sobre essa temática[7]. Luigi Bonanate, que entre seus alunos e discípulos foi o que no correr dos anos se dedicou, com merecido e bem-sucedido reconhecimento, às relações internacionais, considera que esse texto é um dos mais importantes da bibliografia internacional sobre a complexidade da guerra, à luz das inovações trazidas pelas armas nucleares[8]. A Bonanate, que escreveu em 1998 um instigante livro sobre *A Guerra*, publicado no Brasil em 2001, também se deve o pioneiro estudo intitulado "Nel labirinto, ovvero guerra e pace nel pensiero di Norberto Bobbio", publicado originalmente em 1986 no volume de escritos organizados por ele próprio e por Michelangelo Bovero dedicados a Bobbio e voltados para celebrar os seus 75 anos[9].

Como estudioso das relações internacionais, sempre considerei heurístico o livro de Bobbio sobre a guerra e a paz acima mencionado. Foi por essa razão que, em 1982, por ocasião da sua vinda para participar de um simpósio sobre sua obra na Universidade de Brasília e dar conferências na Faculdade de Direito da USP, escolhi como tema da minha exposição naquele simpósio "O Problema da Guerra e os Caminhos da Paz na reflexão de Norberto Bobbio"[10].

Meu fio condutor foi o livro de Bobbio, de 1979, que busquei inserir no contexto da sua obra. Destaquei o quanto ele se valeu da lição dos clássicos – Hobbes, Grócio, Kant –, como afirmou a paz como valor realizável por meio de diversas modalidades de pacifismo ativo e de que modo a dicotomia paz/guerra está em sintonia com as demais dicotomias que, numa criativa *ars combinatoria*, lidam com as inquietações intelectuais que permeiam sua trajetória.

Tendo enviado a Bobbio a versão revista e ampliada da exposição de Brasília, na carta que me escreveu em 14 de fevereiro de 1983, disse ele: "[…] mi riesce difficile parlarne perché io sono un giudice troppo severo delle cose che scrivo per lasciarmi convincere da chi mi elogia. Mi fa piacere soltanto il pensare che il Suo saggio possa far conoscere in Brasile uno dei miei libri che ha avuto il più scarso successo in Italia. (Però ne è apparsa qualche mese fa una traduzione spagnola)"[11].

O Tempo da Memória..., p. 93-94.

Cf. *Le relazioni degli stati tra diritto e politica*, p. 17.

O estudo mencionado foi mais tarde incluído no livro acima citado de Bonanate, *Le relazioni degli stati...*, p. 21-56.

A versão revista desse texto integra esse volume. Cf. O Problema da Guerra e os Caminhos da Paz na Reflexão de Bobbio, supra, p. 59.

"[…] para mim, é difícil dizer algo a respeito porque sou um juiz muito severo das coisas que escrevo para me deixar convencer por quem me elogia. Mas agrada-me pensar que o ensaio possa tornar conhecido no Brasil um dos meus livros que teve muito pouco sucesso na Itália (Porém, há alguns meses, foi publicada uma tradução espanhola)." (Tradução nossa)

Como se vê, com a austeridade autocrítica que o caracterizava, ele encaminhou generosamente a resposta para falar da satisfação em ver que o seu livro, de pouca repercussão na Itália, poderia se tornar conhecido no Brasil por meio do meu ensaio. *O Problema da Guerra e as Vias da Paz* foi publicado pela Editora da Unesp em 2003, de maneira que essa grande contribuição de Bobbio à teoria das relações internacionais está hoje à disposição do leitor brasileiro.

III

Como é sabido, a começar pelo prefácio de 1980 à edição brasileira de *A Teoria das Formas de Governo na História do Pensamento Político*, venho, no correr dos anos, escrevendo sobre o pensamento jurídico e político de Bobbio. No campo específico das relações internacionais, depois do ensaio acima mencionado, retornei com foco preciso à temática em 1991. Foi por ocasião da guerra do Golfo Pérsico, suscitada pela invasão do Kuwait pelo Iraque, comandada por Saddam Hussein. Relembro a discussão que diz respeito à situação-limite paz/guerra, porque essa situação-limite é uma das notas até hoje predominantes da vida internacional, e por isso mesmo tema recorrente na reflexão de Bobbio nesse campo.

Bobbio tinha se manifestado sobre a Guerra do Golfo em entrevista concedida ao *Corriere della Sera*. Ao participar do debate público, expôs que o conflito iniciado, e previamente anunciado como possibilidade legalmente autorizada no plano multilateral pela ONU – caso não se restabelecesse por via diplomática o *statu quo ante* –, tinha a característica de uma guerra lícita, desde que, ressalvava ele, a ação militar fosse eficaz e útil, limitada no tempo e no espaço, para que a correção do erro não viesse a se transformar num massacre. Na entrevista, destacou que os pacifistas italianos e ocidentais estavam dando às suas manifestações um caráter antiamericano que não o convencia, pois não estavam levando em conta que a invasão do Kuwait pelo Iraque em agosto de 1990 era uma guerra com a nota da agressão e da conquista territorial.

Registro que essa última observação era coerente com a distinção entre paz e propaganda de paz que propôs originariamente em 1952, em texto incluído no seu livro *Politica e cultura*, cuja primeira edição é de 1955. Essa distinção se inseria no contexto da discussão ideológica da Guerra Fria e das posições advogadas por Stálin e pelos partidos comunistas da época, que entendiam que o único perigo da guerra era o imperialismo norte-americano[12]. A observação de Bobbio na entrevista ao *Corriere della Sera* também é congruente com o seu importante ensaio teórico de 1981, "Relações Internacionais e Marxismo", reproduzido, em conjunto com outros textos sobre paz e guerra, no capítulo 10 da sua *Teoria Geral da Política*, organizada por Michelangelo Bovero. O ponto central da análise e da conclusão de Bobbio é que nem todas as guerras são ou foram imperialistas. Por isso a fenomenologia do imperialismo e a fenomenologia da guerra não coincidem, e assim a teoria marxista e as teorias dela derivadas não oferecem instrumentos adequados para se compreender o fenômeno da guerra em toda a sua extensão e em todas as suas determinações concretas. Ou seja, a teoria marxista não preenche, epistemologicamente, a condição de uma teoria geral[13]. De maneira análoga, em *Qual Socialismo? Discussão de uma Alternativa*, publicado em italiano em 1976 e no Brasil em 1983, Bobbio aponta que o marxismo não dá apropriadamente conta de relevantes problemas da teoria de Estado e da democracia, pois não aprofunda, no seu âmbito teórico, a discussão do *como* se governa[14]. Esses dois textos integram a discussão com o marxismo e os marxistas, cuja intenção dialógica está bem captada pelo título do seu livro de ensaios *Né con Marx né contro Marx*, de 1997, publicado no Brasil em 2006.

A entrevista de Bobbio suscitou uma grande polêmica, que teve repercussão no Brasil, inclusive porque ele usou o termo "guerra justa", ao qual, no entanto, atribuiu o sentido prevalecente na linguagem jurídica conforme à lei, ou seja, legal. Foi instigado por essa polêmica que publiquei na *Folha de S.Paulo*, em 22 de janeiro de 1991, um artigo intitulado "A Guerra do Golfo e a Posição de Bobbio". Nesse artigo, voltado para mostrar congruência entre a sua intervenção no debate público, a sua militância pacifista e a sua obra acadêmica, tomei como base o capítulo do livro de 1979, *O Problema da Guerra e as Vias da Paz*, que trata de Direito e guerra. Expliquei que as suas posições inseriam-se na reflexão mais ampla sobre os tipos de relação entre Direito e guerra, ou seja, a guerra como meio de afirmar o Direito, como objeto de

Cf. *Politica e cultura*, p. 73-83.
Teoria Geral da Política, p. 553.
Cf. L. Bonanate, *Le relazioni degli stati...*, p. 48. Cf. também C. Lafer, *Ensaios Sobre a Liberdade*, p. 11-76, e, neste volume, Filosofia do Direito e Filosofia Política: Notas Sobre a Defesa da Liberdade no Percurso Intelectual de Bobbio, p. 179.

regulamentação jurídica, como fonte do Direito e como antítese do Direito. A isso adicionei considerações sobre o quadro diplomático regional e internacional e sobre a autorização jurídica do Conselho de Segurança da ONU para o uso da força, que tornavam lícita a Guerra do Golfo.

Meu artigo levou o correspondente da *Folha de S.Paulo* na Itália, Marcos Augusto Gonçalves, a pedir e obter de Bobbio uma entrevista que foi publicada em 29 de janeiro de 1991. Essa entrevista, sua relação com meu artigo, assim como os demais textos de Bobbio sobre a matéria, integram o seu livro *Una guerra giusta? Sul conflito dell Golfo*, também lançado em 1991.

O eco, no Brasil, das polêmicas na Itália sobre a questão, mais o interesse suscitado pela entrevista de Bobbio à *Folha de S.Paulo*, levaram-me a retomar e aprofundar minha leitura da sua posição, para sustentá-la num artigo mais elaborado, "Guerra, Direito e Poder no Golfo Pérsico", publicado no *Jornal do Brasil* em 3 de fevereiro de 1991[15].

Nesse segundo texto repropus argumentos apresentados no artigo anterior da *Folha de S.Paulo* sobre a relação Direito/guerra; explicitei por que a diplomacia, no caso concreto da invasão do Kuwait pelo Iraque, não tinha sido bem-sucedida, num contexto em que o pacifismo instrumental de meios não teve curso no Oriente Médio; discuti por que o uso da força para encaminhar a multiplicidade de contenciosos territoriais existentes no mundo geraria riscos sérios para a estabilidade da ordem mundial; apontei, nesse sentido, a gravidade do precedente representado pela invasão do Kuwait; lembrei, inserindo no âmbito do Oriente Médio, o que tinha dito Bobbio na entrevista à *Folha* sobre Saddam Hussein – a vontade do poder e suas consequências em matéria de desrespeito aos direitos humanos; mostrei como o *jus in bello* do Direito de Genebra não estava sendo seguido pelo Iraque; e fiz considerações sobre a aplicação do Direito de Haia, que trata do uso das armas num conflito. Observei, nessa linha, seguindo Bobbio, que o que distingue o emprego da força, juridicamente autorizado pela ONU, e a violência, é a medida. Concluí, na sua esteira, que a conduta dos EUA e de sua coligação no restabelecimento da legalidade violada deveria levar em conta e ponderar, com base na ética da responsabilidade, as consequências dos meios militares empregados, para evitar um mal maior do que aquele que visava a debelar.

Em 24 de fevereiro de 1991, Bobbio publicou em *La Stampa* seu último artigo sobre o assunto no calor da hora dos acontecimentos. O texto, que está

15 O texto também integra este volume. Guerra, Direito e Poder no Golfo Pérsi[co], supra, p. 77.

90   *parte ii: relações internacionais*

recolhido em *Una guerra giusta?*[16], articula suas inquietações, no plano das responsabilidades éticas suscitadas pela primeira Guerra do Golfo. Bobbio parte da pergunta: mesmo sendo uma guerra lícita, deveria ter sido levada a termo? É uma reflexão sobre meios e fins e sobre as dificuldades em prever as consequências diante do cunho terrível da guerra, ponderando que as respostas a essas questões eram lamentavelmente tardias para alterar o curso dos eventos.

Em carta que me escreveu nessa mesma data agradecia o envio do meu segundo texto – *lo ringrazio vivamente del commento alla mia intervista nella Folha de S.Paulo e d'aver bene illustrato la mia posizione*[17] – e agregava suas inquietações sobre a marcha dos acontecimentos. Reproduzo-as abaixo porque, em tom mais livre e pessoal, dão bem a medida das suas preocupações éticas publicamente explicitadas no artigo acima mencionado de *La Stampa* e em outros textos recolhidos em *Una guerra giusta?*:

ormai la guerra sta per finire. È stata limitata nello spazio (contrariamente alle previsioni) e anche di durata non eccessiva (quando è cominciata la guerra terrestre si prevedeva molto piu lunga). Però è stata molto disttrutiva. Si poteva ottenere lo stesso scopo senza distruggere la città di Bagdad? In questi ultimi giorni non le nascondo che sonno preocupato perché abbiamo l'impressione che Bush voglia strazvincere (non só se una parola corrispondente all'italiano "straz vincere" ci sia, ma è una parola che rende bene l'idea di un vincitore arrogante e inclemente, e ricorda il *vae victis* delle guerre barbare di un tempo)[18].

O caráter dubitativo e reflexivo dessas perguntas de Bobbio, que permeiam igualmente *Una guerra giusta?*, são a base das observações de Bovero no sentido de apontar que o seu realismo político é, sem dúvida, metodológico, e não tem a característica do realismo ontológico tradicional que, de Trasímaco a Carl Schmitt, vê na política apenas conflito, ou seja, a guerra continuada com outros meios, no dizer de Foucault[19]. É por isso

Cf. *Una guerra giusta?*, p. 87-90.
"Agradeço vivamente seu comentário sobre minha entrevista à *Folha de S.Paulo* e de ter ilustrado a minha posição". (Tradução nossa.)
"agora a guerra está para acabar. Foi limitada no tempo (contrariamente às previsões) e, também, de duração não excessiva (quando começou a guerra por terra previa-se ser muito mais demorada). Porém, foi muito destrutiva. Poder-se-ia obter o mesmo intento sem destruir a cidade de Bagdá? Nestes últimos dias não escondo que estou preocupado porque tenho a impressão de que Bush quer vencer completamente (não sei se há uma palavra correspondente à italiana *stravincere*, mas é uma palavra que traduz bem a ideia de um vencedor arrogante e inclemente, e lembra o *vae victis* (ai dos vencidos) das antigas guerras bárbaras)." (Tradução nossa.)
Cf. M. Bovero, *Un realista insoddisfatto*, em C. Ocone (org.), *Bobbio ad uso di amici e nemici*, p. 149-163.

que, no plano mais geral, é ele um "realista insatisfeito"[20], mesmo quando discute a licitude do uso da força, que, na vida internacional, tende à falta de medida da violência. Essa é uma avaliação de alta pertinência, uma vez que Bobbio, no plano dos valores, atribui à violência o máximo da negatividade, e à não violência e à paz o máximo da positividade[21].

Das suas inúmeras intervenções na condição de intelectual militante no debate público – da defesa da liberdade no debate com os comunistas na década de 1950[22] à afirmação do papel da esquerda nos anos de 1990, na maré montante do neoliberalismo trazido pela queda do muro de Berlim[23] –, essa sobre a Guerra do Golfo foi a que lhe trouxe maiores aborrecimentos pessoais. Com efeito, viu-se contestado por muitos dos seus próximos amigos e discípulos, especialmente os integrados no arco político dos pacifistas e da esquerda italiana de forte inclinação antiamericana[24]. É o que narra na sua autobiografia[25], onde dá conta de vários aspectos da polêmica que permitem contextualizar os textos que compõem *Una guerra giusta?*

Creio que fui um dos poucos, entre os que se consideram próximos do legado de Bobbio, a apoiar publicamente as suas posições e compartilhar a especificidade das suas inquietações. Como disse mais tarde, passado o calor da polêmica, tratando da presença intelectual de Bobbio no Brasil, entendo que a sua postura, com a qual coincidi, foi um exemplo de coragem política e intelectual[26]. É mais um exemplo da sua capacidade – da sua *fortitudo* – de ir contra a ilusão tranquilizadora gerada no círculo dos amigos e companheiros. Resistindo, ele afirmou a sua perspectiva com base em argumentos, pois não se acomodou nem intimidou ante as reações que a sua tomada de posição suscitou em seus próximos.

IV

Em 2006 e, de maneira mais aprofundada, em 2007, tive a oportunidade de retomar a análise de Bobbio sobre as relações internacionais, interligando-a com a sua discussão

20 A. Ruiz Miguel, *Politica, Historia y Dere* *en Norberto Bobbio*, p. 175-177; e N. Bobb *O Tempo da Memória*, p. 152.

21 Cf. L. Bonanate, *Le relazioni degli stati...*, p.

22 Cf. *Politica e cultura*.

23 Cf. *Destra e sinistra*.

24 L. Bonanate, *Le relazioni degli stati...*, p.

25 Cf. *Diário de um Século*, p. 226-231.

26 Cf. A. Filippi; C. Lafer, *A Presença de Bob* p. 151-152.

sobre a democracia[27]. Meu ponto de partida foi um ensaio que elaborei em 1989, intitulado "Bobbio: Razão, Paz e Democracia", na sua origem prefácio para um livro editado no Brasil que reunia três dos seus ensaios: o primeiro tratava de razão e democracia, o segundo comparava a democracia dos antigos à dos modernos e o terceiro versava sobre democracia e sistema internacional[28].

Esse último ensaio foi incorporado à segunda edição italiana, de 1991, de *O Futuro da Democracia*. Não constava da primeira, que é de 1984. Na introdução à edição de 1991, Bobbio explica que a temática do ensaio estava ligada à sua assídua e crescente dedicação ao problema da paz, que sempre considerou vinculado à democracia, como realcei no início deste texto. Ponderava que uma paz mais estável no mundo passava pela efetivação de duas condições: o aumento do número de Estados democráticos no sistema internacional e o avanço do processo de democratização do próprio sistema[29].

No meu ensaio de 2007, intitulado "Democracia e Relações Internacionais: O Cenário Contemporâneo e as Reflexões de Bobbio", lembrava a conexão desse capítulo de *O Futuro da Democracia* com o que ele tinha dito na introdução de *A Era dos Direitos*, afirmando que direitos humanos e democracia no plano interno ensejavam as condições para a solução pacífica de conflitos no plano internacional[30]. A articulação entre democracia, direitos humanos e paz é fruto da maneira pela qual Bobbio, por aproximações sucessivas, como era o modo do seu proceder intelectual, foi desdobrando os nexos entre democracia e Direito, Direito e razão, razão e paz, paz e direitos humanos, como apontou Ferrajoli[31]. No trato desses nexos no plano internacional, a *vis directiva* filosófica de Bobbio é o Kant de *Para a Paz Perpétua*, ou seja, a paz como um ditame da razão, capaz de lidar com a "social insociabilidade humana". Essa *vis directiva*, no entanto, é permeada pelo realismo de um olhar hobbesiano[32], pois Bobbio,

Cf. C. Lafer, Democracia y Relaciones Internacionales, em A. Filippi (org.), *Norberto Bobbio y Argentina*; e Democracia e Relações Internacionais: O Cenário Contemporâneo e as Reflexões de Bobbio, publicado pela primeira vez em *Política Externa* e agora neste volume. Cf. Democracia e Relações Internacionais: O Cenário Contemporâneo e as Reflexões de Bobbio, infra, p. 219.

Cf. *Três Ensaios Sobre a Democracia*. O texto também foi publicado em C. Lafer, *Ensaios Liberais*, p. 47-58, e integra este volume. Cf. Bobbio: Razão, Paz e Democracia, infra, p. 201. Cf. *O Futuro da Democracia*, p. 11-13 e 187-267. *A Era dos Direitos*, p. 21.

Cf. L. Ferrajoli, Diritto e comportamenti, em C. Ocone (org.), *Bobbio ad uso di amici e nemici*, p. 179-183; e Diritto e democrazia nel pensiero di Norberto Bobbio, *Quaderni della Rivista Internazionale di Filosofia del Diritto*, p. 155-166.

Cf. F. Cerutti, Kantiano nel cuore, hobbesiano nello sguardo, em C. Ocone (org.), op. cit., p. 167-172.

kantianamente, tem muita consciência de que o progresso humano não é necessário. É apenas possível[33].

Foi levando em conta a dimensão desse olhar hobbesiano que examinei o tema bobbiano das promessas não cumpridas da democracia, derivadas de obstáculos imprevistos[34]. Tratei de duas facetas provenientes de obstáculos não previstos na década de 1990. A primeira dizia respeito às dificuldades que enfrentava o multilateralismo. Essas dificuldades estavam ligadas ao unilateralismo dos EUA que caracterizou a invasão do Iraque na administração do segundo presidente Bush, o qual, por sua vez, se valeu discricionariamente da primazia norte-americana na ordem internacional. Esse modo de atuar indicou a prevalência da situação-limite paz/guerra na vida internacional, que facilita o uso da força em regime de livre concorrência[35]. A segunda faceta, analisei-a como um desdobramento do que Raymond Aron qualificaria de nova e crescente heterogeneidade do sistema internacional. Esta tem a sua raiz no ímpeto de uma lógica de fragmentação, que vem erodindo a construção de uma ordem cosmopolita, de feição kantiana, que estava no horizonte de expectativas no início da década de 1990 com a queda do muro de Berlim e o término da bipolaridade.

Vali-me de Aron no meu ensaio, não só pela qualidade da sua reflexão, como também porque Bobbio o apreciava. Com efeito, em *O Problema da Guerra e as Vias da Paz*, como apontei no meu ensaio de 1984 acima mencionado, ele discute os diversos tipos de paz baseado na tipologia proposta por Aron em *Paz e Guerra Entre as Nações*, para indicar que a paz como valor, que é a aspiração do pacifismo ativo que defendeu, requer o que Aron, inspirado por Valéry, qualifica de "paz de satisfação". Esta não é produto do temor e de expedientes como a paz do equilíbrio do poder ou da hegemonia, mas sim da confiança recíproca entre os atores da vida internacional. É precisamente, dizia no meu ensaio, a confiança recíproca na qual se lastreia a paz de satisfação um dos ingredientes que a heterogeneidade do sistema internacional estava corroendo e da qual uma expressão era a globalização do terrorismo. A isso agregava que, no plano interno, medidas como o Patriot Act de 2001 dos EUA, voltadas para o combate ao terrorismo transnacional, estavam comprometendo a transparência do poder, que é, para Bobbio, um dos ingredientes decisivos da natureza do regime democrático.

33 Cf. *Teoria Geral da Política*, p. 483-484.
34 *O Futuro da Democracia*, p. 17.
35 *Teoria Geral da Política*, p. 545.

V

A edição brasileira de *Il terzo assente* me dá a oportunidade, neste texto, de voltar à análise da contribuição de Bobbio à teoria das relações internacionais. *O Terceiro Ausente* é, na obra de Bobbio, o livro que dá continuidade a *O Problema da Guerra e as Vias da Paz*. Foi publicado na Itália em 1989 e é uma coletânea de escritos, organizada por Pietro Polito, destinados, como diz Bobbio na Introdução, a integrar, desenvolver e, em parte, atualizar os temas da guerra e da paz versados no seu livro anterior de 1979.

O Terceiro Ausente reúne tanto ensaios de cunho acadêmico quanto intervenções de Bobbio no debate público, seja na forma de discursos, seja em artigos para a imprensa. É, assim, um livro que oferece boa oportunidade para ver como, no seu percurso, casam-se, de maneira convergente, o acadêmico e o intelectual que participou do debate público. Casam-se porque a atuação de Bobbio como intelectual militante é a expressão do kantiano uso público da razão. Ele opera discutindo ideias e suscitando problemas, com base na ideia-força da independência, mas não na indiferença dos intelectuais em relação à vida política lastreada na autonomia relativa da cultura em relação à política. Tem, para valer-me de suas palavras em *Política e cultura*, como *vis directiva*, "a inquietação da pesquisa, o aguilhão da dúvida, a vontade do diálogo, o espírito crítico, a medida no juízo, o sentido da complexidade das coisas"[36].

Analiticamente, creio ser útil fazer alguns comentários prévios de ordem geral sobre as grandes linhas e matrizes da reflexão bobbiana que permeiam *O Terceiro Ausente*.

Bobbio se notabilizou pela sua contribuição concomitante ao entendimento do direito e da política. Nas suas análises apontou, como estudioso dos dois campos, que o tema do poder é o ponto em comum entre a teoria jurídica e a teoria política[37]. O poder é um tema fundamental das relações internacionais, e por isso mesmo uma questão que ele versou no trato da matéria, valendo-se tanto da perspectiva jurídica quanto da política, muito ciente de que o poder ronda o Direito Internacional, consoante a fórmula *lex et potestas convertuntur*[38].

Na década de 1950 Bobbio dedicou-se, no campo jurídico, à análise estrutural do

Política e cultura, p. 281.
Direito e Poder, p. 194.
Ibidem, p. 212.

Direito, de que são grandes expressões a *Teoria das Normas Jurídicas* e a *Teoria do Ordenamento Jurídico*. Nessa mesma década, como lembra Bonanate[39], examinou e resenhou obras de Roberto Ago e Mario Giuliano, os dois grandes expoentes italianos do Direito Internacional, seus contemporâneos.

Ago era concunhado e amigo de longa data de Bobbio e foi, aliás, quem o estimulou a participar e atuar na Sociedade Italiana pela Organização Internacional, que fundou para dar apoio à ONU[40]. Na resenha do livro de Ago, *Scienza giuridica e diritto internazionale*, Bobbio aponta a relevância da contribuição dos internacionalistas à teoria do Direito, pois estudam um direito em movimento. Por isso, têm melhores condições para repensá-lo sem os hábitos mentais e os preconceitos provenientes das considerações que provêm, exclusivamente, do Direito estatal. Nesse contexto, examina como, para Ago, a norma não é um comando, mas um juízo cuja característica é exercer uma influência concreta sobre as respectivas posições dos membros do corpo social, que em certas condições de fato opera, direta ou indiretamente, para atribuir ou privar esses membros do corpo social de determinadas situações objetivas. Bobbio explora as dificuldades de conferir a essas normas a qualidade de uma normatividade reforçada, ou seja, a sua dimensão de garantia jurídica[41]. Nesse sentido, aponta que, no campo do Direito Internacional, a relação entre as normas e a realidade não é dogmática, mas problemática.

Essa problematicidade explica por que, em ensaio de 1965 sobre Direito e força, pensando sobre o ordenamento jurídico estatal, Bobbio considera que a força é o conteúdo do Direito e não um meio para realizá-lo[42], mas tem outra leitura da matéria ao examinar a relação Direito e guerra. Com efeito, no ensaio sobre a relação Direito e guerra, escrito na mesma época do ensaio sobre Direito e força, que integra *O Problema da Guerra e as Vias da Paz* – e de que me vali conforme foi visto na discussão acima mencionada sobre a Guerra do Golfo –, ele entende que a relação é mais complexa do que a relação Direito e força no âmbito do Direito estatal[43]. É mais complexa porque no plano interno os limites entre a força e a violência estão muito mais definidos do que nas relações internacionais, pois, nestas, os critérios de distinção entre violência lícita e violência ilícita são mais fluidos[44]. Por isso, no trato da guerra, examina não apenas o Direito Internacional como um conjunto de normas

39 Cf. L. Bonanate, *Le relazioni degli sta* p. 79.

40 Cf. *Diário de um Século*, p. 53, 83, 201.

41 Scienza giuridica e diritto internaziona Roberto Ago, *Rivista Trimestrale di Dir Procedura Civile*, p. 479-483.

42 *Studi per uma teoria generale del di* p. 119-138.

43 *O Problema da Guerra...*, p. 44-45 e 117-

44 *Teoria Geral da Política*, p. 515.

parte ii: relações internacionais

que têm como seu conteúdo disciplinar o uso da força, mas igualmente a relação Direito e guerra nas perspectivas da guerra como antítese do Direito, como fonte do Direito e como meio de realizar o Direito.

Essa complexidade da relação Direito-guerra é fruto das características da comunidade internacional, que é a tônica da análise de Bobbio do livro de Mario Giuliano, *La comunità internazionale e il diritto*[45]. Nela, Bobbio observa que o problema fundamental do Direito Internacional é o da juridicidade do ordenamento internacional. Para esse problema de base, o livro de Giuliano oferece uma válida proposta metodológica: a de que o Direito é um produto, uma supraestrutura de determinado meio social. Assim, não é possível elaborar uma teoria do Direito Internacional, nem se pode compreender o ordenamento jurídico internacional se não se tem presente que ele é um produto, uma superestrutura da sociedade internacional.

No campo da teoria geral do Direito, Bobbio estudou em profundidade o papel da analogia como semelhança relevante e a sua função na interpretação jurídica[46]. Muito especialmente no campo da teoria política, sempre considerou fundamental recorrer à "lição dos clássicos" e, entre esses, aquele ao qual mais se dedicou, na sua própria avaliação, foi Hobbes[47]. É ao hobbesiano estado de natureza e da sua anarquia, que favorece o medo e o risco da guerra de todos contra todos, seja entre os iguais, seja entre os desiguais, que Bobbio por analogia recorre, com um olhar realista, para interpretar características básicas da sociedade internacional. Esse olhar está presente, como foi visto, na sua discussão da primeira Guerra do Golfo em 1991, e foi dele que, na sua linha, me vali no trato dos obstáculos não previstos da democracia ao examinar as implicações da invasão do Iraque pelos EUA em 2003.

Esse olhar é o ponto de partida, mas não o de chegada da sua reflexão, pois a política não é, para ele, como é para a ontologia do realismo político tradicional, uma dimensão da existência humana sempre próxima do "estado de necessidade", como aponta Bovero[48]. Não tem assim, como desdobramento, a característica do realismo político tradicional, que é a de constituir-se essencialmente como praxeologia[49]. Nesse sentido, *O Terceiro Ausente* ilustra, em várias passagens, as características do realismo político de Bobbio. É relevante para *descrever* e *avaliar* a realidade. Não é um caminho para

---

La comunità internazionale e il diritto (a proposito di Mario Giuliano, La comunità internazionale e il diritto), *Rivista Trimestrale di Diritto e Procedura Civile*, p. 1020-1030.
Contributi ad un dizionario giuridico, p. 1-16; e *L'analogia nella logica del diritto*.
O Tempo da Memória, p. 87 e 117-119.
Cf. M Bovero, Un realista insoddisfatto, em C. Ocone (org.), op. cit, p. 161.
Cf. P. P. Portinaro, *Il realismo politico*, p. 20.

prescrever condutas, inclusive porque a própria metodologia do descrever realista revela as insuficiências das suas prescrições. Assim, tratando do tema do equilíbrio da balança do poder, tão típico da recorrente prescrição realista, na análise das relações internacionais em "Os Clérigos e o Terror"[50], Bobbio aponta por que aos homens de cultura cabe combater a *libido dominandi*, a avidez do poder. Nessa linha avalia, no período da bipolaridade EUA/Rússia, a tese da paz pelo equilíbrio do terror da estratégia da dissuasão nuclear, para observar que a tese é uma mentira, não em termos de terror, mas em termos de equilíbrio, pois a balança como critério da paz é sempre instável e precária, porque está sempre desequilibrada.

A balança está sempre desequilibrada porque, como diz lapidarmente, o terror não conhece equilíbrio[51]. Explica que, na visão da política concebida à maneira do hiper-realismo de Carl Schmitt, como uma relação amigo/inimigo, o fim almejado, na lógica das antíteses absolutas, é sempre a vitória de um sobre o outro[52]. Daí a corrida armamentista, que a dinâmica da lança e do escudo na relação amigo/inimigo da lógica da potência explica: "Não há lança sem escudo. Mas se a resistência do escudo aumenta, deve aumentar, em um processo sem fim, a potência da lança. Não há míssil sem antimíssil"[53].

Em suma, o equilíbrio do terror é instável. Com efeito, ele não impede o uso das armas tradicionais, cujo impacto destruidor vem aumentando com as inovações científico-tecnológicas, tendendo, em matéria nuclear, a se reequilibrar num nível superior, pois promove a competição armamentista e propicia, na melhor das hipóteses, uma paz provisória[54]. Daí a crítica de Bobbio aos estudiosos das relações internacionais que, ao louvar a estratégia da dissuasão, reconhecem o terror que as armas nucleares causam, mas minimizam a possibilidade do seu uso e, desse modo, buscam fazer desaparecer o imenso problema que a sua invenção e armazenamento trazem para o destino da Terra e a sobrevivência da humanidade[55].

Observa Bobbio que na discussão sobre a política e o medo – inclusive o medo contemporâneo das armas nucleares – é inevitável a referência a Hobbes, o autor clássico com relação ao papel do medo na teoria política. Com efeito, para Hobbes, o medo pode tornar-se um fator benéfico para a vida política na medida em que afasta o monstro mau da guerra civil (Behemoth) e permite a construção do Estado[56].

50 *O Terceiro Ausente*, p. 257-260.
51 Ibidem, p. 253.
52 Ibidem, p. 205-206.
53 Ibidem, p. 265.
54 Ibidem, p. 73-74.
55 Ibidem, p. 5-6, 66, 76.
56 Ibidem, p. 61.

Da obra de Hobbes Bobbio extrai a lição da importância da passagem do estado de natureza, "no qual os homens vivem sem leis positivas que os obrigam a respeitar-se mutuamente", para "o estado civil onde existe um poder comum que os obriga, apesar deles, a observar as leis necessárias a uma convivência pacífica". Conclui, assim, o último ensaio do seu livro sobre Hobbes realçando que o problema da paz interna com a qual esse pensador lidou "há três séculos coloca-se hoje com igual força em face da paz internacional"[57].

Na reflexão sobre como proceder para encaminhar a paz internacional, Bobbio, inspirando-se na "lição dos clássicos", se vale de Kant, com ênfase especial em *Para a Paz Perpétua*. Nas conjecturas kantianas sobre o nexo entre o "interno" do regime político e o "externo" da paz, sobre as possibilidades de soluções confederativas e sobre as condições da efetivação de um direito cosmopolita, Bobbio, com a cautela de um olhar hobbesiano, identifica a base da discussão para quem estiver convencido de que o problema da eliminação da guerra se tornou o problema crucial do nosso tempo[58].

Alfonso Ruiz Miguel, em importante ensaio sobre Bobbio, oferece como chave interpretativa do seu percurso a presença de paradoxos num pensamento em tensão. Entre eles o de ser, nos termos do próprio Bobbio, um "iluminista pessimista", ou seja, alguém que confia na possibilidade reformista que está ao alcance da razão – daí o otimismo da inteligência –, mas que aprendeu a lição de Hobbes e de Maquiavel – daí o realismo pessimista da vontade perante o desafio representado no trato da efetiva substância das mudanças históricas[59]. É nessa linha que Furio Cerutti aponta que a tensão que permeia o Bobbio estudioso das relações internacionais é a de ser um kantiano no coração e um hobbesiano no olhar[60].

Escrevendo sobre a paz em Kant, Bobbio aponta que na reflexão kantiana o tema é examinado na perspectiva das soluções jurídicas, à luz de uma visão da filosofia da história e tendo em vista o nexo entre moral e política[61].

Do ângulo das soluções jurídicas, Bobbio, no seu trato da matéria, tem também como uma das suas fontes inspiradoras o pensamento de Kelsen, que, como é sabido, tanta relevância teve na elaboração da sua teoria geral do direito. Num importante diálogo de 1997 com Danilo Zolo a respeito de Kelsen, realça que este é um pensador democrata e pacifista e que, para ele, assim

---

Thomas Hobbes, p. 177 e 179.

Introduzione, em I. Kant, *Per la pace perpetua*, p. XXI.

Cf. A. Ruiz Miguel, *Política, Historia y Derecho en Norberto Bobbio*, p. 171-174; e N. Bobbio, *Politica e cultura*, p. 202.

Cf. F. Cerutti, Kantiano nel cuore, hobbesiano nello sguardo, em C. Ocone (org.), op. cit., p.169.

Cf. Introduzione, em I. Kant, *Per la pace perpetua*, p. VII.

como para Hobbes, o Direito é um instrumento para introduzir relações pacíficas entre os homens e os Estados. Ademais, Kelsen sustenta não só que a função por excelência do Direito é a paz, mas que o Direito, em especial o Direito Internacional, é o único meio para garantir uma paz estável e universal. Nesse sentido, e lembrando o livro de Kelsen de 1944, *Peace Through Law*, considera-o um autor emblemático do que na sua reflexão elaborou e defendeu como pacifismo jurídico institucional[62]. Nesse sentido, Bobbio opera, na sua reflexão jurídica de cunho internacional, levando em conta a inspiração kelseniana de que a paz é um limite ideal para o qual o Direito tende[63]. Daí a importância, em *O Terceiro Ausente*, do ensaio "A Paz Por Meio do Direito", no qual, com inspiração kelseniana, ele precisa o alcance da relação entre validade e eficácia na asserção de uma ordem jurídica internacional, para que esta não seja apenas a expressão de um estado de direito provisório[64].

Soluções jurídicas para o encaminhamento da paz e a paz examinada do ponto de vista filosófico – dois temas da agenda kantiana – são parte integrante de *O Terceiro Ausente*. Disso tratarei logo a seguir neste prefácio. Antes, no entanto, creio pertinente indicar de que modo Bobbio tratou analiticamente de várias facetas do nexo moral/política, que é o outro item da agenda kantiana da paz e uma preocupação recorrente dele próprio, como foi visto acima, na análise da sua intervenção no debate público a propósito da primeira guerra do Golfo Pérsico.

Em síntese, como indicarei a seguir do ponto de vista das relações internacionais, um aspecto significativo da reflexão de Bobbio, na linha do pacifismo democrático, é o intuito de atenuar o caráter discricionário da razão de Estado, inerente ao realismo político tradicional. Para este, tanto no plano político interno quanto no internacional, a existência humana está sempre próxima do "estado de necessidade". Por isso mesmo a política, como praxeologia, comporta a recorrente desconsideração de normas éticas, com base na tradicional afirmação do *tópos* de que os fins da política justificam os meios.

Um dos luminosos textos de Bobbio em *O Futuro da Democracia* é aquele no qual discute a transparência do poder, base da democracia, como o exercício em público do poder comum. A visibilidade do poder é indispensável para que os governados, no uso público da razão, possam, de maneira efetiva, avaliar e controlar

62 Cf. N. Bobbio; D. Zolo, "Hans Kelsen, Teoría del Derecho y el Derecho Interncional", *Anuario de Filosofía Juridica y Social*, p. 17, 25 e 27.
63 Cf. *Da Estrutura à Função*, p. 57-59.
64 *O Terceiro Ausente*, p. 159-172.

parte ii: relações internacionais

democraticamente a conduta dos governantes. Daí o direito à informação. A isso se soma, como diz lastreado em *Para a Paz Perpétua*, a relação entre moralidade e publicidade, tal como postulado no kantiano conceito transcendental do Direito Público. Esse enuncia que todas as ações relativas ao direito de outros homens que não são suscetíveis de se tornar públicas são injustas. O enunciado diz respeito tanto à relação entre os homens no âmbito interno do Estado quanto à relação entre os Estados. A visibilidade do poder é, assim, um teste de sua moralidade e constitui um meio indispensável para, numa democracia, conter os desmandos, *ex parte principis,* da "razão de Estado", que se vale dos segredos e das mentiras ocultas nos *arcana imperii*[65].

Em outros textos recolhidos em *Teoria Geral da Política* – que na sua origem integram um ensaio sobre democracia e segredo, preparado para um simpósio sobre o Tratado Secreto –, Bobbio realça que o enunciado kantiano foi formulado a propósito do Direito Internacional[66]. Seu objetivo é tornar impossível a prática dos *arcana imperii* que caracterizam os Estados despóticos.

O princípio da publicidade do poder, como explica em *Direito e Estado no Pensamento de Emmanuel Kant,* é uma expressão do pacifismo democrático que identifica, no arbítrio do príncipe, a causa principal das guerras[67]. Daí a importância, para a paz, da democracia, que permite o controle *ex parte populi* da ação dos governantes por meio da transparência do poder, porque esta afasta os segredos e a ocultação, que não passam pelo teste da moralidade. Não passam, como diz na sua leitura de Kant, pois "manter o segredo de um propósito, e mantê-lo secreto porque não se pode declará-lo em público, é já, por si só, a prova cabal de sua imoralidade"[68].

É por essa razão que, na sequência da sua reflexão, Bobbio evoca Bentham, que, partindo do pressuposto de que a guerra é um mal e a paz um bem, fixa, entre as condições de uma paz duradoura, a não aceitação da prática do sigilo nas operações dos Ministérios das Relações Exteriores e a condenação dos tratados secretos[69]. Daí, aliás, o tema da diplomacia aberta e da publicidade dos tratados, que foi se afirmando no Direito Internacional a partir dos catorze pontos de Wilson e da criação da Sociedade das Nações e, subsequentemente, da ONU.

Como lembrei citando famosa passagem de *Política e cultura*, Bobbio tem o sentido da complexidade das coisas e busca ter a medida no juízo e na avaliação das situações. A

O Futuro da Democracia, p. 97-120; e I. Kant, op. cit., p. 37-42.
Teoria Geral da Política, p. 406.
Direito e Estado no Pensamento de Emmanuel Kant, p. 162-163.
Teoria Geral da Política, p. 406-407.
Ibidem, p.413-414.

distinção metodológica entre os juízos de fato, que permitem tomar conhecimento da realidade, e os juízos de valor, que ensejam uma tomada de posição perante a realidade que pode ser argumentada, mas não comprovada, permeia a sua reflexão[70]. Daí a clareza com a qual examina os dilemas inerentes ao caráter problemático da relação entre ética e política. Esses dilemas são, como diz Bovero, a expressão da dicotomia fatos e valores, que Bobbio – inspirado numa passagem do *Dr. Jivago,* de Pasternak – articula, no ensaio de abertura de *O Futuro da Democracia,* como a recorrente tensão entre os ideais e a matéria bruta[71]. É por esse motivo que Bobbio não opta pelo monismo rígido do *reductio ad unum,* seja resolvendo a política na moral, como faz Kant, seja resolvendo a moral na política, como faz Hobbes – os dois grandes clássicos cujas lições são fontes da sua reflexão sobre as relações internacionais[72].

Em ensaios que integram *Elogio da Serenidade,* Bobbio passa em revista e recombina analiticamente as múltiplas teorias sobre a relação entre ética e política. Da sua sempre límpida análise lembro que, na discussão da recorrente afirmação realista de que os fins justificam os meios, aponta que a direção da reflexão não deve ser a do juízo técnico-operacional sobre a eficiência dos meios, mas a do juízo moral sobre a legitimidade do fim amplamente avaliado[73]. Cabe, nesse sentido, lembrar o que disse Bobbio em 1999 a propósito da ação militar na antiga Iugoslávia, observando que a sua justificativa era a defesa dos direitos humanos, mas que esta defesa, por meios bélicos, propiciava a violação dos mais elementares direitos humanos no país que se queria salvar do arbítrio dos seus governantes[74]. É desse modo, tratando do nexo entre a bondade dos fins e a eficácia dos meios, como se verá mais adiante, que ele elabora a sua reflexão sobre a guerra como um mal. Para a construção dessa elaboração, contribui a sua posição que objetiva cercear o caráter discricionário da *libido dominandi* da razão de Estado, pois o poder, para ele, não é um fim em si mesmo e "Se o fim da política (e não do homem político maquiavélico) fosse realmente o poder pelo poder, a política não serviria para nada"[75].

Lembro, igualmente, que, no trato do tema da razão de Estado e democracia, Bobbio aponta que esta requer a confiança recíproca

70 Cf. A. Ruiz Miguel, *Filosofía y Derech Norberto Bobbio,* p. 315-348; e M. L. G zzi, *La Distinción entre Hechos y Valores Pensamiento de Norberto Bobbio.*

71 Cf. *O Futuro da Democracia,* p. 33-34; e Bovero, La teoria generale della politica Pietro Rossi (org.), *Norberto Bobbio tra di e politica,* p. 79-107.

72 *Elogio da Serenidade e Outros Escritos Mo* p. 58-61.

73 Ibidem, p. 80-84.

74 Cf. M. Bovero, Un realista insoddisfatto C. Ocone (org.), op. cit., p. 163.

75 *Teoria Geral da Política,* p. 169.

parte ii: relações internacionais

entre os cidadãos e, portanto, a eliminação tão completa quanto possível da simulação, do engano e do espaço do segredo. Da mesma maneira, considerando o pluralismo das sociedades contemporâneas e a presença dos acordos nas decisões coletivas de uma democracia, chama a atenção para o respeito à máxima *pacta sunt servanda*[76]. Essas duas considerações, observo eu, têm relevância para a vida internacional e para o papel positivo que as democracias nela podem exercer, seja porque o valor da confiança recíproca é uma exigência da paz de satisfação, seja porque o *pacta sunt servanda* é um dos elementos de previsibilidade que sustenta o papel do Direito Internacional perante o risco do solipsismo discricionário das soberanias.

VI

Bobbio, refletindo sobre a sua obra, observa que foi no trato da guerra e da paz que acabou enfrentando temas de filosofia da história questionados em função da existência das armas nucleares. Sublinha, igualmente, que um dos motivos que atribui à já referida relevância do texto "O Problema da Guerra e as Vias da Paz", que integra seu livro do mesmo título de 1979, é a de nele ter, pela primeira vez, empregado "a metáfora predileta do labirinto"[77].

A metáfora explica a visão que Bobbio tem do papel da razão na história, que é tanto o de indicar a existência de caminhos bloqueados no labirinto da vida coletiva quanto o de buscar, em função das lições do labirinto, caminhos de saída, que nunca são uma saída definitiva. Afasta, assim, tanto a perspectiva desesperançada da metáfora dos seres humanos colhidos na rede do pescador, sobre a qual não têm controle, quanto a de uma razão filosófica que vê e pode indicar o caminho de saída da garrafa das moscas que somos e que nela se encontram. Nesse texto, no qual pela primeira vez valeu-se da metáfora do labirinto, indica que no âmbito da filosofia da história vai se concentrar num dos seus temas obrigatórios: a guerra. E a questão que se coloca é a de discutir se, no mundo contemporâneo, as armas atômicas não representam um caminho bloqueado para a recorrente presença da violência na vida internacional e se, desses novos dados de fato – que são uma

Elogio da Serenidade..., p. 98-99.
O Tempo da Memória..., p. 93.

lição que se pode extrair da sua metáfora do labirinto –, não se pode afastar a guerra e construir a paz[78].

O Terceiro Ausente, livro que desenvolve e em parte atualiza os temas de *O Problema da Guerra e as Vias da Paz*, tem como fio condutor discutir as lições do labirinto e explorar as saídas que essas lições oferecem para a análise e a teoria das relações internacionais. É com fundamento nas lições do labirinto que Bobbio vai argumentar, no correr do livro, que a guerra, no mundo contemporâneo, é um beco sem saída, um caminho bloqueado, um remédio do qual não mais nos podemos servir para resolver nossos problemas, pois é um remédio invariavelmente pior do que os problemas e males que busca debelar[79].

O primeiro ensaio do livro é o prefácio que escreveu para a edição italiana de *Essere e non essere. Diario di Hiroshima e Nagasaki*, do pensador Gunther Anders. Nessa obra encontrou, como diz, o primeiro estímulo para dedicar-se ao problema da guerra na era atômica. Anders parte da constatação de que a guerra atômica é um acontecimento possível e pode trazer o aniquilamento físico da humanidade[80]. Daí o ponto de partida da primeira parte de *O Terceiro Ausente*, que tem como enunciado básico a afirmação de que a passagem da guerra tradicional para a guerra termonuclear representa uma transformação não apenas quantitativa, mas qualitativa, da guerra, pois a capacidade destrutiva dessas armas é tamanha que o seu uso indiscriminado pode levar ao desaparecimento da vida humana sobre a Terra e, desse modo, ao fim da história, ou seja, segundo a concepção de Vico, da história como um mundo de nações feito pelo homem[81].

Bobbio elabora o seu enunciado argumentando, no quadro das diversas concepções da filosofia da história, que as mais célebres justificativas de guerra se tornaram substantivamente discutíveis com o advento das armas atômicas. Nesse sentido aprofunda, em novos termos, sua crítica político-filosófica da desrazão do belicismo fascista, levando detidamente em conta as consequências do potencial destrutivo trazido pela inovação científico-tecnológica. Esse potencial, por propiciar as condições de um "holocausto final", é representativo de uma "virada" na história do homem[82]. Com efeito, insere na pauta dos eventos o risco onipresente da violência absoluta, que é o que está ao alcance do poder sem limites das armas nucleares[83].

78 *O Problema da Guerra e as Vias da Paz*, p. 49.
79 *O Terceiro Ausente*, p. 230.
80 Ibidem, p. 74.
81 Ibidem, p. 15.
82 Ibidem, p. 223.
83 Cf. M. Durante, Il problema della guerra vie della pace, *Quaderni della Rivista Internazionale di Filosofia del Diritto*, p. 125-1

A violência absoluta das armas nucleares torna ainda mais nítida a distinção que Bobbio elabora entre força e violência. A violência é a força sem medida e tem, entre suas características, a imprevisibilidade e a desproporção entre meio e objetivo. A força, ao contrário, é violência com medida, pressupõe agir com medida, conforme a medida e com a finalidade da medida. Num estado de direito, a experiência jurídica, como disciplina do uso da força, domestica a violência graças aos critérios de legalidade que regulam o fluxo do uso da força na sociedade. Isso não significa renunciar à política como ação coletiva, mas sim renunciar à política compreendida como relação amigo/inimigo[84].

A "virada" propiciada pelo potencial da violência absoluta requer a renúncia da política como relação amigo/inimigo, pois, em função da carência de medida, permite encarar a guerra como a antítese do Direito. Com efeito, põe em questão a possibilidade de uma guerra justa conduzida com a desmedida do emprego de armas atômicas; torna inaceitável a tese da guerra como mal menor, pois a guerra nuclear leva ao niilismo que propõe "em lugar do ser, o nada"; dissolve a possibilidade de considerar a guerra como mal necessário; indica o despropósito da idolatria do conflito e do sangue, dos que, como Papini, afirmaram que "o sangue é o vinho dos povos fortes", e assim consideram a guerra como um bem. Bobbio também passa em revista as teorias que consideram a guerra como desígnio divino – um castigo de Deus – e as que consideram a guerra como fruto da biologia e do darwinismo da seleção natural. Aponta que, nesses dois casos, verifica-se a subtração da guerra do domínio dos eventos dirigidos e controlados pelo homem[85]. Essas duas leituras se enquadram, observo eu, no âmbito da metáfora da rede do pescador e não correspondem ao papel que Bobbio atribui à razão por meio da metáfora do labirinto. Daí a sua asserção de que a guerra termonuclear é um mal absoluto; como tal, ela justificaria a objeção da consciência[86] para uma ética laica, pois propiciaria, se ocorresse, o mal ativo, infligido pela ilimitada prepotência *ex parte principis* do poder, e o mal passivo, sofrido *ex parte populi* pela imensidão dos que, em função da violência absoluta, padeceriam uma pena sem culpa – para valer-me das suas reflexões posteriores em *Elogio da Serenidade*[87].

Apontei, na abertura deste prefácio, que a obra de Bobbio tem, como um dos seus elementos constitutivos, segundo sugere Portinaro, a contestação à fúria dos extremos que

Cf. *O Terceiro Ausente*, p. 162 e 196; e *Studi per una teoria generale del diritto*, p. 137.
O Terceiro Ausente, p. 17-24.
Ibidem, p. 25.
Elogio da Serenidade..., p. 182-183.

caracterizou o contexto político italiano e europeu dos anos da sua formação. Essa contestação bobbiana, da qual *O Terceiro Ausente* é uma expressão, retém plena atualidade no século XXI. Nesse sentido, vale a pena realçar a relevância das reflexões de Jonathan Schell. Schell é um autor norte-americano, cujo livro *The Fate of the Earth* Bobbio comenta em *O Terceiro Ausente*, observando que compartilhava grande parte de suas teses, em especial a da "virada" na história humana representada pelas armas nucleares[88].

Em livro de 2001, Schell retoma o alcance dessa "virada" e o seu significado de ruptura. Realça que o emprego da arma atômica contra o Japão é um evento inaugural na escalada da violência no século XX. Esse não é para Schell o século curto de uma era de extremos, que se inicia com a Revolução Russa e a Guerra de 1914, e se encerra com o fim da União Soviética, como propôs Hobsbawm. Com efeito, a era dos extremos, agudizada pela escalada da violência, está se prolongando no século XXI. Daí o título do seu livro, *The Unfinished Twentieth Century* (O Inacabado Século XX). Nesse livro, sublinha que o alcance da violência absoluta das armas nucleares persiste, como persiste o legado da "razão fria" do terror do extermínio. A "razão fria" foi a base da estratégia da dissuasão e do impacto no sistema internacional, na vigência da bipolaridade EUA/URSS, da possibilidade de mútua destruição. A "razão fria" está presente em novos moldes no século XXI, uma vez que o fim pacífico da Guerra Fria não trouxe o fim do legado do *overkill* nuclear, pois não houve a renúncia das potências nucleares a esse legado. Ainda que não utilizados até agora, continuam a existir os arsenais nucleares, que não respondem a uma ameaça externa de natureza totalitária ou de outro tipo. São, assim, observou Schell, uma onipresente ameaça do que Hannah Arendt – seguindo Kant – qualificou em *As Origens do Totalitarismo* como o mal radical, que enseja o extermínio, porque parte do princípio de que os seres humanos são supérfluos e descartáveis[89].

É por essa razão que a lição bobbiana do labirinto – da guerra como um beco sem saída que pode propiciar o mal absoluto – mantém-se de pé, na sua inteireza. De que maneira Bobbio, que, segundo foi visto, se afasta da *reductio ad unum* enquanto recurso para resolver a moral na política, como fez Hobbes, para resolver a política na moral, como fez Kant, lida com o problema do mal da guerra, tendo em vista a dicotomia fatos e valores e a recorrente tensão entre os ideais e a bruta matéria que permeia a sua reflexão?

88 Ibidem, p. 223.
89 Cf. J. Schell, *The Unfinished Twentieth C tury*, p. 3-50.

No campo da teoria geral do Direito, um setor para o qual Bobbio deu numerosas e significativas contribuições foi o da análise do Direito como linguagem prescritiva. Nesse âmbito, cabe realçar, como fez com inteira propriedade Guastini, a originalidade da distinção entre comandos – que tendem a exercer um grau máximo de influência em relação aos seus destinatários – e conselhos, cuja força prescritiva é atenuada[90]. Faço essa remissão para os propósitos deste texto, porque Bobbio, na sua análise, diferencia o conselho da exortação. A exortação apela aos sentimentos. O conselho argumenta, aduzindo razões e mostrando o nexo entre fatos e consequências, que é a base da sua *vis directiva*. Não tem a natureza das petições, pois é dado em benefício do destinatário, e não em benefício próprio[91]. Pois bem, Bobbio, a partir da sua reflexão sobre a ruptura histórica trazida pelas armas nucleares, não é um profeta do apocalipse. Não faz, em *O Terceiro Ausente*, uma exortação à paz. Com base numa razão abrangente da humanidade e com o que Hannah Arendt qualificaria como *amor mundi*, aconselha o caminho da paz, argumenta em prol do valor positivo desta e analisa como tornar realizável esse valor, ciente de que a paz, como a democracia, não é um "dado", mas um "construído" possível da convivência humana.

Anders, que instigou o início da reflexão de Bobbio sobre o problema da crise trazida pelas armas nucleares, é um pensador de cariz existencialista, e, como é sabido, Bobbio é um crítico do existencialismo de Jaspers, Heidegger e Sartre, nele identificando uma filosofia da crise que dela não consegue emergir[92]. Foi, no entanto, admirador de Abbagnano, diferenciando o pensador italiano dos existencialistas que criticou, os quais, partindo do nada, terminavam com um ser para o nada, fazendo da denúncia da crise uma aceitação das suas consequências. Bobbio sublinha que o tema de fundo da reflexão de Abbagnano está voltado para o empenho em afirmar a função positiva e o valor normativo da categoria da possibilidade, diferenciando-a do impossível e do necessário. O grande livro do mundo não está nem totalmente fechado, nem totalmente aberto. Está entreaberto para a escolha do possível[93]. Essa escolha do possível, em Bobbio, não se baseia no otimismo da razão da metáfora da mosca na garrafa. Também não é uma resignação pessimista diante da impossibilidade, como aponta a metáfora da rede do pescador. É a sensatez de uma escolha que busca extrair as lições do labirinto e

Cf. R. Guastini, La teoria generale del diritto, em P. Rossi (org.), op. cit., p. 61-62.
Cf. *Studi per una teoria generale...*, p. 49-78.
The Philosophy of Decadentism. Nicola Abbagnano, p. 15-22.

tornar possível conter, pela afirmação da paz, o imenso potencial de destrutividade das armas nucleares que colocam em questão o destino da Terra e da humanidade. O horizonte axiológico dessa escolha do possível deriva de uma tomada de posição perante a realidade que atribui à violência o máximo da negatividade e à não violência e à paz o máximo da positividade[94].

Na procura dos caminhos da paz, além das já mencionadas análises e repetidas críticas ao discutível papel positivo da guerra na era da destrutividade das armas nucleares – vale dizer, como fator de progresso moral, técnico e social –, Bobbio passa em revista as leituras da filosofia da história que postulam um horizonte de progresso que levaria ao desaparecimento gradual, mas inevitável, da guerra. Esse foi, lembra ele, um tema predileto da filosofia positivista, de Saint-Simon a Augusto Comte e Herbert Spencer, norteados pela ideia de que a guerra acabaria por desaparecer pela evolução dos processos históricos[95]. Bobbio, tendo vivido a experiência da desrazão da era dos extremos, não tem a ilusão do progresso inevitável. Sabe que a história humana é ambígua[96], que nada é mais irracional do que depositar confiança na racionalidade da história[97] e que o destino da Terra é incerto[98].

É por isso que o seu raciocínio irá se concentrar nas diversas análises das causas da guerra, a fim de indicar caminhos para a sua superação, caminhos que exigem um comportamento ativo diante do maior problema do nosso tempo[99]. Esses caminhos se traduzem nos diversos tipos de pacifismo, representativos de distintas concepções, que visam a uma paz verdadeira. Nesse contexto, analisa o *pacifismo político* – que advoga a democracia porque identifica a causa da guerra nos regimes despóticos; o *pacifismo econômico* – que detecta no protecionismo a causa da guerra e, por isso, defende o livre comércio; e o *pacifismo social* – que vê na desigualdade a causa da guerra e, por isso, propõe a reforma da sociedade por meio do socialismo como caminho para a paz[100].

No âmbito das múltiplas expressões do pacifismo ativo, Bobbio organiza as diferentes linhas de conduta em três tendências: 1. as voltadas para uma ação sobre os meios de obter a paz, seja pelo desarmamento, seja pelo estímulo diplomático à solução pacífica de controvérsias (pacifismo de meios); 2. as empenhadas nas transformações que possam institucionalmente superar a vida internacional como um persistente estado de natureza hobbesiano caracterizado pelo subjetivismo

94 Cf. L. Bonanate, *Le relazioni degli stati*, p. 87.
95 Cf. *O Terceiro Ausente*, p. 27-33.
96 Ibidem, p. 250.
97 Ibidem, p. 68.
98 Ibidem, p. 78.
99 Ibidem, p. 48.
100 Ibidem, p. 34-37.

solipsista da soberania dos estados (pacifismo institucional); e 3. as direcionadas para lidar com a conduta dos homens que criam as instituições e empregam ou não os meios da violência (pacifismo de fins). Entre estas, que cuidam da conduta humana, destaca o papel da educação para a paz, que tem na afirmação do respeito pelos direitos humanos no plano internacional uma grande plataforma[101]. Daí o alcance que atribuiu em *O Terceiro Ausente* ao nexo direitos humanos e paz[102], que posteriormente realçou na introdução de *A Era dos Direitos*.

As três tendências do pacifismo ativo acima mencionadas são convergentes, mas as possibilidades de sua realização e o grau de sua respectiva eficácia são problemáticos em distintos níveis. O pacifismo diplomático é mais simples de se alcançar, mas é menos eficaz do que o pacifismo institucional, que, no entanto, é mais difícil porque toca muito fundo na soberania dos Estados. Como aponta Bobbio, cabe, ainda assim, sem falsos otimismos, perseguir as suas possibilidades[103]. Essa é a lição do labirinto que ele sustenta com a percepção das dificuldades do realismo do seu olhar hobbesiano, mas com a convicção do seu coração kantiano.

VII

Como já foi mencionado, entre as diversas modalidades do pacifismo ativo, Bobbio dá preferência ao pacifismo institucional de cunho jurídico. Esse é o tipo de pacifismo cujo ponto de partida consiste em ver a guerra como consequência da inexistência, no plano internacional, de normas eficazes para a regulação dos conflitos[104]. Como grande estudioso do modelo contratualista, Bobbio se vale também, por analogia, na sua elaboração do pacifismo jurídico, da hipótese contratualista da passagem do estado de natureza para o estado civil. Essa passagem oferece uma explicação, no plano conceitual, da construção do Estado moderno, que, por sua vez, ensejou historicamente o Estado democrático, cujas regras Bobbio articulou e defendeu em *O Futuro da Democracia*. Num dos capítulos desse grande livro – que foi o tema de uma das suas conferências na Faculdade de Direito da USP

1 Ibidem, p. 51-55.
2 Ibidem, p. 111-117.
3 Ibidem, p. 55-58.
4 Ibidem, p. 168.

5. *bobbio e as relações internacionais*

em setembro de 1982[105] –, discute um dos temas recorrentes da filosofia política, que é a pergunta: "Qual o melhor governo, o das leis ou o dos homens?", concluindo pela superioridade do governo das leis, que encontra sua expressão na democracia[106]. É o governo das leis, como critério superior de governança, que também motiva o seu pacifismo jurídico.

Na elaboração do pacifismo jurídico, inspirado pelo contratualismo, Bobbio, como aponta Danilo Zolo, interpreta e desenvolve o contratualismo de Hobbes em chave kantiana, a ele atribuindo um alcance de cunho universal e cosmopolita[107]. Assim, indica que, conceitualmente, o primeiro pacto é o *pactum societatis*, que é o pacto associativo de não agressão, pelo qual as partes renunciam ao uso recíproco da força. A esse pacto negativo se segue, no modelo conceitual do contratualismo elaborado por Bobbio, o *pactum subjectionis,* de cunho democrático. Esse é o pacto positivo, pelo qual as partes não só entram num acordo, a fim de estabelecer regras para solucionar pacificamente os conflitos, como criam um poder comum que assegura não apenas a validade, mas a eficácia dessas regras[108] – uma eficácia cuja garantia deve ir além do compromisso do *pacta sunt servanda*. É com base nesse pano de fundo que Bobbio, analisando historicamente a evolução do Direito Internacional no século XX, aponta que a Sociedade das Nações e posteriormente, com outra amplitude e universalidade, a ONU são uma superação da lógica do Tratado de Vestfália, caracterizada pela precária coexistência de uma multiplicidade de Estados soberanos. As duas representam a expressão institucional de um pacto de associação *inter partes* dos Estados que integram o sistema internacional. Trata-se, no entanto, de um pacto não complementado por um *pactum subjectionis* que institucionalmente garanta, *super partes*, o cumprimento das normas de não agressão e o efetivo acesso à solução pacífica de conflitos. Nessa linha, indica que a regra do *pacta sunt servanda* do pacto de associação apenas instaura, no plano internacional, um estado de direito provisório[109].

De um *pactum societatis,* destituído de um *pactum subjectionis,* Bobbio conclui que convivem, no plano internacional, o *novo,* representado pela carta da ONU, e o *velho,* no qual prevalece muito do estado de natureza hobbesiano. O novo é o legítimo. Foi inspirado pelo valor da paz e pela aspiração, como diz o preâmbulo da Carta, de "preservar as gerações vindouras do flagelo da guerra" que, no século XX, por duas vezes "trouxe sofrimentos indizíveis à

105 Cf. A. Filippi; C. Lafer, *A Presença de Bobb* p. 136-137.
106 Cf. *O Futuro da Democracia,* p. 165-185.
107 Cf. D. Zolo, La filosofia della guerra e de pace in Norberto Bobbio, *Iride,* p. 109.
108 Cf. *O Terceiro Ausente,* p. 292.
109 Ibidem, p. 159-171.

humanidade". Por isso a ONU, como um pacto de associação, tem o propósito de manter a paz e a segurança internacionais (art. 1º-1) e estabelece a obrigação de todos os membros de resolver suas controvérsias internacionais por meios pacíficos (art. 2-3). Além do mais, tem um cunho democrático *ex parte populi*, porque contempla a cooperação internacional voltada para a promoção e o estímulo aos direitos humanos e às liberdades fundamentais para todos, sem distinção de raça, sexo, língua e religião (art. 1-3). O velho, da lógica de Vestfália, baseado no instável equilíbrio entre potências ou vários grupos de potências, retém, no entanto, a efetividade que o uso da força e do poder em um regime de livre concorrência permite num sistema internacional que conserva indiscutíveis componentes hobbesianos. A prevalência de um ou de outro é difícil de prever e até mesmo de interpretar[110].

Com efeito, retornando ao tema da primeira Guerra do Golfo, Bobbio, em 1991 e 1997, aponta que ela tem sido analisada tanto como expressão, num determinado momento, de uma segurança coletiva institucional mais estável (o que era razoável conjecturar, observo eu, como ele fez em *Una guerra giusta?*[111], no horizonte de expectativas do início da década de 1990), quanto como expressão da fragilidade da ONU diante da supremacia política dos EUA (essa supremacia fez-se sentir em 2003 com o unilateralismo da intervenção norte-americana no Iraque)[112].

O contraste entre legitimidade e efetividade, validade e eficácia, no plano da ordem jurídica internacional, remete, por analogia, à dicotomia constituição formal/constituição material. A dicotomia aponta que a Carta da ONU, como documento constitucional formal do sistema internacional, por ser apenas um *pactum societatis*, sofre muito mais e mais diretamente o impacto das forças sociais, políticas, econômicas e militares prevalecentes na vida internacional, que são constitutivas da sua constituição material. A bipolaridade EUA/União Soviética, por exemplo, foi, durante um longo período de vida da ONU, um ingrediente básico da sua constituição material[113].

No trato do tema da constituição material, cabe apontar um matiz que Zolo e Bonanate inserem na discussão da análise de Bobbio, ao ponderar que na vida internacional o modelo do estado de natureza hobbesiano tem como nota não a igualdade, mas a desigualdade dos Estados e, consequentemente, a desigualdade das

[110] Ibidem, p. 293-294. Cf. também *O Problema da Guerra...*, p. 12-14; e *O Futuro da Democracia*, p. 200.

[111] *Una guerra giusta?*, p. 22-23.

[112] *O Problema da Guerra...*, p. 8; e *O Futuro da Democracia*, p. 200.

[113] Cf. L. Bonanate, *Le relazioni degli stati...*, p. 120.

soberanias[114]. Por isso, o medo recíproco que Bobbio evoca quando prevalece uma "ordem anárquica", como diz Zolo lembrando o oximoro de Kenneth Waltz, provém tanto do potencial de arbítrio da ação dos desiguais quanto do potencial de solipsismo da soberania entre os mais iguais.

É importante realçar que, em *O Terceiro Ausente*, ao atualizar e desenvolver suas reflexões anteriores, Bobbio inova, inserindo no debate o conceito do terceiro. Ele fez referência a esse tema no trato da política interna, na discussão de 1978 sobre a lógica da exclusão das fórmulas "socialismo ou barbárie" e "capitalismo ou *gulag*". Quanto ao *tertius non datur* dessas fórmulas de exclusão, propõe levar em consideração o princípio do "terceiro incluído", que pode resultar da síntese dos opostos ou da mediação entre dois extremos[115]. O princípio do "terceiro incluído", no plano interno, está na linha do socialismo liberal, que foi um componente forte das posições políticas de Bobbio e do tema de "justiça e liberdade" do Partido de Ação, que ele integrou. É também uma expressão da sua crítica às posturas que propiciaram a "era dos extremos".

A sua discussão do terceiro, tanto no campo interno quanto no da teoria das relações internacionais, tem como objetivo conceber alternativas ao dualismo excludente da relação amigo/inimigo do realismo presente na leitura schmittiana da política[116]. Nessa leitura, o conflito tende a ser resolvido pela força, por meio da eliminação de um dos dois. A possibilidade da solução pacífica de conflitos requer que "surja um terceiro no qual as partes confiam ou ao qual se submetem", pois "duas únicas pessoas não estabelecem um acordo duradouro"[117]. A Carta da ONU, como expressão institucional de um pacto de associação da comunidade internacional, é um terceiro, mas é um terceiro fraco, porque é *tertius inter partes*. Não é, por carência de um *pactum subjectionis*, um *tertius super partes*. Daí a natureza do embate no sistema internacional entre a sua constituição formal e a sua constituição material.

Bobbio, como estudioso da teoria jurídica e da política, conhece as múltiplas modalidades que pode assumir nesta última a figura do terceiro, que, do ponto de vista sociológico, remonta à reflexão de Simmel sobre a distinção entre relações diádicas e relações triádicas[118]. Segundo Simmel, o surgimento do terceiro na relação diádica indica transição, conciliação e abandono do contraste absoluto[119].

Como jurista, Bobbio lembra, no último capítulo de *O Futuro da Democracia*, o papel do

114 Cf. D. Zolo, La filosofia della guerra..., cit., p. 113-114; e L. Bonanate, *Le relazioni degli stati...*, p. 112-123.
115 Cf. *As Ideologias e o Poder em Crise*, p. 75.
116 *O Terceiro Ausente*, p. 287-290.
117 Ibidem, p. 280.
118 Ibidem, p. 287-288.
119 Cf. G. Simmel, *The Sociology of Georg Simmel*, p. 145.

terceiro ativo no encaminhamento de um conflito, seja como *mediador* entre as partes na busca de uma solução que se mantém, no entanto, nas mãos das partes, seja como *árbitro* a quem as partes delegam a decisão, comprometendo-se a respeitá-la, seja como *juiz*, a quem cabe *ex-officio* e *super partes* dar uma solução à controvérsia[120]. Os métodos da solução pacífica das controvérsias internacionais são uma expressão do que Bobbio qualifica de pacifismo de meios, que dá o devido destaque ao papel do terceiro em prol da paz. Esses métodos foram codificados nas duas conferências de Paz de Haia e retomados na Carta da ONU (art. 33) e em outros textos internacionais. São exemplos dos distintos papéis atribuídos pelo Direito Internacional Público ao terceiro em prol da paz: os bons ofícios, o inquérito, a mediação, a conciliação, a arbitragem, a solução judicial e o recurso a entidades ou acordos regionais ou universais, inclusive a própria ONU.

Na análise das múltiplas modalidades do terceiro nas relações internacionais, Bobbio encontrou estímulo no livro de 1986 de Pier Paolo Portinaro, *Il terzo, una figura del politico*[121], cuja elaboração foi beneficiada por diretrizes devidas a ele[122]. Portinaro foi aluno de Bobbio e, como este relata em carta a Schmitt, um estudioso da sua obra[123].

É relevante observar que Bobbio tinha grande respeito intelectual pela originalidade e engenhosidade do pensamento de Schmitt, e que sua relação pessoal com o eminente jurista alemão provinha do interesse compartilhado pela obra de Hobbes. Dele, no entanto, discordava substancialmente, e não apenas por razões políticas. Um aspecto dessa discordância diz respeito ao interesse de Schmitt pela exceção, e não pela normalidade no plano do Direito, que foi o que levou, com muita imaginação conceitual, a subordinar, com prazer, o direito à política. Em contraposição, Bobbio, com o mesmo empenho, buscou domesticar o poder por meio do Direito, e a schmittiana definição decisionista de soberania, como o poder de decidir o estado de exceção, é um obstáculo conceitual à possibilidade da paz pelo Direito que Bobbio, com inspiração kelseniana, sustenta em *O Terceiro Ausente*. Na dedicatória de 1994, na qual me ofereceu a edição italiana de 1992 do seu *Diritto e potere: Saggi su Kelsen*, escreveu: *A Celso Lafer, per un diritto al di sopra del potere*. A procura da figura institucional de um imparcial terceiro *super partes*, que assegure a renúncia ao uso recíproco da força por parte dos Estados e enseje a solução pacífica das controvérsias,

---

Cf. *O Futuro da Democracia*, p. 194.

O Terceiro Ausente, p. 290; e *O Futuro da Democracia*, p. 193.

Cf. P. P. Portinaro, *Il terzo*, p. 7.

Cf. *Diário de um Século*, p. 144.

é o modo por meio do qual Bobbio, em *O Terceiro Ausente*, adiciona argumentos em prol da paz por meio de um Direito acima do poder.

Como estudioso da política e conhecedor de sociologia política, Bobbio sabe perfeitamente que não existe, na teoria e na prática, apenas o terceiro imparcial em prol da paz, atuando *inter partes* ou *super partes*. O próprio Simmel sublinha a existência do *tertius gaudens*, o terceiro, que, por exemplo, com base no *divide et impera*, se beneficia do conflito diádico[124]. Assim, Bobbio faz referência ao terceiro que não é neutro e tem, de certo modo, algo a ver com um conflito, seja porque dele tira alguma vantagem, seja porque desse conflito sofre uma desvantagem. Um exemplo do primeiro caso é o terceiro "semeador da discórdia", que põe em prática o princípio do *divide et impera*. O terceiro que se converte na vítima do conflito, tornando-se o bode expiatório, ou o terceiro que, por vilania ou incapacidade, também se torna vítima, por ser "servo de dois senhores", são exemplos do segundo caso[125].

No seu texto, Bobbio remete com muito apreço ao livro de Portinaro, que examina em profundidade as diversas formas que o terceiro pode assumir, seja na política interna, seja na internacional, tendo em vista a pluridimensionalidade do conflito. Assim, além do terceiro em prol da paz, Portinaro aponta a existência do terceiro aliado, que é um terceiro aparente, e do terceiro neutro, que é um terceiro débil[126]. Examina a distinção entre o estatuto jurídico da neutralidade – buscado, por exemplo, pela Suíça, ou imposto pelo jogo de forças, como foi o caso da Áustria e da Finlândia – e o neutralismo. Este é representativo de uma postura de equidistância em relação a blocos – da qual é um exemplo o movimento dos não alinhados na vigência da bipolaridade EUA/URSS[127].

Além disso, chama a atenção para o terceiro passivo – o espectador – e o terceiro ativo – o ator; discute a função positiva do terceiro que une, e a função negativa do terceiro que divide. Observa que o terceiro em prol da paz pode institucionalizar-se no ordenamento jurídico internacional, como é o caso da ONU, e registra que o terceiro em prol da guerra exerce, normalmente, uma função transitória, que perde sua identidade com a efetiva instauração do conflito, seja porque se torna o aliado de uma das partes, seja porque se converte no inimigo comum das duas[128].

Portinaro também dedica um capítulo do seu livro à diplomacia como a arte do terceiro que atua no âmbito internacional, no

124 Cf. G. Simmel, *The Sociology of Georg Simmel*, p. 154-169.
125 Cf. *O Terceiro Ausente*, p. 289-290.
126 Cf. P. P. Portinaro, *Il terzo*, p. 17-18.
127 Ibidem, p. 20, 89-97 e 111-117.
128 Ibidem, p. 67-75.

trato da governança da complexidade, fundada na negociação, na persuasão, no empenho de desdramatizar os conflitos e de conter as tensões[129]. Bonanate, examinando o tema bobbiano da democratização do sistema internacional como caminho para a paz, realça a existência, no mundo contemporâneo, de uma espécie de "democracia diplomática", que obedece a regras de procedimento – regras do jogo – da qual vem resultando uma redução de conflitos num sem número de transações internacionais, acordos e tratados[130]. Essa função procedimental da diplomacia permite apontar o potencial de afinidades que existe entre diplomacia e democracia, cujo nexo pode contribuir para a paz[131].

O terceiro ausente, que subjaz a toda a argumentação de Bobbio, aquilo que ele advoga na busca do caminho da paz por meio de um pacifismo institucional, é não apenas um *tertius inter partes*, mas um *tertius super partes* com as características de um *tertius juxta partes*[132]. Esse terceiro simboliza o momento jurídico da solução não violenta dos conflitos que não existe institucionalmente no plano internacional, mas que Bobbio almeja ver sair do coro para o cerne da governança do sistema internacional[133]. A onu tem méritos, poderia ter sido esse terceiro, mas não o é, e não apenas por ser formalmente apenas um *tertius inter partes*. Com efeito, por ser uma instância de interposição num sistema internacional, ela reflete, no seu processo decisório, a pluridimensionalidade dos conflitos subjacentes à sua constituição material. Esta se expressa seja na visão que têm desses conflitos os países mais poderosos, detentores do poder de veto no Conselho de Segurança, seja nas percepções que, nessa matéria, animam a formação das maiorias na Assembleia Geral. É por esse motivo que muitas vezes a onu não consegue efetivamente ser um terceiro em prol da paz. O olhar hobbesiano de Bobbio tem disso perfeita clareza, mas o seu coração kantiano não deixa de identificar na onu um histórico sinal premonitório, que permite conjeturar sobre a possibilidade de o mundo não continuar sendo, como sempre foi, vitimado pela violência da guerra.

Ibidem, p. 253-257.
Cf. L. Bonanate, *Le relazioni degli stati...*, p. 99-100.
Cf. C. Lafer, *A Inserção Internacional do Brasil*, p. 178-181.
Cf. P. P. Portinaro, *Il terzo*, p. 145-146.
Cf. L. Bonanate, *Le relazioni degli stati...*, p. 83.
O Terceiro Ausente, p. 208.

É nessa moldura que Bobbio contrapõe a ética do diálogo à ética da potência. "Compreensão contra dominação". "Respeito ao outro enquanto sujeito contra o rebaixamento do outro a objeto"[134], sem desconhecer que, regra geral, na prática política, "A potência é cega.

A razão vê mas é impotente"[135]. Na tarefa de afirmar uma ética do diálogo, Bobbio, em *O Terceiro Ausente*, exerce o papel do intelectual independente, que, segundo ele, agita ideias, levanta problemas, elabora programas, persuade ou dissuade, encoraja ou desencoraja, exprime juízos, aconselha, voltado para desatar os nós que impedem, no labirinto da convivência coletiva, os caminhos da saída das vias bloqueadas[136]. O seu pacifismo ativo, do qual *O Terceiro Ausente* é uma grande expressão, tem como marca registrada o rigor da reflexão de um grande intelectual, animado pela inteireza de um grande caráter. Tem, igualmente, a proverbial limpidez bobbiana de exposição, que faz com que, como no verso de Montale, *tendono alla chiarità le cose oscure.*

Em 1999, por ocasião dos seus noventa anos, Bobbio e Pietro Polito – que foi o dedicado organizador de *O Terceiro Ausente* – encetaram um diálogo, publicado com o título de "Il mestiere di vivere, il mestiere di insegnare, il mestiere di scrivere". Esse diálogo é, como escreveu Bobbio na dedicatória com a qual me ofereceu o texto, "un noventanno racconto". É, assim, uma narrativa na qual, no seu "racconto", parou para pensar o próprio percurso por meio da articulação alcançada pela memória e pela experiência.

Nesse diálogo, Bobbio retoma uma citação de Herzen, que integra o prefácio à primeira edição italiana de *O Problema da Guerra e as Vias da Paz*: "Com a violência e com o terror difundem-se as religiões e as políticas, fundam-se impérios autocráticos e repúblicas indivisíveis, com a violência pode-se destruir e esvaziar o lugar, nada mais", aduzindo Herzen que uma nova ordem "deve ser não somente uma espada que fende mas também uma força que protege", e que, nesse contexto de "inteligência e força, conhecimento e meios", a "inteligência pressiona terrivelmente", pois, para Bobbio, "a violência talvez tenha deixado de ser a parteira da história e está se tornando cada vez mais a sua coveira"[137].

Conter a violência da guerra e buscar evitar que ela seja a coveira da história humana é o que, no debate de ideias, se propôs fazer Bobbio em *O Terceiro Ausente*. Valeu-se, nessa empreitada, com dúvida metódica e impregnado de uma visão laica, como diz no fecho do seu "racconto", da luz da razão, a única "di cui possiamo disporre per illuminare le tenebri in cui siamo immersi"[138].

135 Ibidem, p. 256.
136 Cf. *O Tempo da Memória*, p. 82-83.
137 *O Problema da Guerra...*, p. 47-48; e Bobbio; P. Polito, Il mestiere di vivere, il mestiere di insegnare, il mestiere di scrivere, *Nuova Antologia*, p. 37.
138 Ibidem, p. 47.

parte ii: relações internacionais

6.

Paz e Guerra no Terceiro Milênio

Os Ideais de Bobbio, Balanço e Perspectivas[1]

I. Qual é o tema central de Bobbio no trato da guerra e da paz?

No campo das relações internacionais, o tema central de Bobbio é a situação-limite paz/ guerra, que historicamente molda a vida internacional. A sua análise tem como nota identificadora o empenho em prol da paz, levando em conta o impacto da mudança qualitativa trazida, na reflexão estratégica, pelas armas nucleares. Estas assinalam a possibilidade do uso da violência numa escala historicamente inédita, ensejam a viabilidade do extermínio de coletividades e operam no horizonte do terror da descartabilidade do ser humano. São, assim, uma ameaça à sobrevivência da humanidade. É nesse horizonte que se move a reflexão de Bobbio.

Versão original do texto publicado em italiano no livro *Il futuro di Norberto Bobbio* (2011), organizado por Michelangelo Bovero.

II. Qual é o ponto de partida de Bobbio no trato da questão?

No seu colóquio com Pietro Polito, por ocasião dos seus noventa anos, Bobbio observou que "il lume della ragione è il sole di cui possiamo dispore per illuminare la tenebra in cui siamo immersi", mas aduz que "non c'è posto per certezze assolute"[2]. Por isso cabe indagar qual é o papel que atribuiu à razão na dinâmica das relações internacionais, tendo em vista as trevas da hipótese, tecnicamente viável, de um holocausto nuclear em escala planetária.

No trato da razão no Direito, Bobbio jurista propôs, muito ao seu modo de analisar o campo, a dicotomia *legge della ragione* – razão no sentido forte, capaz de captar a "natureza das coisas", que é a adotada pelos jusnaturalistas – e *ragione giuridica* – razão no sentido fraco, como capacidade de raciocinar, que é a que endossa na sua teoria geral do Direito[3]. Na transposição, que cabe fazer, dessa dicotomia para a teoria política e para a das relações internacionais, é válido lembrar as três conhecidas metáforas evocadas em *Il problema della guerra e le vie della pace*[4]: a da mosca na garrafa, a dos peixes na rede e a do labirinto.

A mosca na garrafa é uma metáfora afim à da *razão no sentido forte*, pois pressupõe que existe *o* caminho para a saída da garrafa, que está ao alcance do olhar do filósofo espectador. Não é a linha adotada por Bobbio no trato político da guerra e da paz, posto que, no seu realismo, de acurado leitor de Maquiavel e de Hobbes, conhece os limites da razão na lida com a natureza das coisas inerentes ao exercício do poder. A metáfora dos peixes na rede aponta, por sua vez, para a morte como fim inevitável dos vivos, pois os peixes se debatem, mas não escapam do seu letal destino. Nesse contexto, a razão ou oferece a resignação das filosofias da sabedoria, ou instiga a angústia existencial das filosofias da crise. Não é essa, também, a linha adotada por Bobbio na sua *vita activa*, pois o seu pessimismo foi temperado pelo seu neoiluminismo, que abre espaço para uma positiva ação humana[5].

O labirinto, como se sabe, é a sua metáfora preferida. É compatível com sua condição de *illuminista-pessimista* que dele fez, como diz Ruiz Miguel, um "realista insatisfeito" – dicotomia analiticamente

2 Cf. N. Bobbio; Pietro Polito, Il mestier vivere..., *Nuova Antologia*, p. 47.
3 Cf. *Contributti ad un dizionario giuridico*, p. 2
4 *Il problema della guerra e le vie della pace*, p. 29
5 *Politica e cultura*, p. 202.

aprofundada por Bovero –, que não se compraz em ser um contemplador sem ilusões da história e da política perante o confronto entre o mundo dos fatos e o mundo dos valores[6]. A metáfora indica a capacidade que os seres humanos têm de identificar, com base na experiência e na razão, os *caminhos bloqueados* da convivência coletiva. Essa foi a trilha percorrida por Bobbio, que, valendo--se da razão, no sentido fraco, como capacidade de raciocinar irá argumentar que a guerra, na era nuclear, é uma *via blocatta*, ou seja, uma *via senza sbocca che non conduce alla meta proposta e come tale deve essere abbandonata"*[7]. Esse é o fio condutor de *O Problema da Guerra e as Vias da Paz* e de *O Terceiro Ausente*, seus dois grandes livros dedicados às relações internacionais.

III. Qual é o pano de fundo subjacente à reflexão de Bobbio?

O empenho em prol da paz e a crítica à guerra se inserem coerentemente no percurso de Bobbio, estudioso do Direito e da Política. Dizem respeito a um dos seus temas recorrentes, que é o do imperativo de eliminar ou, pelo menos, limitar, da melhor maneira possível, a violência como meio de resolver conflitos, seja entre indivíduos e grupos no interior de um Estado – daí sua defesa do governo das leis e das regras do jogo da democracia, que "conta cabeças e não corta cabeças" –, seja entre Estados. Conflitos interestatais, quando desaguam na guerra, propiciam os casos mais clamorosos de violência coletiva, que ensejam, com a tecnologia das armas nucleares, inédito espaço para o mal ativo da prepotência do poder e para o mal passivo dos que sofrem *ex parte populi* uma pena sem culpa[8]. Daí o seu pacifismo.

A interligação entre democracia no plano interno e paz no plano internacional, como explica Bobbio no prefácio à primeira edição de *Il problema della guerra e le vie della pace*, é uma faceta e um desdobramento da agenda política italiana no imediato segundo

Cf. A. Ruiz Miguel, *Política, Historia y Derecho en Norberto Bobbio*, p. 175; N. Bobbio, *De Senectute*, p. 153-154; M. Bovero, Un realista insoddisfatto, em C. Ocone (org.), *Bobbio ad uso di amici e nemici*, p. 149-163.
Il problema della guerra..., p. 33.
Elogio della mitezza e altri scritti morale, p. 198-199.

pós-guerra, que se confrontava com o problema da construção interna de um ordenamento democrático e das relações pacíficas da Itália com o resto do mundo[9].

Esses dois problemas eram, por sua vez, fruto da pesada herança do fascismo, uma das expressões da fúria dos extremos que caracterizou o contexto político italiano e europeu dos anos de formação de Bobbio.

Com efeito, o fascismo, como Bobbio o caracterizou, "aveva la violenza in corpo. La violenza era la sua ideologia. Era antipacifista, l'esaltazione della guerra sino al parossismo, sino al delirio, diventa uno dei suoi carattere constanti", e o seu ímpeto motivador foi o combate à democracia, vista como "inbelle, pacifista, antieroica", acusada de um pragmatismo inferior e de um indiferentismo moral por conta da sua busca de compromissos e de uma inaceitável valorização do método do sufrágio universal, "che permette di contare le teste invece di tagliarle", que representa "il triunfo dell numero sulla qualità"[10].

Como explica Bobbio em *De senectute*, na sua vida existiu um "antes", o do período fascista, e um "depois" decisivo, o da luta contra o fascismo, para a qual colaborou participando da guerra de libertação e integrando o Partido de Ação. Isso representou para ele o dever moral de atuar no debate político do espaço da palavra e da ação[11].

É por conta do alcance e do significado desse "depois" que Pier Paolo Portinaro aponta que a obra significativa de Bobbio, elaborada após a queda do fascismo, tanto como intelectual militante quanto como acadêmico, está voltada para a pesquisa e a análise de alternativas medularmente distintas daquelas que o fascismo emblematizou, e muito especialmente a violência da fúria dos extremos[12].

É nesse pano de fundo – o da contestação da fúria dos extremos – que se insere o pacifismo de Bobbio, e desde já quero registrar que a preocupação com esse pano de fundo retém atualidade nesta primeira década do século XXI, que está, *inter alia*, permeada pela ubiquidade de novas formas de violência, pelo radicalismo intolerante dos fundamentalismos e do terrorismo, pelas tensões difusas propiciadas pelos jogos de poder entre os Estados e pelo impacto na vida internacional do aparecimento de formas de fascismo pós-moderno e de modalidades de *kakistocracia* apontadas por Michelangelo Bovero[13].

9 *Il problema della guerra...*, p. 19.
10 *Dal fascismo alla democrazia*, p. 40, 74, 79.
11 *De Senectute*, p. 116 e 120.
12 Cf. P. P. Portinaro, *Introduzione a Bobbio*.
13 Cf. M. Bovero, *Contra il governo dei pegg*, p. 127-139.

IV. A formação de uma consciência dos perigos das armas nucleares, seu significado e atualidade

Raymond Aron, discutindo a dicotomia *política-realidade/política-conheci-mento*, aponta que seus polos não são excludentes, e sim constitutivamente complementares, pois a consciência da realidade política faz parte da própria realidade política[14]. Daí, na dinâmica política e econômica, o papel das expectativas, inclusive a dos riscos, e muito especialmente a dos riscos manufaturados pela ação humana. Entre esses, o risco do nexo conhecimento/poder, trazido com o advento da bomba atômica lançada em 1945 pelos EUA sobre Hiroshima e Nagasaki, no Japão. Esse risco coloca o desafio de como absorver a colossal força da energia liberada pela matéria no incerto domínio das ações humanas, pois o nuclear coloca a hipótese da autodestruição da própria humanidade pelo potencial inerente a seu emprego militar.

Bobbio viu-se estimulado a tratar desse risco pela leitura do livro de Gunther Anders, *Essere e non essere: Diario di Hiroshima e Nagasaki*, cuja edição italiana de 1961 prefaciou[15]. Por isso seu empenho de acadêmico e de intelectual militante em promover, no espaço público da palavra e da ação, a formação de uma "consciência atômica"[16].

Na sua análise do que significa a *svolta storica* das armas nucleares, Bobbio, com sua habitual clareza, baseado na razão como capacidade de raciocinar, sustentará o imperativo da formação generalizada de uma consciência atômica. Busca lidar com a dicotomia política-realidade/política-conhecimento de forma a permitir que a consciência da realidade do perigo das armas atômicas impregne a realidade política. São duas as linhas básicas que explora para argumentar como a guerra se tornou uma *via blocatta*.

A primeira linha passa pela análise da precariedade das teorias jurídicas da guerra justa na era nuclear e pela avaliação crítica, no horizonte das armas nucleares, das filosofias da história que veem na guerra um *male apparente*, um *male necessario*, um *male minore*, um *bene*, um *evento naturale e providenziale*[17].

Cf. R. Aron, *Democracia e Totalitarismo*, p. 23.
Cf. *Il terzo assente*, p. 11 e 15-22.
Il problema della guerra..., p. 55.
Ibidem, p. 57-75; *Il terzo assente*, p. 23-30.

A segunda linha é a discussão crítica do *equilibrio del terrore* e da *apologetica della dissuasione*[18] que caracterizou a rivalidade EUA/União Soviética. Bobbio realça que a tese da paz pelo equilíbrio do terror da estratégia da dissuasão nuclear, que prevaleceu na época da Guerra Fria, não é uma mentira em termos de terror, mas o é em termos de equilíbrio, pois a balança como critério de paz é sempre instável e precária, porque está sempre desequilibrada. Está sempre assim porque, como diz lapidarmente, "Il terrore non conosce equilibri"[19]. Na lógica da potência da relação amigo/inimigo voltada para incutir medo e sempre potencialmente presente na anarquia da vida internacional, "Non c'è lancia senza scudo. Ma se aumenta la resistenza dello scudo deve aumentare in un processo senza fine la potenza della lancia. Non c'è missile senza antimissile"[20].

Em suma, o equilíbrio baseado no terror das armas nucleares é instável, não impede o uso das armas tradicionais, cujo impacto destruidor vem aumentando com as inovações científico-tecnológicas, e tende, em matéria nuclear, a reequilibrar-se num nível superior ou a desequilibrar-se de vez, como Gorbachev se deu conta na década de 1980[21]. Daí a crítica de Bobbio aos estudiosos das relações internacionais que, ao louvar a estratégia da dissuasão, reconhecem o terror que as armas nucleares causam, mas minimizam a possibilidade de seu uso. Desse modo, escondem o imenso problema que sua invenção e seu armazenamento trazem para o destino da Terra e a sobrevivência da humanidade[22].

Esse imenso problema persiste no século XXI. Como aponta Jonathan Schell, autor que Bobbio apreciava no trato da questão nuclear[23], o potencial da escalada da violência trazida pelo evento inaugural do emprego da bomba atômica contra o Japão em 1945 prolonga-se no século XXI, que não trouxe o fim do legado do *overkill* nuclear. É por isso que a era dos extremos não se encerrou com o fim da bipolaridade e a desagregação da União Soviética. Daí o título do livro de Schell de 2001, *The Unfinished Twentieth Century*.

Com efeito, o risco tende a aumentar, pois o sistema internacional, no período da Guerra Fria, tinha uma unidade diplomática dada pela prevalência da bipolaridade que se caracterizou, no plano global, pela fórmula de Raymond Aron, *paix impossible, guerre improbable*. Essa unidade, com sua "racionalidade compartilhada", desapareceu com as forças centrífugas da lógica de

18 *Il problema della guerra...*, p. 51-55; *Il t[...] assente*, p. 59-66.
19 *Il terzo assente*, p. 197.
20 Ibidem, p. 205.
21 Cf. *Autobiografia*, p. 239.
22 *Il terzo assente*, p. 16-17, 59-60 e 66-67.
23 Ibidem, p. 68, 98, 159, 174-175.

fragmentação, que foi erodindo o regime internacional do Tratado de Não Proliferação de 1968, que obedecia à prévia lógica da "constituição material" do sistema internacional. Como se sabe, não só não ocorreu o desarmamento nuclear previsto no tratado, como esse não impediu a efetiva proliferação da nuclearização militar da Índia e do Paquistão, processo que está em andamento na Coreia do Norte e no Irã. A isso se soma a mais antiga e menos explícita nuclearização militar de Israel. Cabe igualmente realçar a emergência do terrorismo de alcance transnacional e a potencialidade de um acesso a artefatos nucleares de grupos terroristas que fazem da violência o seu instrumento de ação, e não custa lembrar, com Bobbio, que a violência é força sem medida e tem como característica "l'immediatezza, la discontinuità, la sproporzione fra mezzo e scopo, la non durata, l'imprevedibilità"[24].

É por esse motivo que a importância de uma generalizada formação de uma consciência atômica, propugnada por Bobbio, retém plena atualidade. Essa consciência, hoje, vai além dos intelectuais inermes e dos *disarmati di tutto il mondo* de que falava Bobbio[25]. Alcançou os que exercem o poder, *i giganti ciecchi* e os seus *chierici del terrore*, que se deram conta, com realismo, como disse Raymond Aron, de que a ameaça nuclear não é um instrumento nem de decisão nem de poder imperial, pois permite exterminar, mas não reinar[26].

São exemplos dessa nova abrangência da consciência atômica o artigo "A World Free of Nuclear Weapons", publicado no *Wall Street Journal* de 4 de janeiro de 2007, assinado por George P. Schultz, William Perry, Henry A. Kissinger e Sam Nunn, e o discurso do presidente dos EUA, Barak Obama, em Praga, em 5 de abril de 2009, no qual afirmou o *commitment* de seu país "to seek the peace and security of a world without nuclear weapons" ("de buscar a paz e a segurança do mundo sem armas nucleares"). Essa consciência está refletida de maneira mais ampla na recente Resolução 1887 (2009) do Conselho de Segurança da ONU e nas discussões entre seus membros – neles incluídos os cinco membros permanentes que são todos potências nucleares – que levaram à sua aprovação unânime. A Resolução, que é a primeira, desde a década de 1990, a tratar de forma abrangente de temas nucleares, realça a relevância das negociações que devem levar tanto à efetiva não proliferação nuclear quanto à redução das armas nucleares, culminando num tratado de completo desarmamento nuclear sob efetivos e estritos controles internacionais.

Il terzo assente, p. 151: "a imediateza, a descontinuidade, a desproporção entre meio e objetivo, a não duração, a imprevisibilidade". Ibidem, p. 178-182.

Cf. R. Aron, *Penser la guerre, Clausewitz II*, p. 251.

Em síntese, o tema de Bobbio, voltado para a formação da consciência atômica, está impregnando a realidade da política internacional contemporânea e vem adquirindo "ganhos conceituais", como se diz em linguagem diplomática. A consciência é um passo, mas "del dire al fare cè per mezzo il mare". Qual é a lição de Bobbio para a travessia dessa navegação?

V. O pacifismo ativo de Bobbio – o papel da lição dos clássicos

Bobbio, estudioso da filosofia da história na era da destrutividade das armas nucleares, com o seu olhar realista, tem plena consciência de que a guerra não acabará em virtude da espontânea evolução dos processos históricos. Sabe que a história humana é ambígua[27] e que "non c'è nulla di più irrazionale che riporre la propria fiducia nella razionalità della storia"[28]. É, no entanto, como visto, um "iluminista-pessimista" e um "realista insatisfeito" que, com seu coração kantiano, como sugere Furio Cerutti[29], não se resigna a contemplar o destino dos peixes colhidos na rede da insensatez humana. Considera a paz à luz da hipótese da catástrofe nuclear *il bene assoluto*, condição necessária para o exercício de todos os valores[30], e a guerra *una via blocatta* em função da argumentação baseada na lição do labirinto. Essa argumentação por si só não torna a paz um valor realizável no plano internacional, em função da tensão constitutiva que, para Bobbio, permeia o confronto entre *gli ideali e la rozza materia del mondo*, como aponta Bovero[31].

A realizabilidade da paz vai além da abrangência do impacto da formação acima mencionada de uma consciência atômica, assim como a realizabilidade de um desenvolvimento sustentável global requer ir além da consciência ecológica, hoje generalizada, do que significam as mudanças climáticas. A paz não é um "dado". É um "construído" possível da convivência internacional – uma conjectura – que, para

27 Cf. *Il terzo assente*, p. 194.
28 Ibidem, p. 60.
29 Cf. F. Cerutti, Kantiano nel cuore, hobsiano nello sguardo, em C. Ocone (or Bobbio ad uso di amici e nemici, p. 167-17
30 Cf. *Autobiografia*, p. 218-219.
31 Cf. M. Bovero, La teoria generale della litica, em P. Rossi (org.), *Norberto Bobbio diritto e politica*, p. 101-107.

poder plausivelmente viabilizar-se, requer um *pacifismo ativo*. São precisamente os caminhos de um pacifismo ativo propostos por Bobbio, sua atualidade e seus problemas, o que cabe agora analisar.

O pacifismo ativo de Bobbio é, metodologicamente, uma expressão da sua *ars combinatoria*, por meio da qual ele recombina conceitos para lidar com as situações do presente, valendo-se da lição dos clássicos. É essa criatividade que caracteriza a sua teoria política, e é ela que permeia o seu pacifismo no campo das relações internacionais. Daí a validade de indicar, ainda que sumariamente, alguns dos clássicos da Política e do Direito que instigaram a construção do seu pacifismo ativo.

O primeiro clássico é Hobbes, que analisou como o medo pode tornar-se um fator benéfico da vida política, ensejando a passagem da anarquia do estado de natureza para o estado civil, onde o poder comum cria as leis necessárias para a convivência pacífica. Daí a sua leitura de que o problema da paz interna, com o qual lidou Hobbes, se coloca hoje, por analogia, em função do medo das armas nucleares, com igual relevância em face da paz internacional[32].

O segundo clássico é Kant e, como observa Zolo, Bobbio interpreta e desenvolve o contratualismo de Hobbes em chave kantiana, a ele atribuindo um alcance de cunho universal e cosmopolita[33]. Nas conjetcuras kantianas sobre o nexo entre o "interno" do regime político e o "externo" da paz e sobre o despotismo arbitrário dos governantes como a causa das guerras, Bobbio irá identificar uma modalidade de pacifismo que é o *pacifismo político democrático*. O pacifismo político democrático marcou o pensamento de Bobbio, tanto que ele vê um nexo básico entre democracia e direitos humanos no plano interno e democracia e paz no plano internacional, reconhecendo, no entanto, com realismo, que uma das dificuldades da consolidação desse processo de construção da paz reside na heterogeneidade do sistema internacional, com a presença de Estados com formas não democráticas de governo[34].

O pacifismo político democrático tem vínculos com o *pacifismo jurídico*, que considera a guerra o efeito de uma situação na qual não existem normas eficazes para a regulação dos conflitos. A paz pelo direito, de inspiração kelseniana – e Kelsen é um dos clássicos de Bobbio não só no campo jurídico como no campo da teoria democrática –, também marcou Bobbio, que vê o Direito Internacional

Cf. *Thomas Hobbes*, p. 194-196; e *Il terzo assente*, p. 55-57.
Cf. D. Zolo, *L'alito della libertà*, p. 85-98.
Cf. *Il futuro della democrazia*, p. 195-220; *L'età dei diritti*, p. vii e viii; e Introduzione a I. Kant, *Per la pace perpetua*, p. VII-XXI.

6. *paz e guerra no terceiro milênio*

como instaurando apenas um estado de direito provisório, pois o *pacta sunt servanda* não é capaz de cumprir plenamente a função da paz de disciplinar institucionalmente o uso da força, que é a grande nota do Direito Interno[35]. Daí a importância que, como jurista, atribuiu à efetivação institucional de um *tertius super partes* a favor da paz e as insuficiências que identificou na ONU, que, na linha da Liga das Nações, mas com outra abrangência, foi além da lógica tradicional da Paz de Vestfália e concebeu um pacto de associação *inter partes*, que não se viu complementado pelo poder comum de um *pactum subjectionis*[36].

Outro tipo de *pacifismo* é o *social*, inspirado por Marx, que vê na desigualdade propiciada pelo capitalismo a causa das guerras e, por isso, propõe a reforma da sociedade por meio do socialismo. Bobbio expôs as insuficiências do marxismo – que animou muitas das propostas de paz pela implantação global do socialismo – como teoria abrangente das relações internacionais. Essa vertente do pacifismo, no entanto, está presente na sua reflexão por obra da sua condição de "socialista liberal" cuja posição era *Né con Marx né contro Marx* (*Nem com Marx, nem contra Marx*)[37].

Outra modalidade de *pacifismo* é o *econômico*, que detecta na autarquia e no protecionismo a causa das guerras e, por isso, defende o livre comércio. Bobbio não examinou muito essa vertente do pacifismo, mas como estudioso, apreciador da obra e da ação de Luigi Einaudi, sabia o significado antifascista do "liberismo", sem desconhecer suas limitações[38]. A OMC, a primeira organização internacional pós-Guerra Fria, tem um dos seus fundamentos, na esteira do Gatt, no pacifismo econômico, que propicia o predomínio do *esprit de commerce* sobre o *esprit de conquête*, nas palavras de Benjamin Constant[39].

---

35 Cf. *Il terzo assente*, p. 126-137; e *Il probl* *della guerra...*, p. 24-25 e 92-118. Cf. t bém D. Zolo, *L'alito della libertà...*, p. 1

36 *Il terzo assente*, p. 126-135 e 221-226; *futuro della democrazia*, p. 195-218.

37 *Il terzo assente*, p. 37-38; e *Né con Mar* *contro Marx*, p. 167-186.

38 *Il terzo assente*, p. 36-37; e *Dal fascismo* *democrazia*, p. 237-281.

39 *Teoria generale della politica*, p. 489.

VI. O pacifismo ativo de Bobbio – caminho, atualidade e problemas

Esses componentes todos integram a arte combinatória do pacifismo ativo que Bobbio desdobrou em três vertentes, tendo em vista o seu foco de ação: sobre os *meios*, sobre as *instituições* e sobre os *seres humanos*. A primeira vertente é a do *pacifismo instrumental*, a segunda, do *pacifismo institucional*, e a terceira, do *pacifismo finalista* ou ético[40].

O *pacifismo instrumental* almeja, de um lado, eliminar ou pelo menos reduzir os armamentos que são os meios de condução da guerra. Estimula, ao mesmo tempo, através das técnicas da solução pacífica de controvérsias, a prática da não violência e a eliminação do uso da força armada no plano internacional, abrindo espaço nas modalidades da mediação, da conciliação, da arbitragem, da solução judicial, para a figura do terceiro em prol da paz, que constrói o entendimento que as partes, por si só, não são capazes de alcançar.

O pacifismo instrumental opera por excelência no âmbito da diplomacia, concebido como um processo do diálogo e da negociação entre Estados, voltado para encontrar interesses comuns e compartilháveis ainda que isso se dê na vigência das assimetrias do poder e no contexto da heterogeneidade dos valores. A consciência atômica está hoje reforçando o pacifismo instrumental no trato das tensões provocadas, por exemplo, pela nuclearização do Irã e da Coreia do Norte. Tais tensões indicam a atualidade dessa vertente do pacifismo ativo examinado por Bobbio.

O pacifismo instrumental tem guarida na ONU, que é uma expressão do *pacifismo institucional* porque é uma organização internacional de vocação universal, voltada para conter os riscos da anarquia, que considera a paz como um bem e a guerra como um flagelo, conforme está dito no preâmbulo da sua Carta. Por isso a ONU estabeleceu para seus membros a obrigação de resolver suas controvérsias internacionais por meios pacíficos (art. 2.3) e dedica todo o capítulo VI da Carta à solução pacífica de controvérsias. Aponta, igualmente, o caminho do desarmamento e da regulamentação dos armamentos no art. 11.

Il problema della guerra..., p. 75-97; *Teoria generale della politica*, p. 467-503; e *Il terzo assente*, p. 46-53 e 92-96.

6. *paz e guerra no terceiro milênio*

A diplomacia, na qual se baseia o pacifismo instrumental, é uma arte do terceiro, como aponta Portinaro, que se contrapõe à guerra[41]. Na sua vertente multilateral, que em matéria de paz se dá preponderantemente na ONU, beneficiou-se da dimensão do pacifismo institucional que caracteriza essa organização internacional. Com efeito, a institucionalidade propicia, como indica Bonanate, uma espécie de "democracia diplomática" com suas regras do jogo, que vem ensejando uma redução de tensões e uma melhoria das condições de paz[42].

Essa melhoria não é uma garantia efetiva de paz e segurança, pois a ONU é uma expressão frágil do pacifismo institucional jurídico. Abre espaço para um terceiro institucional nas relações diádicas e, com isso, para o abandono do contraste absoluto. Mitiga, assim, mas não supera, a situação-limite da anarquia da vida internacional como causa da guerra, com a qual se preocupa Bobbio. Não é um *tertium super partes*, mas um *tertium inter partes*, como se depreende do art. 1.4 da Carta. Por isso a Carta da ONU, como um documento constitucional do sistema internacional, por ser apenas um *pactum societatis*, vive, com muita intensidade, a dicotomia constituição formal/constituição material. Está sujeita ao fluxo das incertezas do impacto das forças sociais, políticas, econômicas e militares prevalecentes no sistema internacional, que se expressam nas maiorias da Assembleia Geral e nas deliberações, no Conselho de Segurança, dos seus membros permanentes. Isso leva a ONU, por vezes, a ser ou um terceiro impotente, distanciado da solução dos conflitos, ou um terceiro parcial, favorecedor de uma parte, não correspondendo, desse modo, ao papel do *tertius juxta partes*.

Nesse sentido, o diagnóstico de Bobbio sobre a insegurança da vida internacional retém atualidade, mas tudo indica que, no confronto entre os ideais e a *rozza materia*, tende a prevalecer a situação de *Il terzo assente*. Cabe apenas observar que, onde foi possível, à luz da lição do labirinto, criar um poder comum supranacional, acima das partes, por obra da delegação de cunho federativo de competências dos Estados, como na experiência europeia, uma região do mundo que viveu séculos de guerra vive há décadas em paz.

O pacifismo institucional da ONU também contempla a preocupação com a desigualdade das condições econômico-sociais em escala planetária, favorecedora das tensões propiciadoras da guerra e que deram margem à sempre tão significativa e presente polaridade Norte/Sul na vida internacional. A

41 Cf. P. P. Portinaro, *Il terzo*, p. 253-257.
42 Cf. L. Bonanate, *Le relazione degli stat*
diritto e politica, p. 98-100.

128   *parte ii: relações internacionais*

cooperação internacional econômica e social, prevista no art. 55 da Carta, como caminho para as relações amistosas e pacíficas entre os Estados, é uma expressão do *pacifismo social*. Um exemplo dessas preocupações do pacifismo social são as Metas do Milênio.

O pacifismo ativo de Bobbio contempla, igualmente, o que ele qualifica de *pacifismo de fins*, preocupado em lidar com a conduta dos seres humanos que criam as instituições e empregam ou não meios violentos. Daí a pedagogia de uma cultura da paz que é a grande expressão do pacifismo de fins. O pacifismo de fins tem guarida no âmbito do pacifismo institucional contemplado pela ONU. Refiro-me ao propósito de, por meio da cooperação internacional, promover e estimular o respeito aos direitos humanos, contemplado no art. 1.3 da Carta.

Esse propósito da Carta teve como desdobramento a Declaração Universal dos Direitos Humanos de 1948. Esta traçou uma política de Direito voltada para consolidar, no campo dos valores, uma visão do mundo caracterizada pelo respeito e reconhecimento do outro. Essa visão busca conter, pela ação cultural, o conceito schmittiano da política como relação dicotômica amigo/inimigo, denegadora do pluralismo e da tolerância e, como tal, instigadora da guerra, inspirada no *mors tua vita mea*. Não é assim por acaso que um dos considerandos da Declaração Universal realça o seu papel na promoção das relações amistosas entre as nações, e o seu primeiro considerando estabelece o nexo entre o reconhecimento dos direitos iguais a todos os membros da família humana e a paz no mundo.

A política do Direito da Declaração Universal, que é a expressão de um pacifismo de fins, foi bem-sucedida ao ir inserindo na agenda internacional as ambições normativas da tutela dos direitos humanos e da promoção da democracia. Essa agenda normativa enfrenta a *rozza materia* das seletividades do realismo do poder, mas representa, com todas as suas dificuldades de monitoramento e controle, uma mudança de mentalidade e, como tal, um passo em prol da paz. Nesse sentido, a proposta de Bobbio de um pacifismo de fins retém plena atualidade e integra o dia a dia da pauta internacional e regional.

Concluo registrando que Bobbio tem perfeita clareza tanto das limitadas possibilidades quanto das reais dificuldades de sucesso duradouro do pacifismo ativo. No entanto, no seu diálogo com Pietro Polito por ocasião dos seus noventa anos, ele retoma a citação de um texto de Herzen que é a parte final do prefácio da primeira edição de *Il problema della guerra*, na qual aponta que a violência "forze ha cessato definitivamente di essere l'ostetrica della storia e ne sta diventando sempre più il becchino"[43] e reitera que, diante dessa avaliação, *l'intelligenza obbliga terribilmente*[44]. É essa obrigação da inteligência que recomenda perseverar nos caminhos do pacifismo ativo, seguindo a admoestação de Tocqueville: "Ayons donc de l'avenir cette crainte salutaire que fait veiller et combattre et non cette sorte de terreur molle et oisive qui abat les coeurs et les enerve"[45].

43 "talvez tenha deixado definitivamente de a parteira da história e está se tornando vez mais a sua coveira".

44 *Il problema della guerra...*, p. 27-28, Bobbio ; P. Polito, Il mestieri di viver *Nuova Antologia*, p. 37.

45 A. de Tocqueville, *De la démocratie en A rique*, p. 656. "É preciso ter do futuro o te salutar que faz velar e combater e não a e cie de terror indolente e ocioso que aba enfraquece os corações". (Tradução nos

Parte III **Direitos Humanos**

7. A Era dos Direitos

Uma Apresentação[1]

A Era dos Direitos tem, como todos os livros de Bobbio, a inconfundível marca do seu modo de pensar e expor: o rigor analítico, a inexcedível clareza, a capacidade de contextualização histórica, o sábio uso da "lição dos clássicos", o discernimento do relevante. Tem, ademais, uma característica própria que o singulariza no conjunto de sua obra. É o livro da convergência dos temas recorrentes de Bobbio nos diversos campos de estudo a que se dedicou e, por isso mesmo, um livro explicitador da coerência que permeia sua trajetória de pensador. Com efeito, em *A Era dos Direitos* estão harmoniosamente presentes o grande teórico do Direito, da Política e das Relações Internacionais, não faltando também o intelectual militante que se dedicou à relação entre política e cultura.

I

É na "Introdução" de *A Era dos Direitos* que Bobbio afirma que "direitos do homem, democracia e paz são três momentos necessários do mesmo movimento histórico: sem direitos do homem reconhecidos e protegidos não há democracia; sem

---

Introdução a *A Era dos Direitos* (2004), tradução brasileira de *L'età dei diritti*, de Norberto Bobbio. O texto também integra o livro *A Internacionalização dos Direitos Humanos*, de minha autoria.

democracia não existem as condições mínimas para a solução pacífica dos conflitos".

Na sua obra, a interligação dos três temas é o modo pelo qual Bobbio foi tecendo conceitualmente a interação entre o "interno" dos Estados e o "externo" da vida internacional. Essa tessitura articula continuidades e contiguidades que Bobbio realça apontando como a democracia e os direitos humanos, no âmbito das sociedades nacionais, criam condições para a possibilidade de paz no plano mundial. Subjacente a essa interligação está o pressuposto, recorrentemente reiterado na sua obra, de que Direito e Poder são as duas faces de uma mesma moeda, pois a comum exigência da eficácia se complementa com o evidente paralelismo existente entre os requisitos da norma jurídica – justiça e validade – e os requisitos do poder – legitimidade e legalidade.

É por essa razão que os nexos entre democracia, direitos humanos e paz são, como aponta Bobbio no *De senectute*, ao fazer um balanço de sua obra, a meta ideal de uma teoria geral do Direito e da Política que não logrou escrever de maneira sistemática, mas que, observo eu, nos legou por meio do conjunto dos seus escritos. Além dos próprios livros de ensaios que Bobbio organizou, disso são comprovações a *Teoria Geral da Política*, superiormente estruturada por Michelangelo Bovero, e também outros livros de ensaios selecionados por estudiosos de sua obra, como Alfonso Ruiz Miguel, Mario Telò e Ricardo Guastini, que apontam a interconexão dos seus temas recorrentes. É também nesse balanço, em *De senectute*, que Bobbio, ao tratar da relação entre política e cultura e da importância do diálogo, reitera o que disse no prefácio ao seu *Italia civile*, de 1964, afirmando detestar os fanáticos. Explica, nesse prefácio a *Italia civile* – que recolhe ensaios sobre os intelectuais que não traíram os valores dialógicos da cultura –, que "aprendeu a respeitar as ideias alheias, a deter-se diante do segredo de toda consciência, a compreender antes de discutir, a discutir antes de condenar"[2]. Daí a relevância, no contexto da sua obra, do ensaio "As Razões da Tolerância", que integra *A Era dos Direitos*.

Bobbio, no trato dos seus temas recorrentes, operava pelo método das aproximações sucessivas. Assim, no seu percurso, foi multidisciplinarmente desvendando, como apontou Luigi Ferrajoli, os nexos entre democracia e Direito, Direito e razão, razão e paz, e paz e direitos humanos[3]. São esses nexos que têm, em *A Era dos*

[2] N. Bobbio, *O Tempo da Memória*, p. 163 e 172-173; e *Italia civile*, p. 11-12.

[3] Cf. L. Ferrajoli, Diritto e comportam em C. Ocone (org.), *Bobbio, ad uso di an nemici*, p. 179-183.

Direitos, um dos seus pontos altos, os que desejo, em primeiro lugar, aflorar nesta apresentação.

Pode haver Direito sem democracia, mas não há democracia sem Direito, pois esta exige normas definidoras dos modos de aquisição e exercício do poder. Daí a defesa que faz Bobbio das "regras do jogo" em *O Futuro da Democracia*. Nas suas palavras, "a democracia pode ser definida como o sistema de regras que permitem a instauração e o desenvolvimento de uma convivência pacífica"[4].

Se a democracia requer a construção jurídica das "regras do jogo" e o Direito é, assim, um meio indispensável para modelar e garantir o "como" da qualidade das instituições democráticas, a razão é um instrumento necessário para elaborar e interpretar o Direito. É um instrumento necessário porque o Direito não é um dado da natureza, pois a noção de "natureza" é tão equívoca que não nos oferece um critério para diferenciar o jurídico do não jurídico. Daí a crítica de Bobbio ao jusnaturalismo, que, não possuindo o atributo da eficácia, não garante nem a paz nem a segurança[5]. O Direito, para Bobbio, é uma construção, um artefato humano fruto da política que produz o Direito positivo. Requer a razão para pensar, projetar e ir transformando esse artefato em função das necessidades da convivência coletiva.

O papel da razão é tanto o de apontar, no labirinto da convivência coletiva, os caminhos bloqueados que não levam a nada quanto o de indicar as saídas possíveis[6]. Por isso, lastreado num racionalismo crítico, Bobbio opta pela democracia como um regime que conta cabeças e não corta cabeças. Por isso, dedicou-se a buscar os caminhos da paz diante do onipresente risco do holocausto nuclear. Nessa busca, não lhe falta o realismo de um olhar hobbesiano e a consciência de que a guerra é o produto da inclinação natural ao conflito. A paz é um ditame kantiano da razão, da capacidade humana de medir e superar as consequências dos fatos que resultam da "social insociabilidade humana".

Como construir a paz com a colaboração da razão? Para Bobbio, mediante o nexo entre a paz e os direitos humanos, que instauram a perspectiva dos governados e da cidadania como princípio da governança democrática. É promovendo e garantindo os direitos humanos – o direito à vida, os direitos às liberdades fundamentais, os direitos sociais que

O Tempo da Memória, p. 156.
Giusnaturalismo e positivismo giuridico, p. 177-178.
O Problema da Guerra e as Vias da Paz, p. 50-51.

asseguram a sobrevivência – que se enfrentam as tensões que levam à guerra e ao terrorismo. Esse é o caminho para o único salto qualitativo na história, que Bobbio identifica como sendo o da passagem do reino da violência para o da não violência[7]. Na construção desse caminho estão presentes, na reflexão de Bobbio, tanto o valor da igualdade, que é uma dimensão do seu pacifismo social, quanto o da liberdade, que permeia a sua concepção da governança democrática. Esta requer não apenas a distribuição *ex parte populi* do poder – herança conceitual da democracia dos antigos –, mas também a limitação do poder – herança conceitual da democracia dos modernos, que se baseia na dignidade ontológica da pessoa humana. Esta pressupõe, arendtianamente, o "direito a ter direitos" humanos como meio indispensável para conter o onipresente risco do abuso do exercício do poder[8]. Esse risco – que é o do *tyrannia quoad exercitium* – também tem como um dos elementos de sua contenção a transparência do poder, base do direito à informação que permite a participação consciente da cidadania na vida democrática. Daí, para Bobbio, inspirado por Kant em *Para a Paz Perpétua*, um dos problemas para a paz num sistema internacional heterogêneo, no qual a existência de Estados não democráticos induz aos *arcana imperii*, constituindo, assim, um obstáculo externo à democracia interna e à paz[9].

Lembra no entanto Bobbio, também à maneira de Kant, que o progresso da convivência coletiva mediante os nexos acima mencionados não é necessário. É apenas possível. Como disse tantas vezes e reitera na conclusão de sua autobiografia[10], são ambíguas as lições da história humana entre a alternativa salvação ou perdição. Na vigília pela salvação, diz Bobbio, a luz da razão é a única de que dispomos para iluminar as trevas dos caminhos bloqueados[11]. É por esse motivo que, como filósofo militante, no uso público da razão, dialogou criticamente com as experiências políticas e intelectuais do nosso tempo, almejando a mediação cultural. A mediação cultural exprime a política de cultura que ele contrapõe à politização ideológica da cultura. A política de cultura requer o espaço da tolerância que permite "a inquietação da pesquisa, o aguilhão da dúvida, a vontade do diálogo, o espírito crítico, a medida no julgar, o escrúpulo filológico e o sentido da complexidade das coisas"[12]. São esses atributos, que permeiam *A Era dos Direitos*, que passo a comentar.

7   *As Ideologias e o Poder em Crise*, p 111.
8   *Teoria Geral da Política*, p. 371-386.
9   *O Futuro da Democracia*, p. 187-207.
10   *Diário de um Século*, p.251.
11   N. Bobbio; P. Polito, Il mestieri di vive mestieri di insegnare, il mestieri di scri *Nuova Antologia*, p. 47.
12   *Politica e cultura*, p. 281.

II

A primeira parte de *A Era dos Direitos* é constituída por quatro ensaios. Neles Bobbio explicita como os direitos humanos não são um dado da natureza ao modo do jusnaturalismo. São um construído jurídico historicamente voltado para o aprimoramento político da convivência coletiva. É uma quimera buscar um único e absoluto fundamento para os direitos humanos como aspira, de forma recorrente, o moralismo jurídico de corte jusnaturalista. Isso não quer dizer, realça Bobbio, que não existam várias e válidas fundamentações dos direitos humanos. Estas adquiriram o lastro de um consenso abrangente com a Declaração Universal de 1948. Esse lastro, observo eu, se viu reforçado e adensado pela Conferência de Viena da ONU de 1993, sobre os direitos humanos, que consagrou sua universalidade, indivisibilidade, interdependência e inter-relacionamento. A Conferência de Viena, que é posterior à publicação do livro de Bobbio, reuniu delegações de 171 Estados e teve 813 organizações não governamentais acreditadas como observadoras. Exprime, assim, a existência axiológica de um *consensus omnium gentium* sobre a relevância dos direitos humanos para a convivência coletiva. É por conta desse consenso axiológico que Bobbio, com sua costumeira objetividade, aponta que nos dias de hoje o cerne da problemática dos direitos humanos não reside na sua fundamentação, mas no desafio da sua tutela.

Na análise da tutela dos direitos humanos no âmbito mundial, Bobbio, sempre atento à relação Direito e Poder, diferencia a *vis directiva* da influência da *vis coactiva* do poder para apontar que, no plano internacional, são três as vertentes voltadas para o problema prático da proteção dos direitos humanos: a promoção e o controle nos quais incide a *vis directiva* e a garantia que requer a *vis coactiva*. A promoção busca irradiar, para consolidá-los, o valor dos direitos humanos. É uma expressão do poder ideológico que se exerce "sobre as mentes pela produção de ideias, de símbolos, de visões do mundo de ensinamentos práticos mediante o uso da palavra", para recorrer ao que Bobbio diz em seu livro *Os Intelectuais e o Poder*[13]. O controle se faz mediante relatórios que monitoram o cumprimento, pelos Estados, dos compromissos assumidos em matéria de direitos humanos, em tratados internacionais de que são partes contratantes. O monitoramento é um modo de assegurar a transparência democrática do

Os Intelectuais e o Poder, p. 11.

exercício do poder – um grande tema de Bobbio – e, dessa maneira, aferir, pela visibilidade, a qualidade do governo[14]. A garantia é a possibilidade de uma tutela jurisdicional internacional, que reforce, pela possibilidade de a ela se recorrer, a efetividade da tutela jurisdicional nacional. É o que ocorre na Europa, graças à Convenção Europeia de Direitos Humanos, e é o que vem ocorrendo na América Latina, com a plena aplicação do Pacto de São José. Merece, igualmente, menção, a criação do Tribunal Penal Internacional, que, com a entrada em vigor do Estatuto de Roma, estabeleceu uma jurisdição para os crimes internacionais violadores dos direitos humanos.

No trato das dificuldades de compatibilizar os direitos civis e políticos, frutos da herança liberal, e os direitos econômico-sociais, frutos da herança socialista, Bobbio realça o problema maior do desenvolvimento global da civilização humana. Nesse contexto, chama a atenção para o paradoxo do excesso de poderio que criou as condições para a guerra de extermínio nuclear e do excesso de impotência que condena grandes massas humanas à fome.

Esse paradoxo não impediu que Bobbio afirmasse que a nossa era é a era dos direitos. Baseia-se ele no que Kant qualifica como sinais ou indícios reveladores de um processo, para identificar na positivação dos direitos humanos e no fato de a sua temática ocupar parte preeminente da atenção e do debate internacional um sinal premonitório do progresso moral da humanidade. Esse sinal é fruto de uma revolução coperniciana nas relações governantes-governados, pois, com a institucionalização do estado democrático de direito, passou-se dos deveres dos súditos para os direitos dos cidadãos. Nesta passagem o contratualismo – um dos grandes temas da reflexão de Bobbio – teve um grande papel, pois postulou que o poder não vem de cima para baixo – do poder irresistível do soberano ou do poder ainda mais irresistível de Deus. Vem de baixo para cima, do consenso dos governados e da vontade dos indivíduos que constroem o artefato da convivência coletiva[15].

Em diálogo com Gregorio Peces-Barba, Bobbio aponta e distingue, em matéria de direitos humanos, etapas na construção do estado democrático de direito. Tais etapas institucionalizam a perspectiva dos governados, que passam a ter direitos, e não apenas deveres. A primeira etapa é a da *positivação*, ou seja, a da conversão do valor da pessoa humana e do reconhecimento em Direito positivo da legitimidade da perspectiva *ex parte populi*. São as Declarações de

14 *O Futuro da Democracia*, p. 97-120.
15 Ibidem, p. 143-164.

parte iii: direitos humanos

Direitos. A segunda etapa, intimamente ligada à primeira, é a *generalização*, ou seja, o princípio da igualdade e o seu corolário lógico, o da não discriminação. A terceira é a *internacionalização*, proveniente do reconhecimento, que se inaugura de maneira abrangente com a Declaração Universal de 1948, de que, num mundo interdependente, a tutela dos direitos humanos requer o apoio da comunidade internacional e normas de Direito Internacional Público. Finalmente, a *especificação* assinala um aprofundamento da tutela, que deixa de levar em conta apenas os destinatários genéricos – o ser humano, o cidadão – e passa a cuidar do ser em situação – o idoso, a mulher, a criança, o deficiente. A Constituição de 1988 contém nos seus dispositivos todas essas etapas e exprime o impulso à especificação, para o qual Bobbio chama a nossa atenção com o rigor e o caráter heurístico dos seus *distinguos*.

Como um "iluminista pessimista", para recorrer a uma formulação de Alfonso Ruiz Miguel[16], Bobbio sabe que a consolidação dessas etapas não é necessária. É apenas possível, mas a dúvida não impede a confiança no esforço de levar adiante a busca constante da proteção dos direitos humanos. Essa busca também faz sentido para o Bobbio "socialista liberal" e reformista que, ao examinar os direitos do homem e da sociedade, identifica nos direitos humanos um meio apto a induzir a mudança social. Essa visão de teoria política e de intelectual militante insere-se coerentemente naquilo que, no campo jurídico, ele discutiu como a função promocional do Direito, ou seja, um direito que, no mundo contemporâneo, não se circunscreve ao comandar, ao proibir e ao permitir condutas, mas transita pelo estimular e pelo desestimular comportamentos[17].

III

A segunda parte do livro é integrada por três ensaios que discutem e analisam a Revolução Francesa como um evento inaugural da era dos direitos. Os ensaios têm como objeto o alcance da etapa da positivação e, em especial, o significado da Declaração de 1789. São um paradigma da contextualização histórica dos conceitos e uma indicação clara das

Cf. A. Ruiz Miguel, *Política, Historia y Derecho en Norberto Bobbio*, p. 171-174.
Cf. *Dalla struttura alla funzione*.

características e da dimensão de Bobbio como um historiador conceitualista, que dele faz um *scholar* analítico com sensibilidade histórica[18].

Nesses estudos, Bobbio sublinha a originalidade da Declaração de Direitos de 1789, pois ela, em contraposição aos conhecidos e tradicionais códigos jurídicos e morais, como os Dez Mandamentos ou a Lei das Doze Tábuas, estabelece direitos, e não obrigações para os indivíduos. Diferencia-se, nesse sentido, das cartas de direito que a precederam, desde a Magna Carta, nas quais os direitos ou as liberdades não eram reconhecidos antes do poder do soberano, pois eram ou por ele concedidos ou concertados num pacto com os súditos. Ela é mais radical também do que as declarações norte-americanas que a antecederam, que relacionam os direitos do indivíduo ao bem comum do todo. Evidentemente há uma relação de continuidade entre a Revolução Americana e a Francesa, e o seu elo conceitual, como mostra Bobbio, é dado por Thomas Paine, que participou ativamente da Revolução Norte-Americana e defendeu a Declaração Francesa em argumentada polêmica com o conservador inglês Edmund Burke.

A Revolução Francesa e o ineditismo da Declaração de 1789 se viram cercados de um entusiasmo de maior irradiação política que a Revolução Americana. Foram um modelo ideal para todos os que combateram pela própria emancipação. Para isso contribuiu a *libertas* antecedendo a *potestas*, que fez a relação política ser considerada não mais *ex parte principis*, mas sim *ex parte civium*, ou seja, como a expressão, numa democracia, da soberania dos cidadãos.

Essa inversão de perspectiva provém de uma concepção da sociedade e do Direito da qual o contratualismo é uma expressão. Contrapõe-se à concepção organicista segundo a qual, na linha de Aristóteles, retomada por Hegel, a sociedade é anterior e superior às suas partes constitutivas. Foi por essa razão que a Declaração se viu submetida a duas críticas opostas. A primeira foi a dos reacionários e conservadores, que, no seu anti-individualismo, afirmavam a supremacia do todo e a consideravam excessivamente abstrata, posto que desvinculada da história. A segunda foi a de esquerda em geral, que, começando por Marx, nela via apenas a excessiva ligação com os interesses de uma classe particular, a burguesia – uma *libertas minor,* portanto destituída dos atributos da classe universal, o proletariado, que na sociedade comunista do futuro asseguraria a
libertas maior.

18 Cf. A. Ruiz Miguel, *Política, Historia y Derecho en Norberto Bobbio*, p. 180-183.

As consequências dessas duas críticas foram funestas. Nesse sentido, cabe recordar, com ênfase, as experiências políticas do século xx que comprovaram, tanto na sua radicalidade de direita quanto de esquerda, como esse tipo de crítica contribuiu para conduzir aos regimes autoritários e totalitários – exemplo por excelência dos caminhos bloqueados que a razão permite apontar na discussão e análise da convivência coletiva.

Bobbio, que foi um profundo conhecedor de Kant e que se dedicou a analisar em profundidade a contribuição deste para a análise do Estado, do Direito e das relações internacionais, a ele recorre, como já foi mencionado, para apontar como a Revolução Francesa foi um sinal, um indício, do possível progresso do gênero humano para o melhor. Em *O Conflito das Faculdades* – segunda parte –, num dos seus parágrafos, Kant trata da Revolução Francesa, e Bobbio realça que o ponto central da tese kantiana é a disposição moral que se manifesta na afirmação do direito que tem um povo de se dar uma Constituição. Essa só pode ser republicana, a única capaz de evitar, por princípio, a guerra, que Kant atribui ao arbítrio, ao capricho ou aos interesses privados dos príncipes. Uma Constituição republicana teria como nota própria estar em harmonia com os direitos naturais dos indivíduos singulares, de tal modo que aqueles que obedecem às leis devem também se reunir para legislar.

O grande tema da teoria das relações internacionais, da interação entre uma ordem republicana democrática no plano interno e a paz no plano internacional, em *A Era dos Direitos*, está aflorado, mas não aprofundado. Bobbio dele tratou, *inter alia*, em *O Futuro da Democracia* e no denso prefácio de 1985 à edição italiana de *Per la pace perpetua*, organizada por Nicolao Merker. O que ele discute com cuidado nessa segunda parte é o Direito cosmopolita como uma das mais inovadoras contribuições de Kant ao internacionalismo, que antecipa conceitualmente a etapa da internacionalização dos direitos humanos.

Com efeito, Kant, no *Para a Paz Perpétua*, discute os dois tradicionais níveis do jurídico – o *jus civitatis* do Direito interno e o *jus gentium* do Direito internacional público que rege as relações dos Estados entre si –, mas a eles agrega o *jus cosmopoliticum* – o Direito cosmopolita. Esse diz respeito aos homens e aos Estados em suas relações exteriores e sua interdependência como cidadãos de um Estado Universal da humanidade. Kant fundamenta o Direito cosmopolita no direito à hospitalidade universal e aponta que uma das suas características será a de uma época da história em que a violação do Direito ocorrida num ponto da terra venha a ser sentida em todos os outros. Em matéria de direitos humanos, isso é o novo, representado pela etapa da internacionalização, analisada por Bobbio na primeira parte de *A Era dos Direitos*, que tem assim em Kant o seu grande antecedente conceitual.

IV

A terceira parte do livro é composta de quatro ensaios. Dois tratam da pena de morte, um da resistência à opressão na atualidade e o último das razões da tolerância. O que dá a unidade dessa terceira parte é a relação Direito/poder, ou seja, um desdobramento do tema das duas faces da mesma moeda, sobre o que Bobbio diz: "Nos lugares onde o Direito é impotente, a sociedade corre o risco de precipitar-se na anarquia; onde o poder não é controlado, corre o risco oposto, do despotismo"[19].

O tema aparece no discurso da pena de morte, pois é um homicídio legal e, nesse sentido, a marca do poder do Estado, pois como disse Canetti, citado por Bobbio, a expressão máxima do poder é o direito de vida ou de morte. Ele desponta no ensaio sobre a resistência à opressão, em função de novos tipos de opressão, dos quais as soluções constitucionais e as regras do jogo democrático de contenção do abuso de poder não dão conta. Ele aflora na discussão da razão da tolerância porque nas democracias modernas, laicas e pluralistas, o poder ideológico não está concentrado, e sim disperso na sociedade.

Nos dois ensaios sobre a pena de morte, Bobbio lembra que, tradicionalmente, ela era vista como a rainha das penas, pois atenderia simultaneamente às necessidades de vingança, de justiça e de segurança do corpo coletivo. Exprime uma concepção orgânica da sociedade, que afirma que o todo está acima das partes, o que permite justificar a extirpação, do corpo social, de um membro corrompido. É, por excelência, o endosso da concepção da pena exercendo uma função retributiva. Ao *malum passionis* do crime deve corresponder o *malum actionis* da pena.

19   *O Tempo da Memória*, p. 169.

O revisionismo crítico em relação à aceitabilidade da pena de morte, que vem levando à sua deslegitimação crescente, está ligado ao contratualismo e a uma concepção individualista da sociedade e do Estado, que tornou sua rejeição possível. A primeira grande expressão dessa revisão se deve a Beccaria no seu famoso livro de 1764. O ponto de partida de Beccaria é a sua concepção da pena. Essa, para ele, não é retributiva, mas utilitária-intimidatória, por isso o seu questionamento da força intimidatória da pena de morte. Para Beccaria, não é importante que a pena seja cruel; é preciso que ela seja certa, para que não haja impunidade. Nesse sentido, a pena de morte não é nem útil nem necessária.

Bobbio explora nesses dois ensaios os vários argumentos contra a pena de morte, além dos suscitados por Beccaria, desde a irreversibilidade dos erros judiciários às diversas concepções de pena. Também argumenta que o Estado não pode justificar a exceção do direito à vida pelo estado de necessidade ou pela legítima defesa, pois tem à sua disposição outros tipos de penas e, portanto, não é obrigado a matar para infligir a pena.

Em síntese, o argumento conclusivo de Bobbio para afirmar a sua repugnância em relação à pena de morte é o mandamento de não matar e a sua convicção de que a abolição dela será um sinal de progresso moral. Registra, no entanto, com o seu sentido da complexidade das coisas, que a crítica aos abolicionistas provém do argumento de que eles se colocam do ângulo dos criminosos e não do sofrimento das vítimas e de que a atitude da opinião pública diante da pena de morte varia de acordo com a situação de maior ou menor tranquilidade social. Em síntese, nesse sentido, o problema surge quando o Direito é impotente, e a sociedade corre o risco de precipitar-se na anarquia.

Situação oposta é a que Bobbio analisa no ensaio sobre a resistência à opressão, que exprime uma perspectiva *ex parte populi*, proveniente de uma avaliação do poder exercido despoticamente. O ensaio de Bobbio data de 1971, época da explosão dos movimentos de contestação. E há ainda um texto da mesma época dos ensaios de Hannah Arendt sobre a desobediência civil e a violência reunidos em *Crises da República*, com a qual tem afinidades, pois, para ela, o poder provém da ação conjunta que, no caso, originar-se-ia, na linha de Bobbio, do vigor de iniciativas *ex parte populi*.

Bobbio, com a sua vocação para as distinções, diferencia a resistência, que se contrapõe à obediência e é um ato prático, da contestação, que se opõe à aceitação, e é um discurso crítico deslegitimador da ordem. Reconhece, no entanto, a dificuldade, numa situação concreta, de identificar onde termina a contestação e onde começa a resistência. Bobbio aponta que a resistência é hoje concebida como fenômeno coletivo; está mais voltada contra uma determinada forma de sociedade e suas opressões do que contra uma determinada forma de governo, cabendo distinguir a resistência que admite o uso da violência da desobediência civil, ao modo de Thoreau e Gandhi, para os quais é uma forma de resistência que não se vale da violência. Realço como Bobbio combina, nesse ensaio, teoria política, teoria jurídica e teoria das relações internacionais, para mostrar como a resistência nasce *ex parte populi* fora dos quadros institucionais vigentes em contraste com o poder de veto, autorizado pelo ordenamento jurídico, que está na cúpula e não na base do poder e cuja melhor expressão é o poder *ex parte principis* do veto dos cinco países, tidos como grandes potências, do Conselho de Segurança da ONU.

No ensaio sobre as razões da tolerância, mostra Bobbio como o tema surgiu com a desconcentração do poder ideológico, pois a tolerância em relação a distintas crenças e opiniões colocou o problema do como se lidar com a compatibilidade de verdades contrapostas. Com a clareza de sempre, ele explana as boas razões em prol da tolerância. Ela pode ser argumentada como cálculo político, baseado na reciprocidade que enseja a convivência pacífica pelo compromisso da não imposição de uma única verdade. Pode ser justificada como método de persuadir, que confia na razão e na razoabilidade do outro. Pode ser sustentada pelo respeito moral pelo outro, o que a torna eticamente devida. Pode ser apreciada com base na natureza epistemológica da verdade concebida como não sendo uma, mas múltipla, comportando assim várias faces.

Em síntese, para Bobbio, a tolerância, que é parte das "regras do jogo" da democracia, assegura a liberdade religiosa e de manifestação de opinião e pensamento como um dos direitos humanos fundamentais. Esse direito é uma exigência que deriva da tomada de consciência da irredutibilidade das opiniões e da necessidade de se encontrar um *modus vivendi* que permita a todos externar as suas visões. Como ele diz: "Ou a tolerância, ou a perseguição: *tertium non datur*". É por essa razão que a tolerância é a condição da possibilidade da política da cultura.

Nesse ensaio, Bobbio aponta que, se historicamente o tema da tolerância era a compatibilidade teórica e prática de verdades contrapostas, o tema hoje é o da convivência com o *diferente*, em especial minorias étnicas, linguísticas e nacionais, mas também homossexuais, deficientes, loucos. Aí o problema é o de mostrar como a intolerância em relação ao "diverso" e ao "diferente" deriva do preconceito. A esse grande tema do mundo contemporâneo, Bobbio se dedicou em vários ensaios luminosos recolhidos em *O Elogio da Serenidade e Outros Escritos Morais*, em especial os contidos na Parte ii – A Natureza do Preconceito e Racismo Hoje.

V

A segunda edição italiana de *A Era dos Direitos* incorporou ao livro um novo ensaio, de 1991, intitulado "Os Direitos Humanos, Hoje". Ele também está incorporado à nova edição brasileira de *A Era dos Direitos*. Nesse ensaio, Bobbio, pelo método de aproximações sucessivas que o caracteriza, retoma os temas recorrentes do livro. Permito-me apontar, para ir concluindo esta apresentação, dois pontos.

O primeiro diz respeito aos desafios que a inovação tecnológica e o progresso científico estão colocando para a tutela dos direitos humanos. Nesse contexto se põe a discussão sobre o direito ao meio ambiente, no qual não há cisão entre o "interno" e o "externo", e no âmbito do qual, dadas as características da economia contemporânea, se insere a problemática do desenvolvimento sustentável, como condição de sua tutela. Foi disso que tratou a Conferência da onu sobre meio ambiente e desenvolvimento, realizada no Rio de Janeiro em 1992. Bobbio também indica os sérios perigos para o direito à intimidade e à privacidade que derivam dos meios técnicos de que dispõem os poderes públicos e privados para armazenar dados referentes à vida dos seres humanos e, desse modo, controlar de forma invisível os comportamentos. Finalmente, faz também referência ao tema da integridade do patrimônio genético dos seres humanos, que vai muito além do direito à integridade física. Nesse sentido, aponta para os dilemas que hoje caracterizam a bioética.

Nesse ensaio, também à sua maneira, Bobbio opera através de uma dicotomia: "os sinais do tempo", como indícios kantianos do possível progresso moral da humanidade, e o "espírito do tempo", como o espírito do mundo hegeliano.

O "espírito do tempo" serve para interpretar o presente. Aponta para a catástrofe atômica, a catástrofe ecológica e a catástrofe moral. Os "sinais do tempo", à maneira de Kant, permitem um olhar temerário, indiscreto, incerto, mas dotado de confiança em relação ao futuro. Na lenta e esquiva aproximação dos ideais, diz Kant, são necessários conceitos justos, grande experiência e boa vontade. Esses são atributos por excelência de Bobbio. Eles permeiam o seu percurso, a sua obra e esse grande livro, que dele é uma notável e admirável expressão.

8. Bobbio e o Holocausto:

Um Capítulo de Sua Reflexão
Sobre os Direitos Humanos[1]

I. A importância dos direitos humanos no percurso intelectual de Norberto Bobbio

No percurso intelectual de Norberto Bobbio, os direitos humanos são um tema de primeira plana. Na sua reflexão, valeu-se do método de aproximações sucessivas e, de maneira multidisciplinar, dos conceitos dos diversos campos a que se dedicou. Por essa razão, no seu trato da matéria, explicitamente convergem o grande teórico do Direito, da Política e das Relações Internacionais, não faltando também o intelectual militante que se dedicou a salvaguardar a cultura dos fanatismos políticos.

Em *A Era dos Direitos*, Bobbio realça, à maneira de Kant, que um dos sinais positivos do nosso tempo é a importância crescente atribuída ao reconhecimento dos direitos humanos. Esse reconhecimento resulta do reforço mútuo dos processos históricos de positivação, generalização, internacionalização e especificação da tutela jurídica dos

Texto publicado na revista *Cult* em julho de 2006.

direitos humanos. O marco da afirmação universal e positiva dos direitos humanos foi a Declaração de 1948, que os inseriu na agenda internacional como um tema global. Para Bobbio, o antecedente conceitual dessa dimensão abrangente é o kantiano *jus cosmopoliticum*, que antecipava o momento em que a violação do direito ocorrida numa parte da terra seria sentida em todas as outras. Na discussão do processo de especificação, Bobbio observa que se trata de um aprofundamento da tutela, que deixa de levar em conta apenas os destinatários genéricos – o ser humano, o cidadão –, objeto do processo de generalização, e passa a cuidar do ser em situação. Ele apresenta dois exemplos da especificação no plano internacional, relevantes para o tema do Holocausto: a Convenção da onu de 1965 para a Eliminação de Todas as Formas de Discriminação Racial e a Convenção para a Prevenção e Repressão do Crime de Genocídio de 1948. Esta estende a um grupo humano considerado em seu conjunto o alcance dos artigos 3, 4 e 5 da Declaração Universal, com rigor de uma tutela penal.

A conversão dos direitos humanos num tema global e não circunscrito – o processo de internacionalização – e algumas relevantes facetas do processo de especificação, como as acima mencionadas, são o resultado de uma política do Direito cuja fonte material foi a sensibilidade axiológica ao horror *erga-omnes* do mal da descartabilidade do ser humano, produto do ineditismo da violência do racismo nazista que levou ao Holocausto. Auschwitz, diz Bobbio, é um dos acontecimentos que impõem uma discussão sobre o problema do mal, que ele examina em *Elogio da Serenidade e Outros Escritos Morais*, nas suas duas vertentes: o mal ativo, infligido pela violência prepotente e sem limites do poder, e o mal passivo, sofrido por aqueles que padecem uma pena sem culpa. É também em *Elogio da Serenidade* que Bobbio trata da natureza do preconceito e do racismo, da sua fenomenologia e das suas ideologias, apontando que a forma mais persistente de racismo conhecida pelos europeus é o antissemitismo.

Faço esse registro de bem conhecidas reflexões de Bobbio[2], pois creio que elas têm um importante antecedente que as ilumina e complementa. Refiro-me ao texto "Quinze Anos Depois" e seus desdobramentos, que tratarei neste artigo.

2   Cf. *A Era dos Direitos*, p. 49-50, 54-56, 6(e 78-79; e *Elogio da Serenidade e Outros critos Morais*, p. 123, 180 e 182-183.

II. O texto "Quinze Anos Depois": Uma reflexão sobre o Holocausto

"Quinze Anos Depois" é o texto do discurso pronunciado por Bobbio na sinagoga de Turim no dia 10 de janeiro de 1960, em uma manifestação de solidariedade à comunidade judaica. Foi publicado em *Risorgimento*, 10, n. 1, gennaio 1960, p. 8-9, e republicado em *Rassegna mensile di Israel*, junho de 1974. Está elencado na entrada n. 6007, p. 100-101, da *Bibliografia degli scritti di Norberto Bobbio 1934-1993*, organizada por Carlo Violi em 1995, e não foi subsequentemente incluído em coletâneas de ensaios de Bobbio. Traduzido para o português, foi publicado com uma apresentação minha na *Revista USP* n. 61, de março-abril-maio de 2004, p. 223-231. Essa apresentação, assim como a minha intervenção na mesa redonda em homenagem a Bobbio no XXII Congresso Mundial de Filosofia do Direito e Filosofia Social realizado em Granada, Espanha, publicada em *Doxa – Cuadernos de Filosofía del Derecho*, n. 2, de 2005, p. 81-89, são os pontos de partida deste artigo.

Recebi a separata da republicação de 1974 de "Quinze Anos Depois" do próprio Bobbio na sequência do nosso contato pessoal, que teve início por ocasião de sua viagem ao Brasil em 1982. Em carta que me enviou de Turim, em 2 de outubro de 1982, a propósito dos temas que naquela ocasião discutimos, um dos quais foi a obra de Hannah Arendt, escreveu:

> Le ho spedito in questi giorni due pacchi di libri ed estratti miei, da aggiungere eventualmente allo scaffaletto della sua biblioteca che comprende le opere di N.B. Una curiosità: troverà anche un estratto intitolato Quindici anni dopo che riporta il discorso che tenni nella sinagoga di Torino, su invito della Comunità israelitica della città, quando apparvero quindici anni dopo la guerra (nel 1960) le prime svastiche sui muri di Torino. (Fui incaricato del discorso ufficiale in quanto non ebreo)[3].

"Nestes dias enviei-lhe dois pacotes de livros e separatas minhas para acrescentar eventualmente às prateleiras da sua biblioteca que contém as obras de N. B. Uma curiosidade: encontrará também uma separata intitulada 'Quinze Anos Depois' que contém o discurso que proferi na sinagoga de Turim, convidado pela comunidade israelita da cidade quando apareceram, quinze anos depois da guerra (em 1960) as primeiras suásticas nos muros de Turim. (Fui incumbido do discurso oficial na condição de não judeu.") (Tradução nossa)

"Quinze Anos Depois" é um texto muito relevante no trato por Bobbio do horror e da perplexidade diante da descartabilidade do ser humano engendrada pelo racismo do totalitarismo nazista que impulsionou a positivação, no plano internacional, do "direito a ter direitos", para recorrer a uma formulação de Hannah Arendt. É nele que Bobbio discute o Holocausto com o rigor e a profundidade que caracterizam sua obra, na qual mesmo o falado é sempre *un parlato scritto e riscritto*, como apontado em diálogo com Pietro Polito[4].

Nesse texto, Bobbio empenha-se em pensar o Holocausto como uma das grandes questões da política e dos direitos humanos do século xx. O genocídio premeditado e organizado, conduzido pelo regime nazista, diz ele, "é um fato único na história, o maior delito até agora realizado por homens contra outros homens"[5]. Desse modo, Bobbio, em 1960, antecipa a tese sustentada por Hannah Arendt em *Eichmann em Jerusalém*, publicado em 1963 e revisto em 1964, de que o Holocausto é, pela natureza e escala, um crime sem precedentes e sem antecedentes[6]. Nada há, lembra Bobbio, que se compare com o genocídio organizado e premeditado:

> Entre o horror da guerra e o horror do genocídio, ainda que não houvesse uma diferença de quantidade (mas seis milhões de mortos são uma quantidade desmesurada), existe uma diferença de natureza: a guerra é a eterna luta do homem contra o homem, conduzida por meios violentos, os homens que se tornaram lobos famintos que se devoram uns aos outros; a guerra pode também conduzir ao extermínio, mas o seu fim é a vitória, não o extermínio. *No genocídio organizado e premeditado o extermínio foi o fim em si mesmo*[7].

Lembro que Bobbio reitera essa visão do genocídio também num discurso pronunciado na sinagoga de Turim em 13 de maio de 1990, publicado inicialmente no jornal *La Reppublica* de 17 de maio de 1990 com o título "I barbari dei Lager possono tornare...", portanto, no ano da publicação da primeira edição de *A Era dos Direitos*. É nesse livro que Bobbio, como acima apontado, chama a nossa atenção para a Convenção da onu para a prevenção e

4 N. Bobbio; P. Polito, Il mestieri di vive mestieri di insegnare, il mestieri di scri Nuova Antologia, p. 43.

5 Quinze Anos Depois, *Revista USP*, n. p. 228.

6 Cf. C. Lafer, *A Reconstrução dos Direitos manos*, cap. vi. Grifos meus.

7 Quinze Anos Depois, op. cit., p. 228.

parte iii: direitos humanos

repressão do crime de genocídio, de 1948, e também para a Convenção da ONU de 1965 para a eliminação de todas as formas de discriminação racial, como exemplos do problema de especificação. Essas convenções são uma resposta do Direito à escala sem precedentes da presença do mal ativo no mundo.

III. O Holocausto: a reflexão de Bobbio e o tema arendtiano da ruptura

O Holocausto suscita outra grande questão discutida por Bobbio e que pode ser qualificada como integrando o tema arendtiano da ruptura. Em outras palavras, a dificuldade de encontrar, nas tradicionais categorias do pensamento, uma explicação aceitável para o genocídio – que é um dos componentes do ineditismo histórico do totalitarismo.

Animo-me a fazer essa aproximação, porque o tema da ruptura é um dos que tratei no meu livro de 1988, *A Reconstrução dos Direitos Humanos: Um Diálogo com o Pensamento de Hannah Arendt*, que Bobbio conhecia e, para meu desvanecimento, mencionou com generosidade em *A Era dos Direitos*[8]. Diz Bobbio a propósito da ruptura:

> Uma das razões do horror que o genocídio nazista continua a suscitar em mim é o fato de não haver uma explicação, quero dizer uma das explicações das quais se servem habitualmente os historiadores para inserir um fato em um contexto mais geral, como os interesses econômicos, o desejo de poder, o prestígio nacional, os conflitos sociais, as lutas de classe, as ideologias [...] Não conseguir explicar sua razão em termos dos habituais motivos humanos o torna mais medonho[9].

Cf. C. Lafer, *A Reconstrução dos Direitos Humanos*, cap. III e IV; e N. Bobbio, *A Era dos Direitos*, p. 30-31. Quinze Anos Depois, op. cit., p. 229.

Bobbio reitera igualmente esse tema da ruptura no discurso acima mencionado de 13 de maio de 1990 na sinagoga de Turim:

> O genocídio dos judeus é um delito premeditado, anunciado nos escritos dos nazistas e escrupulosamente, cientificamente executado. Destrói-se o inimigo para ganhar a guerra. Porém o massacre dos judeus – para que devia servir? – para que serviu? Nas minhas categorias de historiador e de homem de razão não encontro uma resposta a estas perguntas[10].

Foi o esforço de buscar uma resposta a essas questões que levou Bobbio a tratar do tema do mal no já mencionado ensaio recolhido em *Elogio da Serenidade*.

Nessa ordem de considerações sobre a vigência ou não das categorias do pensamento, permito-me lembrar que, à sua maneira e valendo-se das lições dos clássicos, Bobbio discutiu, em muitos textos posteriores à publicação de "Quinze Anos Depois", as relações entre ética e política e o tema da razão de Estado. Nos dois ensaios-síntese recolhidos em *Elogio da Serenidade*, Bobbio observa que uma das maneiras de se tratar dessa sempre problemática relação é considerar que a afirmação não ética da razão de Estado encontra sua justificação na exceção à regra, por força da necessidade, que não tem lei, mas é uma lei em si mesma. É o que ocorre no Direito Penal ou no Direito Constitucional no estado de sítio. A doutrina da razão de Estado afirma, assim, a possibilidade da derrogação por justa causa das normas e justifica dessa maneira a contravenção lícita dos governantes, que também é sustentada pela natureza especial da ética política como uma ética especializada[11]. O que torna o horror do Holocausto ainda mais incompreensível é precisamente o fato de não ser a consequência de um estado de necessidade. Daí a perplexidade que causa, pois o repertório do pensamento não nos oferece categorias para lidar com o tema. Como diz Bobbio: "Mas a lúcida gratuidade dos campos de concentração deixa-me estarrecido e me faz perguntar: por quê? Que sentido teve tudo aquilo?"[12].

Observo que, em função de sua reflexão sobre o processo Eichmann e as questões jurídicas e políticas que suscitou, Hannah Arendt discute esse problema num texto de 1964, Personal Responsibility under Dictatorship, só recentemente publicado na sua versão completa. Aponta ela que a clássica teoria da razão de Estado não antecipou a completa reversão, no regime nazista, da legalidade, pois o que caracterizou o regime foi a normalidade das atividades criminosas. Assim, os atos criminosos não são

10 *La Reppublica* de 17 de maio de 1990 dução nossa).
11 Cf. *Elogio da Serenidade*, p. 49-99.
12 Quinze Anos Depois, op. cit., p. 229.

parte iii: direitos humanos

uma exceção à regra, justificada por um estado de necessidade, mas a própria regra de um permanente estado de exceção. É, paradoxalmente, o estado de necessidade que pode retardar o extermínio, como foi num momento a decisão de Himmler, que ela menciona nesse contexto[13].

IV. Culpa e responsabilidade: convergência entre Norberto Bobbio e Hannah Arendt

Em "Quinze Anos Depois", Bobbio discute o tema da eliminação física baseada no racismo nazista, antecipando e esclarecendo pontos de sua posterior reflexão, recolhida em *Elogio da Serenidade*, sobre a natureza do preconceito e o racismo e, mais especificamente, sobre o critério de superioridade de uma "raça" sobre outras, que dá à superior "o direito de suprimir a inferior". Dessa aberração, "a historicamente mais destrutiva foi a 'solução final' concebida pelos nazistas para resolver o problema judaico no mundo"[14]. Do ponto de vista operacional, essa aberração calcou-se, como apontou Hannah Arendt, no conceito de "inimigo objetivo", ou seja, no ódio público e no combate não a um judeu, mas ao judeu em geral, independentemente da atitude ou ação dos judeus indivíduos, que é a característica do antissemitismo moderno por ela examinada em *Origens do Totalitarismo*[15]. Em "Quinze Anos Depois", Bobbio formula nos seguintes termos o ódio público do racismo antissemita, inerente ao conceito de "inimigo objetivo":

"o ódio racional, o ódio voltado não contra esta ou aquela pessoa, mas contra um *genus* e, portanto, contra todos aqueles que pertencem àquele *genus* independentemente do fato de nos terem trazido algum dano". A seguir esclarece, a propósito do genocídio:

Cf. H. Arendt, *Responsabilidade e Julgamento*, p. 101-103.
Elogio da Serenidade, p. 110.
Cf. C. Lafer, *Hannah Arendt, Pensamento, Persuasão e Poder*, cap. 3; e P. Ansart, "Hannah Arendt", em A. Duarte; C. Lopreato; M. B. de Magalhães (orgs.), *A Banalização da Violência*, p. 17-33.

Mas se esta for uma explicação – e por mais que eu busque parece-me a única possível – é também a mais dura condenação do nazismo: pela mesma razão que o amor mais alto é o amor não por esta ou aquela pessoa querida, mas pelo próximo, assim o ódio mais baixo é o ódio não de uma só pessoa, mas de uma raça inteira e, portanto, dos indivíduos que a ela pertencem, não por culpa de que sejam responsáveis, mas por descenderem dela[16].

Bobbio trata dessa mancha que não se lava, dos "delitos que nunca se expiam por inteiro", registrando que "não existem expiações coletivas. A expiação é sempre um fato individual, como são individuais os delitos que a exigem"[17]. Nessa matéria permito-me recorrer novamente, para esclarecer a posição de Bobbio, ao tema da culpa e da responsabilidade, tal como discutido por Hannah Arendt. Nas suas reflexões provocadas pelo processo Eichmann, Hannah Arendt trata do tema da culpa coletiva e, num texto de 1968, estabelece uma diferença – uma dicotomia ao modo de Bobbio – entre o sentir-se culpado e a responsabilidade coletiva. A culpa (*guilt*) é pessoal, refere-se a atos e não a intenções e possibilidades[18]. É essa a posição de Bobbio num artigo de 1988, no qual parte de Jaspers e, tratando da *Schuldfrage* alemã, afirma: "Não existe uma culpa coletiva. A culpa coletiva, admitindo que seja lícito usar essa expressão, é sempre uma soma, grande ou pequena, de responsabilidades individuais"[19]. Já a responsabilidade coletiva, aponta Hannah Arendt no texto acima mencionado, tem outra característica. É política e envolve uma preocupação que não é com o próprio ser, mas com o mundo. Tem assim a dimensão grega e romana da virtude política da cidadania, na qual o critério é a boa conduta para o mundo em que se vive.

É essa republicana responsabilidade política que Bobbio, levando em conta consciência e lembrança, assume na conclusão de "Quinze Anos Depois":

> O nosso dever é afirmar que não há raças, mas homens; que o ódio racial é um dos mais terríveis flagelos da humanidade; que a expressão mais violenta do ódio racial foi o hitlerismo, compartilhado pela maior parte dos "bons patriotas" alemães; que a aparição de uma suástica é uma sombra da morte e em qualquer lugar que ela reapareça os homens de

16 Quinze Anos Depois, op. cit., p. 229.
17 Ibidem, p. 230-231.
18 Cf. H. Arendt, *Responsabilidade e Julgame* p. 218-220.
19 *L'utopia capovolta*, p. 125 (tradução nossa

parte iii: direitos humanos

boa vontade, embora divididos em suas ideologias e interesses, estão empenhados em se reunir num pacto de solidariedade para apagá-la[20].

V. Considerações pessoais

Permito-me concluir este artigo sobre Norberto Bobbio com uma nota pessoal. Reli "Quinze Anos Depois" no início de 2003 e nele encontrei alento e inspiração quando me preparava para escrever um parecer submetido, na condição de *amicus curiae*, ao Supremo Tribunal Federal do Brasil a propósito do caso Ellwanger, no julgamento do *habeas corpus* 82424/RS. No *habeas corpus*, esse editor de Porto Alegre, de assumida orientação nazista, procurou elidir a pena a que fora condenado pelo crime da prática do racismo, em razão de sua conduta sistematicamente voltada para instigar o ódio racial por meio da publicação de obras antissemitas, da denegação do fato histórico do Holocausto e da apologia do nazismo. Lembro que o revisionismo de Ellwanger é do tipo que Bobbio qualifica, em artigo de 1996, de negativo, "che nega, per spirito di parte, fatti accertati", aludindo aos "historiadores" do tipo Faurisson, para os quais se cunhou a categoria de revisionismo[21].

Nesse *leading case*, o STF concluiu o julgamento do *habeas corpus* em setembro de 2003 e confirmou, pela expressiva maioria de oito votos, a condenação de Ellwanger pelo crime da prática do racismo[22]. Tanto no parecer quanto em artigos que escrevi sobre o assunto e em conferências e entrevistas dadas, recorri à Convenção para a Prevenção e a Repressão do Crime de Genocídio e à Convenção para a Eliminação de Todas as Formas de Discriminação Racial, cuja importância Bobbio sublinha em *A Era dos Direitos*. Vali-me também, e muito, da obra de Bobbio, sobretudo de *A Era dos Direitos* e de *Elogio da Serenidade*[23], cabendo registrar que os ministros do STF fizeram inúmeras referências a Bobbio nos seus votos, o que indica a ressonância da recepção de sua obra no Brasil. Foi o que relatei a Bobbio em carta de 20 de outubro de 2003, com a qual encaminhei o

Quinze Anos Depois, op. cit., p. 231.
Il dubbio e la ragione, p. 85.
Cf. Supremo Tribunal Federal, *Revista Trimestral de Jurisprudência*, v. 188, n. 3, abr. jun. 2004, p. 858-1082.
Cf. C. Lafer, *A Internacionalização dos Direitos Humanos*.

8. *bobbio e o holocausto*

artigo, publicado em *O Estado de S.Paulo* de 19 de outubro de 2003, em que celebrei os seus 94 anos com afetuosa admiração. Foi também isso o que tive a oportunidade de dizer a ele, de viva voz, logo depois, em 30 de novembro de 2003, quando o visitei pela última vez em Turim, pois a solução do caso Ellwanger pelo STF, lastreada no Direito, obedeceu, no Brasil, à recomendação de Bobbio sobre a suástica como uma sombra da morte que cabe aos homens de boa vontade apagar num pacto de solidariedade.

Daí, penso eu, a pertinência da discussão de "Quinze Anos Depois" neste escrito, pois se trata de resgatar a importância de um dos seus textos menos conhecidos. Acredito que Bobbio apreciaria esse resgate, pois "Quinze Anos Depois" está em consonância com a sua sensibilidade em relação ao tema. Com efeito, num texto de 1978, Bobbio recorda sua juventude em Turim, sua amizade com colegas judeus e seu relacionamento com Leone Ginzburg, que considerava um irmão mais velho, para, concluindo, afirmar: "Foi essa proximidade, que qualifiquei como uma afinidade eletiva em relação aos meus coetâneos, o que me fez sentir com particular intensidade, com uma sensibilidade quase mórbida, a infâmia da grande hecatombe de que os judeus foram vítimas durante a sangrenta dominação de Hitler na Europa"[24].

24   Ebrei di ieri e ebrei di oggi fronte al fascis
     Il Ponte, 34, n. 11-12.

Parte IV: **Teoria Jurídica**

9. *Teoria do Ordenamento*

Uma Apresentação da Concepção de Bobbio Sobre a Estrutura do Direito[1]

I

"A tarefa da inteligência humana é tirar o valor das coisas da obscuridade para a luz", observa San Tiago Dantas na sua grande conferência sobre o Quixote[2]. A obra e a atuação de Norberto Bobbio cumprem de maneira exemplar essa tarefa atribuída à inteligência humana por San Tiago Dantas. Com efeito, nos diversos campos do conhecimento a que se dedicou – entre eles o da teoria geral do Direito, o da política, o das relações internacionais, o dos direitos humanos, o das interações entre os intelectuais e a política no mundo contemporâneo –, a palavra de Bobbio tem o dom de clarificar, esclarecer e iluminar. Em suma, graças a Bobbio, como apontam em *Ossi di sepia* os versos do grande poeta italiano Montale, "tendono a la chiarità le cose oscure".

No campo jurídico, uma das características da obra de Bobbio é ter privilegiado uma filosofia do Direito *sub specie juris*, voltada para os problemas e desafios suscitados pela experiência jurídica. Nesse contexto, cabe apontar com Ruiz Miguel que o modo recorrente do trabalho intelectual de

Prefácio a *Teoria do Ordenamento Jurídico* (2011), tradução brasileira de *Teoria dell'ordinamento giuridico*, de Norberto Bobbio, publicado pela primeira vez em 1960 e reeditado em *Teoria generale del diritto*.
Cf. S. T. Dantas, *D. Quixote, um Apólogo da Alma Ocidental*, p. 16.

Bobbio é o artigo que tem um problema como ponto de partida, cujos termos são esmiuçados para um subsequente encaminhamento com base na análise crítica de diversas posições[3]. São a qualidade e a pertinência das suas análises e considerações no trato dos problemas da vida do Direito que o tornam um excepcional ponto de referência para o mundo jurídico.

Riccardo Guastini, um dos grandes estudiosos da obra jurídica de Bobbio, considera que o estilo analítico é uma das características mais notáveis de como ele foi elaborando a sua teoria do Direito[4]. Uma das dimensões do estilo analítico de Bobbio é dividir, distinguir, seccionar, para considerar as coisas nos seus elementos mais simples. Nesse sentido, a análise se contrapõe à síntese, e Bobbio indica, na sua defesa da filosofia do Direito dos juristas em contraposição à dos filósofos, que é "sempre preferível uma análise sem síntese (pelo que, com frequência, se critica os juristas filósofos) a uma síntese sem análise (que é o vício comum dos filósofos juristas)"[5].

O estilo analítico de Bobbio explica por que sua obra, em todos os campos do conhecimento a que se dedicou, é um contínuo *work in progress* por meio do qual, por aproximações sucessivas, ele vai, com base nesse estilo, aprofundando e refinando os temas recorrentes de suas inquietações intelectuais. É por isso que uma parte significativa dos seus livros são reuniões de ensaios em torno de matérias conexas. Fogem a essa regra aqueles livros que, na sua origem, foram cursos universitários provenientes da sua atividade de professor. Entre eles figura *Teoria do Ordenamento*, que, precisamente por conta do estilo analítico, foi antecedido pelo *Teoria da Norma Jurídica*, que trata dos elementos mais simples, os vários tipos de normas que compõem um ordenamento.

II

Bobbio foi professor de Filosofia do Direito na Universidade de Turim. Era matéria de primeiro ano do curso jurídico, e Bobbio relata na sua *Autobiografia* que, no correr dos anos, alternou cursos dedicados a esclarecer o

3 Cf. A. Ruiz Miguel, Estudio preliminar, N. Bobbio, *Contribución a la Teoría del recho*, p. 16.

4 Cf. R. Guastini, La teoria generale de ritto, em P. Rossi (org.), *Norberto Bobbi diritto e politica*, p. 51-79.

5 *Giusnaturalismo e positivismo giuridico*, p

pensamento de grandes personagens da filosofia do direito e cursos dedicados aos conceitos gerais do Direito, na linha de uma teoria geral do Direito, inspirado pelas preocupações de uma filosofia do direito dos juristas. Os cursos sobre o pensamento de grandes personagens propiciaram os livros sobre Locke e Kant[6]. Entre os cursos dedicados à teoria geral do Direito tiveram grande repercussão e foram continuamente reimpressos em forma de apostilas *Teoria da Norma Jurídica* e *Teoria do Ordenamento Jurídico*[7].

Teoria da Norma Jurídica foi o curso ministrado no ano acadêmico de 1957-1958, a que se seguiu, no ano acadêmico de 1959-1960, *Teoria do Ordenamento Jurídico*. Os dois cursos, por sua vez, representaram, como observou Bobbio, um aprofundamento e uma ampliação do curso do ano acadêmico 1954-1955, que também se intitulava *Teoria do Ordenamento Jurídico*. Em 1993, Bobbio concordou em publicar em forma de livro os dois cursos juntos, com o título de *Teoria Geral do Direito*, o que já havia ocorrido anteriormente em edições de língua espanhola, em Bogotá e em Madri.

Os dois cursos, como continua explicando Bobbio no prefácio à edição italiana de 1993, são de inspiração kelseniana e estão vinculados ao seu interesse pelo positivismo jurídico. O nexo unificador entre os dois cursos provém do seu entendimento de que a definição do que é Direito, e de como aquilo que é se diferencia daquilo que não é Direito – questão básica da teoria geral do Direito –, não é passível de ser encontrada na análise das características dos diversos tipos de normas, mas é dada pelos modos de inserção das normas num ordenamento jurídico. Esses dois cursos são pontos altos da análise estrutural do Direito empreendida por Bobbio, no âmbito da qual o Direito é examinado a partir do ângulo interno ao jurídico, e o conceito de ordenamento é visto como a grande contribuição do positivismo jurídico à teoria geral do Direito. Nesse contexto, explica Bobbio, a *juridicidade* não é uma propriedade das normas na sua singularidade, mas sim do ordenamento como um conjunto estruturado de normas. Essas têm, metodologicamente, a nota própria de um discurso prescritivo, e por isso Bobbio destaca no seu prefácio a importância do capítulo III do *Teoria da Norma Jurídica* que expressa o seu recorrente interesse pela análise da linguagem como caminho para o estudo do Direito[8].

Cf. *Locke e il diritto naturale;* e *Diritto e Stato nel pensiero di Emanuele Kant.* *Diário de um Século*, p. 124-131. *Teoria generale del diritto*, Prefácio, p. VIII-X

O percurso de Bobbio no arco do positivismo jurídico foi abrangente e criteriosamente estudado por Mario Losano no prefácio à edição brasileira de *Da Estrutura à Função* – livro que assinala a sua preocupação não apenas com a estrutura, mas igualmente com as funções do Direito, com destaque para a função promocional do Direito no direcionar de comportamentos, ora por estímulos, ora por desestímulos[9].

É importante notar que, no trato dos temas do positivismo jurídico sempre presentes nas suas lições, Bobbio adotou a postura de um positivismo "crítico", não rígido de um ponto de vista teórico, nem ideologicamente conotado[10]. As suas posições nessa matéria são de síntese e equilíbrio. Nelas estão presentes não apenas Kelsen, as preocupações com os problemas de linguagem, mas também o Santi Romano do pioneiro livro de 1918 *L'ordinamento giuridico* e, no âmbito filosófico, Hobbes, de quem foi um grande estudioso.

Cabe também observar, com Guastini, que *Teoria do Ordenamento Jurídico*, que é de 1960, antecipa formulações do conhecido livro de 1961 de H. L. A. Hart, *The Concept of Law*, como adiante apontarei[11]. Aliás, à distinção entre normas primárias e secundárias, que é um dos pontos mais importantes do livro de Hart, dedicou Bobbio um grande estudo inserido no seu *Studi per una teoria generale del diritto*[12]. Esse estudo é um complemento à sua *Teoria Geral do Ordenamento*. Nele, examina a passagem de sistemas normativos simples para os complexos, e como o conceito de ordenamento jurídico é relevante para lidar com sistemas normativos complexos, como são os do mundo contemporâneo.

Bobbio, como apontado, é metodologicamente um analítico. Tem o gosto das distinções para poder perceber as diferenças inerentes à complexidade das coisas. Daí a engenhosidade com a qual, no uso das dicotomias, se vale com originalidade de uma *ars combinatoria* com grande rigor e precisão de linguagem. No entanto, se Bobbio se apoia no positivismo lógico para dar precisão ao estudo do Direito, se para ele Kelsen é uma referência maior e se, como Kelsen, busca o rigor, não almeja ele construir uma "teoria pura", afastada das impurezas da realidade jurídica. Tem sempre a sensibilidade da contextualização histórica. É por essa razão que Ruiz Miguel o qualifica tanto como um "analítico historicista" quanto como um "historiador conceitualista"[13]. Uma exemplar ilustração dessa característica de Bobbio apontada

9   Cf. M. Losano, Prefácio, em N.Bobbio, *Estrutura à Função*, p. XIX-XLIX.

10   Cf. *Teoria generale del diritto*, Prefácio, p

11   Cf. R. Guastini, op. cit., p. 69; e A. Cata "Norberto Bobbio e il diritto", *Quaderni Rivista Internazionale di Filosofia del Dir* p. 63-78.

12   Cf. *Studi per una teoria generale del dir* p. 175-197.

13   A. Ruiz Miguel, *Política, Historia y Der en Norberto Bobbio*, p. 177-183.

por Ruiz Miguel é o curso que se seguiu ao de Teoria da Norma e ao de Teoria do Ordenamento e que deles é um complemento reflexivo. Refiro-me ao curso sobre o Positivismo Jurídico, dado na Faculdade de Direito da Universidade de Turim no ano acadêmico de 1960-1961. Como disse Bobbio em 1979, por ocasião da reimpressão das apostilas, o curso foi concebido como um comentário histórico e uma síntese teórica dos dois cursos precedentes. Tornou-se um clássico, como disse Francesco D'Agostino na apresentação da publicação italiana do curso em livro em 1996, destacando os dotes de finura dos juízos críticos e o tom cristalino da exposição que fizeram de Bobbio um reconhecido mestre da ciência jurídica italiana[14].

III

Os três cursos – Teoria da Norma Jurídica, Teoria do Ordenamento Jurídico e Positivismo Jurídico – obedecem a uma lógica reflexivo-analítica de mútua complementaridade. A Edipro já editou em português o primeiro e agora publica o segundo em cuidadosa tradução do professor Ari Marcelo Solon, nosso colega de docência na Faculdade de Direito da USP.

No capítulo I, Bobbio explica, como já apontado, que a qualificação de uma norma como jurídica não depende do seu conteúdo – muito mutável nos sistemas jurídicos complexos –, e sim da sua pertinência ao ordenamento jurídico. Daí a relevância, para a teoria geral do Direito, do juízo sobre a validade de uma norma no âmbito de um ordenamento. É nesse contexto que Bobbio, antes da publicação do livro de Hart, faz a distinção entre as normas de conduta e as normas de estrutura ou de competência de um ordenamento. São essas que estipulam as condições e os procedimentos por meio dos quais, em sistemas jurídicos complexos, normas válidas são criadas e validamente aplicadas.

Observa Bobbio que tradicionalmente os problemas gerais do Direito foram mais estudados do ponto de vista da norma jurídica, que se bastaria a si mesma, e não como parte de um todo mais vasto que a abrange – o ordenamento. A compreensão de que o Direito é um ordenamento composto de várias normas coloca o tema do como as

Cf. *Il positivismo giuridico*, p. VII-X.

9. teoria do ordenamento

diversas normas que o integram se inter-relacionam. Essa temática carrega vários tipos de problemas inerentes ao conceito de ordenamento jurídico, e são justamente esses problemas que Bobbio, com percepção clara dos desafios da experiência jurídica, examina com grande cuidado nos diversos capítulos do livro.

No capítulo II, Bobbio trata da *unidade* do ordenamento e da *hierarquia* das normas. Unidade e hierarquia como elementos configuradores do ordenamento são um desdobramento da relação histórica entre o positivismo jurídico e a formação do Estado moderno, com o papel que este passou a ter na produção jurídica, como expressão de um poder soberano. A metáfora da pirâmide do poder e a da pirâmide normativa convergem para uma visão arquitetônica do Direito dotado de hierarquia e unidade.

Um dos temas da unidade do ordenamento é o da sua identidade, vale dizer, o do por que um ordenamento jurídico se mantém uno não obstante a mudança das normas que o compõem. A mudança provém do fato de que as normas que integram o ordenamento de um sistema jurídico complexo têm sua origem numa pluralidade de fontes. Algumas delas são fontes reconhecidas, outras, fontes delegadas pelo ordenamento jurídico. O ordenamento equaciona essa faceta do tema da unidade por meio das acima mencionadas normas de estrutura do ordenamento. Essas, no mundo moderno, são um ingrediente básico do Direito positivo, que não é um direito estático, mas um direito em contínua mudança, voltado para a gestão de sociedades estatalmente organizadas.

A unidade de um ordenamento que tem uma multiplicidade de fontes requer outro componente. Esse outro componente é a *hierarquia*. As normas de um ordenamento não estão todas no mesmo plano: há normas superiores e normas inferiores. Daí o conceito kelseniano da pirâmide escalonada de normas que Bobbio endossa. A pirâmide escalonada permite lidar com um aspecto do inter-relacionamento normativo, que é o da hierarquia existente entre normas.

O escalonamento da pirâmide propicia a unidade do ordenamento. Essa é a função do controle da constitucionalidade das leis. Com efeito, quando uma instância superior atribui poder normativo a uma instância inferior, não lhe atribui um poder ilimitado. Assim, por exemplo, o poder negocial nos contratos ou o poder jurisdicional são limitados pelo poder legislativo, e este é limitado pelo poder constitucional. A *reductio ad unum* do ordenamento jurídico é dada pelo vértice da pirâmide, no qual convergem a *summa potestas* da soberania e a norma fundamental, ou seja, Direito e Poder, as duas faces de uma mesma medalha. Nesse contexto, no qual o poder nasce da norma e produz normas, e a norma nasce do poder e produz outros poderes, *lex et potestas convertuntur*. Essa é a matéria que Bobbio retomará e aprofundará em trabalhos posteriores à *Teoria do Ordenamento*, *inter alia*, na discussão sobre os nexos entre a legitimidade do poder e a justiça da norma e a circularidade da interação entre Direito e Poder[15].

A convergência entre Direito e Poder não significa reduzir o Direito à força, nem o seu inverso, como Kelsen enunciou, e Ross sustentou ao fazer da força apenas o objeto da regulamentação jurídica, como Bobbio explica nesse capítulo e desenvolve em trabalhos posteriores[16]. O poder é necessário para a realização do Direito no sentido amplo de garantia da ordem jurídica. Isso se verifica seja no topo da pirâmide jurídica, no processo de criação normativa, seja na sua base, através da sanção que é meio para reforçar a *eficácia* – outro conceito básico do Direito positivo – das normas que compõem o ordenamento. Em síntese, a convergência entre Direito e Poder deriva dos nexos de complementaridade entre teoria política e teoria jurídica que Bobbio, como grande mestre nos dois campos, foi aprofundando pelo método de aproximações sucessivas em trabalhos posteriores à *Teoria do Ordenamento*. Uma síntese dos resultados analíticos a que chegou encontra-se em vários textos de *O Tempo da Memória: "De senectute" e Outros Escritos Autobiográficos*.

No capítulo III, Bobbio examina em que medida o ordenamento jurídico, além de caracterizar-se pela unidade dada pela hierarquia de suas normas, possui uma *unidade sistemática*, vale dizer, tem um critério epistemológico que confere certa ordem ao conjunto de normas que o compõem. Mostra Bobbio que a totalidade ordenada de um sistema jurídico não deriva da *dedução*, *more geometrico* de certos princípios gerais, como postulava Leibniz e como os jusnaturalistas modernos procuraram demonstrar nos séculos XVII e XVIII. Expõe também que a sistematicidade não deriva da organização da matéria normativa, proveniente de um processo indutivo, baseado na *classificação*, à maneira da zoologia, que teria permitido a passagem de uma jurisprudência exegética para uma jurisprudência sistemática. Para Bobbio, um ordenamento jurídico constitui um sistema, porque nele não devem coexistir

Sul principio di legitimità, *Studi per una teoria generale del diritto*, p. 79-93; e *Diritto e potere: Saggi su Kelsen*, em especial cap. 7: Dal potere al diritto e viceversa, p. 141-155. Diritto e forza, *Studi per una teoria generale del diritto*, p. 119-138.

9.   *teoria do ordenamento*   165

normas incompatíveis, ou seja, porque tem a coerência como pressuposto epistemológico. A coerência, explica Bobbio, é condição para a justiça do ordenamento, porque duas normas contraditórias, ambas válidas e portanto aplicáveis, ferem a exigência da segurança das expectativas e o princípio da igualdade de tratamento das partes.

A existência de normas incompatíveis é, no entanto, uma dificuldade tradicional da experiência jurídica. É o clássico problema das *antinomias*, para cuja solução a dogmática jurídica oferece três regras: 1. o critério cronológico (a norma posterior derroga a anterior); 2. o critério hierárquico (a lei superior prevalece sobre a inferior); e 3. o critério da especialidade (a lei especial prevalece sobre a geral). Bobbio submete esses três critérios ao rigor analítico da lógica deôntica, da qual foi precursor na Itália, para mostrar como eles são insuficientes, porque, dependendo das antinomias, ou são critérios inaplicáveis, ou são conflitivos. Ao tema das antinomias e de sua solução, Bobbio retornou, de maneira aprofundada, em ensaio posterior recolhido no seu livro de 1970, o já mencionado *Studi per una teoria generale del diritto*[17].

A coerência do ordenamento é uma exigência epistemológica da sua sistematicidade, e por esse motivo o tema das antinomias é um problema relevante de teoria geral do Direito. Não é, no entanto, uma necessidade como a característica de *completude*, vale dizer, a propriedade pela qual um ordenamento jurídico tem uma norma para regular qualquer caso, que é o tema que Bobbio examina no capítulo IV. Com efeito, um ordenamento jurídico pode tolerar normas incompatíveis sem desmoronar. Não pode, no entanto, tolerar lacunas, pois o juiz não pode deixar de decidir um caso alegando que a lei é omissa. Daí a importância capital do tema das *lacunas*.

Na discussão do tema das lacunas, mostra Bobbio que a crítica da completude, como a feita nos meados do século XX pela Escola do Direito Livre, é uma maneira de lidar com as lacunas chamadas "ideológicas" ou "impróprias". Em outras palavras, com a falta não de uma solução normativa, mas de uma solução satisfatória, levando-se em conta o contraste entre o Direito positivo existente e um possível sistema ideal. A solução apregoada é dar ao juiz a liberdade de encontrar uma solução satisfatória, independentemente do que diz o Direito positivo. Essa solução, evidentemente, compromete a certeza do Direito e coloca em questão a unidade do ordenamento. Por isso

17 Cf. *Studi per una teoria generale del di* p. 95-118.

que a teoria geral do Direito no século XX deu relevo especial ao papel da hermenêutica, de forma a permitir ao intérprete ir além do fetichismo da lei, porém dentro dos limites do ordenamento.

É nesse contexto, e com o rigor de um precursor da lógica deôntica, que Bobbio discute as lacunas próprias. Esse tipo de lacuna é aquela do sistema, ou dentro do sistema, preenchida através da *autointegração* que o próprio ordenamento permite através de dois procedimentos básicos: a *analogia* e os *princípios gerais do Direito*. A analogia se baseia na *semelhança relevante*, que permite, para um caso não previsto, extrair uma nova regra de outra regra que se refere a um caso singular. Os princípios gerais do Direito buscam a solução de forma mais ampla nos critérios inerentes à ordem jurídica e são, por isso mesmo, um caminho para uma interpretação extensiva. Os temas das *lacunas*, da *analogia* e dos *princípios gerais* do Direito, assim como os modos de raciocinar e argumentar dos juristas, são de alta complexidade teórica, e Bobbio, com o seu método de aproximações sucessivas, retomou-os no correr dos anos, depois dos três cursos do final de 1950 e início de 1960, por exemplo, em ensaios recolhidos no livro *Contributi ad un dizionario giuridico*, de 1994.

No quinto e último capítulo, Bobbio examina os problemas que derivam do inter-relacionamento entre distintos ordenamentos. Esse é, hoje, um tema de crescente importância, dada a transnacionalização e a internacionalização do mundo, que vem diluindo, por obra dos processos de globalização, o papel das fronteiras no âmbito interno dentro das quais incide a validade e a eficácia dos ordenamentos jurídicos nacionais. Discute, assim, dois procedimentos básicos para lidar com esses problemas: o *reenvio* e a *recepção*. O reenvio é um procedimento usual do Direito Internacional Privado. Lida com os problemas que podem surgir quando uma relação jurídica tem elementos de conexão com mais de um ordenamento jurídico nacional, o que pode ensejar o conflito das leis no espaço. O reenvio equaciona esse tipo de conflito através de normas que estabelecem em que hipóteses um ordenamento deixa de regular uma determinada matéria e acolhe a regulamentação estabelecida por fontes normativas pertencentes a outro ordenamento. A recepção é um procedimento distinto e diz respeito à maneira pela qual, por exemplo, normas de Direito Internacional de múltiplas procedências são incorporadas ao próprio ordenamento nacional.

9. teoria do ordenamento

IV

Para concluir este texto, creio que cabe fazer uma referência a uma das dicotomias de que se vale Bobbio para discutir as relações entre razão e Direito. Ele diferencia as *leis da razão* da *razão jurídica*. No conceito de leis da razão, o termo forte é razão, entendido como faculdade própria dos seres humanos de captar a essência das coisas. O jusnaturalismo tem, entre os seus componentes, a convicção epistemológica nas leis da razão aptas a apreender a natureza das coisas e, desse modo, alcançar a compreensão e o entendimento do Direito. No conceito de razão jurídica, o termo razão é empregado num sentido mais fraco, o da capacidade humana de raciocinar em todas as acepções de que se pode falar de raciocínio – por exemplo, inferência, cálculo, argumentação. Nessa acepção, a razão se serve dos procedimentos regulados pela lógica, pela tópica, em síntese, por todas as disciplinas que têm por objeto as operações mentais que possam ser enquadradas no conceito do raciocínio[18].

A filosofia do Direito de Bobbio, como uma filosofia do Direito *sub specie juris*, é uma admirável expressão da razão jurídica, voltada para esclarecer as operações intelectuais e práticas na criação do Direito e na aplicação do Direito. É nesse campo que Bobbio se move, e é desse modo que se pode situar a *Teoria do Ordenamento* e realçar sua importância.

Como apontei no início deste texto, o percurso de Bobbio foi um contínuo *work in progress* centrado em torno dos seus temas recorrentes. Se ele estivesse escrevendo hoje, a *Teoria do Ordenamento* provavelmente enfrentaria o desafio do que a *rede* representa para a erosão da pirâmide normativa e da pirâmide do poder. Essa é uma faceta dos dilemas que minam a *plenitude* das soberanias no mundo contemporâneo ao propiciar o fracionamento das cadeias de poder e das normas. Acredito que, por conta dos fenômenos da fragmentação jurídica e do seu impacto para a unidade do ordenamento, Bobbio ampliaria suas considerações sobre fontes do Direito reconhecidas e fontes delegadas, e que, no trato das normas de estrutura ou de competência do ordenamento, levaria em conta, com outro olhar e amplitude, os conceitos de reenvio e recepção que dizem respeito ao inter--relacionamento de ordenamentos. Faço essa observação para reiterar que a obra de Bobbio

18 Cf. *Contributi ad um dizionario giuri*
p. 296-298.

168   *parte iv: teoria jurídica*

é sempre uma lúcida base não só para lidar com o presente da vida jurídica, mas, ao mesmo tempo, também para pensar o seu futuro. Daí a importância de se dar pleno acesso ao público brasileiro, numa tradução de qualidade, à *Teoria do Ordenamento*.

10. *Da Estrutura à Função*

O Olhar de Bobbio Sobre a Função Promocional do Direito[1]

Da Estrutura à Função é um livro da maior importância no percurso de Norberto Bobbio. Representa um marco na sua rigorosa, fecunda e instigante contribuição à teoria geral do Direito. Nele está reunido, como era do feitio do seu trabalho intelectual, um conjunto de ensaios que assinalam, por aproximações sucessivas, de que maneira complementou a sua análise estrutural do Direito. Esta, na esteira da instigação de Kelsen, partiu, com desenvolvimentos próprios, de uma reflexão sobre normas inseridas em ordenamentos, identificando na concepção do ordenamento jurídico a grande contribuição do positivismo jurídico à teoria geral do Direito.

A análise estrutural examina o Direito como um sistema, a partir do ângulo interno ao jurídico, sem maiores elaborações sobre as funções do Direito em relação aos destinatários das suas normas. São essas funções que ocupam Bobbio nesse livro. Bobbio se voltou para as funções, pois, como um pensador de estilo analítico, mas atento aos fatos e à história, parou para pensar o impacto do Estado democrático, reformista, intervencionista e do bem-estar social no Direito. Verificou que o Direito positivo da segunda metade do século XX deixou de se circunscrever ao proibir e permitir e passou a contemplar o promover e o estimular. Dessa maneira, uma explícita dimensão de direção social, preocupada com a função de promover comportamentos por meio de estímulos e desestímulos, foi sendo agregada à clássica dimensão do controle

Nota de apresentação de *Da Estrutura à Função: Novos Estudos da Teoria do Direito* (2007), tradução brasileira de *Dalla struttura alla funzione: Nuovi studi di teoria del diritto*, de Norberto Bobbio.

social exercido pelo Direito nas sociedades, voltado para a função repressora ou protetora de interesses. Daí a necessidade de lidar com novos temas em relação aos quais a análise estrutural não oferecia respostas adequadamente satisfatórias para encaminhar os problemas da positivação do Direito.

Com efeito, um Direito positivo, que tem como uma das suas funções direcionar comportamentos, precisa ter informações mais precisas sobre os destinatários das normas e suas condutas. Não pode circunscrever-se a uma análise exclusivamente centrada no ângulo interno da dinâmica de funcionamento da estrutura do ordenamento. É por essa razão que esse livro de Bobbio é uma abertura à sociologia jurídica, não apenas como um ponto de vista sobre o Direito, mas como algo necessário para a própria elaboração da teoria geral do Direito.

Como mencionei, Bobbio é um autor de estilo analítico. Nesse sentido, examina o significado do que é enunciado nos conceitos e se vale dos *distinguos*, das diferenciações, para esclarecer os termos da linguagem jurídica. Essa dimensão analítica, tão presente na sua análise estrutural, é igualmente forte na sua reflexão sobre o tema das funções do Direito. É o caso da revisão que empreende do conceito de sanção. Aponta Bobbio que, na medida em que o Direito não se limita ao permitir e ao proibir, mas almeja o promover, é preciso levar em conta a dimensão positiva das sanções, que assume a forma de incentivos e prêmios. Essas são as duas formas típicas através das quais se manifesta, no Direito positivo, a função promocional do Direito voltada para impulsionar e sustentar condutas. Daí a instigante contribuição por ele dada ao tema por meio da discussão das sanções premiais, que são compensações que o Direito prevê para se alcançar uma direção social de conduta.

Bobbio é um grande mestre na *ars combinatoria* das dicotomias. Elas são um dos recursos analíticos de que ele se vale para, ao diferenciar, esclarecer e precisar conceitos. Como é recorrente na sua obra, há nesse livro significativas reflexões sobre o papel epistemológico das dicotomias.

No campo do Direito, uma das grandes dicotomias é Direito público/ Direito privado, e Bobbio a ela recorre para discutir as funções do Direito. O Direito privado tem como uma das suas funções primordiais a coexistência e a convivência de interesses divergentes dos indivíduos na sociedade, mediante normas que tornam menos áspero o confronto ao ensejar a estabilização das condições para a atuação da liberdade individual. É por isso que o privatista usualmente encara o direito a partir do indivíduo por meio

172   *parte iv: teoria jurídica*

do conceito da relação jurídica. O Direito público tem como função dirigir interesses divergentes para um escopo comum, através de normas diretivas de comportamento. Por esse motivo que o publicista normalmente encara o Direito *sub specie institutionis,* tendo como ponto de partida a hierárquica perspectiva do todo em relação às partes.

É nesse contexto que cabe referência ao estudo, incluído nesse livro, de Bobbio sobre Santi Romano, autor de pioneira obra sobre o ordenamento jurídico. Mostra Bobbio que o objetivo de Santi Romano foi elaborar uma teoria do Direito do ponto de vista do Direito público, analisando o Estado como a instituição das instituições, mas reconhecendo, como um pluralista moderado, uma margem ampla de sociabilidade não controlada pelo Estado, na qual se articulam as relações entre os indivíduos e o Estado. No entanto, para Santi Romano, é o Direito público que fecha o sistema jurídico. Daí a relevância da pirâmide jurídica kelseniana e o significado do ensaio sobre Kelsen incluído nesse livro.

Kelsen, como Santi Romano, é um publicista, e Bobbio, no arguto ensaio inserido nesse livro dedicado ao autor da teoria pura, analisa como o normativismo kelseniano se insere no âmbito das preocupações com a objetividade científica e a neutralidade axiológica das ciências sociais do seu tempo. Uma das instigantes observações de Bobbio nessa linha é a de que a análise de Kelsen sobre a estrutura do sistema jurídico corresponde, no plano interno do Direito, à teoria de Max Weber sobre o processo sociológico da racionalização formal do poder estatal. Um poder plenamente legalizado converte o Estado em ordenamento jurídico e, como técnica social, permite a domesticação da força organizada por meio do Direito. Kelsen é, assim, uma contrapartida jurídica do tipo ideal weberiano do poder racional-legal. Nesse contexto, Bobbio, ao tratar da função no âmbito da teoria pura, registra que a paz é concebida como um limite ideal para o qual o Direito tende. Daí, observo eu, a relevância de Kelsen em outras dimensões do percurso de Bobbio, que, no plano das relações internacionais, se ocupa em discutir as condições de uma humanidade pacífica, que tem como um dos seus elementos a paz pelo Direito e que, no plano da organização política, defende a democracia como um conjunto de regras que permite contar cabeças, e não cortá-las.

Na sua obra, Bobbio dedicou importantes reflexões ao tema da liberdade e examinou tanto a importância da liberdade antiga, ou seja, como

10. *da estrutura à função*

participação democrática do cidadão nas decisões coletivas, quanto o significado da liberdade moderna, ou seja, como uma esfera privada de não impedimento, na qual aquilo que não é nem comandado nem proibido é permitido. Tem, assim, como "socialista-liberal", consciência de que uma sociedade permeada apenas pelo Direito Público, mesmo numa democracia, representa um risco para uma das dimensões da liberdade. Esse é, penso eu, o pano de fundo da sua discussão, nesse livro, da distinção que Hayek faz entre normas de comportamento, que caracterizariam o Estado liberal que ele defende, e normas de organização, que caracterizariam o Estado intervencionista, por ele criticado.

Bobbio desideologiza a questão e submete, analiticamente, a dicotomia a uma discussão de suas funções. Normas de conduta têm como função tornar possível a convivência de grupos ou indivíduos que buscam seus fins particulares. Normas de organização têm como função tornar possível a cooperação de grupos ou indivíduos dirigindo os seus fins específicos para uma finalidade comum. Mostra Bobbio, com muita precisão, como é útil para a teoria geral do Direito a dicotomia normas de comportamento/normas de organização, mas aponta igualmente como esta não permite diferenciar o Direito público do Direito privado. Com efeito, no Direito privado, se os contratos e a propriedade podem ser trabalhados como normas de conduta, a família ou a disciplina das sociedades anônimas transitam, ao estabelecer competências, por normas de organização. Da mesma maneira, no Direito público, se a estruturação do Estado e dos serviços públicos requer normas de organização, o Direito penal estabelece normas de conduta. No âmbito da teoria geral do Direito, é portanto a função que explica o uso das normas de organização e das de conduta. Nesse sentido, mostra Bobbio como a reflexão sobre as funções é importante para a própria análise conceitual e tipológica das normas.

O último ensaio de *Da Estrutura à Função* tem, para nós no Brasil, um significado especial. É dedicado ao pensamento de Tullio Ascarelli, o grande jurista italiano que, vitimado pela legislação racista e antissemita da Itália fascista, encontrou abrigo no Brasil, foi acolhido como professor na Faculdade de Direito da USP e contribuiu para renovar o pensamento jurídico em nosso país, antes de retornar à Itália democrática do pós-Segunda Guerra Mundial.

O campo de preocupação de Ascarelli era amplo e ia muito além do Direito comercial, no qual foi um grande mestre. A aproximação entre

Bobbio e Ascarelli resultou do interesse de Ascarelli, no final de sua vida, por Hobbes e Leibniz, que o levou a escrever o denso prefácio à edição que preparou de textos dos dois filósofos relevantes para o entendimento da dogmática jurídica.

A inserção desse ensaio nesse livro se explica porque não é apenas fruto do comum interesse dos dois por Hobbes, mas porque, ao traçar o percurso de Ascarelli, Bobbio examina a especificidade da crítica de Ascarelli ao positivismo jurídico. Mostra Bobbio como o pensamento de Ascarelli é uma crítica ao legalismo da teoria das fontes do positivismo jurídico, fruto da experiência histórica do Direito comercial (a *lex mercatoria*) e de suas funções. Realça, igualmente, o alcance da crítica de Ascarelli à teoria da interpretação de cunho positivista. Para Ascarelli, a interpretação não é declaratória, mas criativa, pois o sistema jurídico não é um dado, mas um processo, e a sua unidade não é um pressuposto, mas um resultado. Nesse contexto, a função da interpretação é manter a continuidade do sistema, movendo-se entre os polos da criatividade e da persistência.

Ascarelli, aponta Bobbio, contrapôs ao conceitualismo o emprego instrumental das categorias jurídicas; realçou a importância do estudo do ambiente social para uma melhor compreensão de um instituto jurídico no âmbito do realismo; destacou, no trato do intuicionismo, a inevitável relatividade histórica das valorações. Essa *ars combinatoria* teórica tem origem no estudo do Direito comercial, no contato profissional de Ascarelli com os problemas da sociedade capitalista em transformação e na clareza conceitual que tinha da função econômica do Direito. Foi isso que dele fez, como conclui Bobbio, o jurista que inaugurou na Itália a perspectiva do funcionalismo jurídico, que esse livro expande e amplia.

Essa edição brasileira, sob os auspícios da Manole e com o patrocínio do Centro de Estudos Norberto Bobbio da Bovespa, fruto da esclarecida política cultural de Raymundo Magliano Jr., foi enriquecida por um excepcional prefácio de Mario Losano. Losano, que é um dos juristas italianos mais ligados à cultura jurídica brasileira, foi aluno e assistente de Bobbio em Turim e é um dos grandes conhecedores de sua obra. No prefácio, com o rigor e a profundidade que são a marca do seu trabalho de pesquisador, Losano discute circunstanciadamente como Bobbio elaborou a sua análise da estrutura do Direito e como a desdobrou na discussão das funções. Entre tantos temas de grande interesse discutidos por Losano, menciono o realce

10. da estrutura à função

por ele dado ao diálogo entre Bobbio e Renato Treves – o grande nome da sociologia do Direito na Itália – e como esse diálogo instigou Bobbio a se ocupar das funções do Direito.

Concluo essa nota de apresentação lembrando que San Tiago Dantas dizia que a tarefa da inteligência humana é tirar o valor das coisas da obscuridade para a luz. Foi o que fez Norberto Bobbio no seu percurso nos múltiplos campos do conhecimento a que se dedicou, e é o que o leitor desse livro comprovará, pois nele encontrará uma fecunda e inovadora leitura da teoria geral do Direito.

Parte V: **Teoria Política**

11. Filosofia do Direito e Filosofia Política

Notas Sobre a Defesa da Liberdade no Percurso Intelectual de Norberto Bobbio[1]

A Teoria das Formas de Governo na História do Pensamento Político é a primeira obra de Norberto Bobbio publicada no Brasil. Daí a conveniência de oferecer ao leitor brasileiro algumas indicações a respeito de como essa obra se insere no pensamento de Bobbio – um homem, conforme apontou com justa pertinência Guido Fassò, atento aos mais vivos e novos problemas do nosso tempo, os quais vem examinando, por força de um temperamento racional, com um rigor intelectual e uma limpidez expositiva verdadeiramente admiráveis[2].

I

Prefácio a *A Teoria das Formas de Governo na História do Pensamento Político* (1980), tradução brasileira de *La teoria delle forme di governo nella storia del pensiero politico*. O texto integra igualmente o livro *Ensaios sobre a Liberdade*, de minha autoria.

Cf. A. Campos, *O Pensamento Jurídico de Norberto Bobbio*, cap. I; e G. Fassò, *Storia della filosofia del diritto*, v. III, p. 410-412.

Essa obra foi o curso dado por Bobbio na Universidade de Turim no ano acadêmico de 1975-1976. Creio, por isso mesmo, que as primeiras indicações sobre essa obra podem ser encontradas no programa de trabalho que Bobbio traçou enquanto professor de Filosofia do Direito.

Num ensaio de 1962, posteriormente inserido em *Giusnaturalismo e positivismo giuridico*, Bobbio apontava que os seus cursos universitários obedeciam a três ordens de indagações, que constituiriam as três partes em função das quais organizaria um tratado de filosofia do direito.

A primeira parte seria a *teoria do Direito*. Para Bobbio, o problema fundamental da teoria do Direito é a determinação do conceito de Direito e a diferenciação do fenômeno jurídico de outros fenômenos, como a moral e o costume. Em matéria de teoria do Direito, Bobbio realça o *normativismo*, vendo o Direito como um conjunto de normas a serem estudadas sistematicamente por meio do conceito de ordenamento jurídico.

O estudo do ordenamento jurídico compreenderia: 1. a *composição* do ordenamento, ou seja, o conceito de normas e os seus vários tipos; 2. a *formação* do ordenamento, ou seja, a teoria das fontes do Direito; 3. a *unidade* do ordenamento, ou seja, o problema da hierarquia das normas; 4. a *inteireza* do ordenamento, ou seja, o problema das lacunas e de sua integração; 5. a *coerência* do ordenamento enquanto sistema, ou seja, o problema das antinomias e da sua eliminação; e, finalmente, 6. as relações espaciais, materiais e temporais derivadas do inter-relacionamento entre ordenamentos que ensejam o problema do *reenvio*[3].

Nessa reflexão ontológica sobre o Direito, a ênfase dada por Bobbio à norma aproxima-o de algumas correntes do positivismo jurídico e de autores como Kelsen, Hart e Ross, aos quais se iguala em rigor analítico. São testemunhos do seu esforço nessa linha o curso de 1958 sobre a teoria da norma jurídica e o de 1960 sobre a teoria do ordenamento jurídico, bem como uma série imensa de artigos e trabalhos em parte recolhidos nos livros *Studi per una teoria generale del diritto* e *Dalla struttura alla funzione: Nuovi studi di teoria del diritto*[4].

Bobbio salienta que existem três pontos de vista a partir dos quais se pode avaliar uma norma: o da justiça, o da validade e o da eficácia. É por isso que, para ele, a experiência jurídica, na sua inteireza, deve levar em conta as ideias de justiça a realizar, as normas que as exprimem e a ação e reação dos homens em relação a essas ideias e normas[5]. A opção de Bobbio pelo normativismo em matéria de teoria do Direito não significa, portanto, uma visão reducionista da experiência jurídica. Ele

3   Cf. *Giusnaturalismo e positivismo giuri* p. 46-47; e *Teoria dell'ordinamento giuri* cap. 1, p. 3-24.

4   Cf. *Teoria della norma giuridica; Teoria de dinamento giuridico; Studi per una teoria g rale del Diritto; e Dalla struttura alla funz*.

5   *Teoria della norma giuridica*, cap. 1, p. 35-70, ticularmente p. 35 e 47. Cf. também G. F *Storia della filosofia del Diritto*, p. 411-412.

parte v: teoria política

não identifica a lei com a justiça, nem desconsidera a reação dos homens enquanto destinatários das normas. O normativismo, para Bobbio, significa apenas que, tanto por uma exigência de rigor quanto em função de uma avaliação da práxis do Direito, o mundo do Direito é um mundo em que a experiência se dá *sub specie legis* e no qual a distinção entre fatos juridicamente relevantes e irrelevantes encontra na norma um dos pressupostos do trabalho quotidiano dos operadores do Direito.

Em outras palavras, o normativismo não exaure a filosofia do direito, e, precisamente porque, para Bobbio, a lei positiva não é justa pelo simples fato de ser lei e resultar de uma convenção que deve ser cumprida (*pacta sunt servanda*), é que a sua teoria do Direito exige uma teoria da justiça que não seja apenas formal[6]. Daí a razão de uma segunda ordem de indagações ou segunda parte, que orienta e informa a sua proposta pedagógica: a *teoria da justiça*.

Bobbio vê a teoria da justiça como uma área pouco estudada e que requer não apenas uma reflexão analítica do tipo daquela feita por Kelsen e Perelman[7], mas sim um estudo que também passe pela história do Direito. Esse estudo teria como critério condutor o conceito de "justiça" entendido como um conjunto de valores, bens e interesses para cuja proteção e incremento os homens se valem do Direito enquanto técnica de convivência. Para Bobbio, o ponto de partida dessa investigação é axiológico e sociológico, inclusive etnográfico, e é por isso que, ao contrário dos jusnaturalistas, a natureza do homem é o seu ponto de chegada e não de partida. Nesse sentido, Bobbio é um historicista que combina a deontologia (o que o Direito deve ser) com a sociologia jurídica (a evolução do Direito na sociedade e as relações entre o Direito e a sociedade)[8].

À falta de melhor termo, Bobbio denomina a terceira parte da sua proposta pedagógica de *teoria da ciência jurídica*, nela inserindo o problema metodológico e o estudo dos modelos utilizados na percepção da experiência jurídica. Na sua indagação epistemológica, que é também histórica, indica ele como o modelo dos jusnaturalistas era o matemático; como o da escola histórica era a historiografia; como Jhering assume o modelo de história natural; como, com o positivismo lógico no campo jurídico, a ciência do Direito foi encarada do ângulo da teoria da linguagem; e assim por diante. Conclui que, diante da

Giusnaturalismo e positivismo giuridico, p. 81-82 e 88-89.
Cf. C. Perelman, *La giustizia*; e *Droit, morale e philosophie*; H. Kelsen, *What Is Justice?*
Cf. *Giusnaturalismo e positivismo giuridico*, p. 47, 53, 55-58 e 62-66.

variedade de modelos e da dificuldade de ajustá-los à experiência jurídica concreta, o mais pertinente é inverter a rota e começar por uma análise dos tipos de argumentos que os juristas usam no seu trabalho quotidiano.

Essa preocupação com a *logica legalis*[9] é o que aproxima Bobbio, nessa sua reflexão epistemológica e metodológica, não só da lógica jurídica moderna, mas também de Perelman e da nova retórica; de Viehweg e da tópica; de Recaséns Siches e da lógica do razoável; do Ascarelli dos estudos sobre a origem da dogmática jurídica e sobre a interpretação e, entre nós, de Tércio Sampaio Ferraz Jr., e da pragmática[10].

Bobbio, no seu já mencionado ensaio de 1962, também fazia referência à história da filosofia do direito, que ele vê como algo útil e apaixonante no contexto de seu programa de trabalho, apontando que não concebe uma boa teoria do Direito sem o conhecimento, por exemplo, de Grócio, Hobbes, Kant ou Hegel; uma boa teoria da justiça sem o Livro v da *Ética a Nicômaco*, de Aristóteles, e uma boa teoria da ciência jurídica sem Leibniz ou Jhering. Não aprecia ele, no entanto, as histórias de filosofia do direito enquanto elencos expositivos sumários de doutrinas heterogêneas.

Para Bobbio, igualmente, enquanto discípulo de Solari, o melhor modo de fazer a história da filosofia do direito é refazer as doutrinas do passado, tema por tema, problema por problema, sem esquecer, no trato dos assuntos e argumentos, os precedentes históricos[11]. Exemplos dessa sua maneira de fazer história da filosofia e história da filosofia do direito podem ser apreciados no seu curso, publicado em 1957 e revisto em 1969, sobre Direito e Estado no pensamento de Kant; no seu curso, publicado em 1963, sobre Locke e o Direito natural; na coletânea de ensaios reunidos no livro *Da Hobbes a Marx* (1964), e também – que é o que interessa apontar – no curso sobre a teoria das formas de governo na história do pensamento político[12].

Portanto, a primeira indicação a respeito dessa obra é que ela se insere, coerentemente, num programa de trabalho pedagógico e numa determinada maneira de fazer a história da filosofia esclarecer e permear as indagações a partir das quais Bobbio organiza o campo da filosofia do direito.

9 Ibidem, p. 48, 54 e 73.
10 Cf. C. Perelman, *Logique juridique*; T. Viehw *Tópica e Jurisprudência*; L. R. Siches, *E: riencia Jurídica, Naturaleza de la Cosa y Lo "Razonable"*; T. Ascarelli, "Hobbes et Leil et la dogmatique juridique", em T. Hob et al., *A Dialogue…*; N. Bobbio, *Dalla st tura alla funzione*, p. 217-274; T. S. Ferraz *Conceito de Sistema no Direito* e *Direito, tórica e Comunicação* e *A Ciência do Dire*
11 Cf. *Giusnaturalismo e positivismo giuri*, p. 48-49.
12 *Diritto e Stato nel pensiero di Emman Kant*; *Locke e il diritto naturale*; *Da Ho a Marx*; *La teoria delle forme di governo r storia del pensiero politico*.

II

A Teoria das Formas de Governo na História do Pensamento Político, como o próprio título indica, é um mergulho na filosofia política. Daí a pergunta: qual é, para Bobbio, a relação entre filosofia política e filosofia do direito, e como é que essa relação, uma vez explicitada, se ajusta à sua proposta pedagógica? A resposta a essa indagação permite oferecer uma segunda ordem de indicações a respeito da inserção dessa obra no percurso intelectual de Norberto Bobbio.

Como se sabe, o termo filosofia do direito é recente, tendo-se difundido na Europa nos últimos 150 anos. Uma das muitas acepções do termo, diz Bobbio, é a que engloba propostas sistemáticas de reforma da sociedade presente, com base em pressupostos explícitos ou implícitos, as quais têm como objetivo realizar certos fins axiológicos, tais como liberdade, ordem, justiça, bem-estar etc. Nessa acepção, a filosofia do direito confina com a filosofia política. Para a difusão dessa acepção cabe dizer que muito contribuiu a estreita relação que se verificou entre a noção de Direito e a de Estado, ocorrida na Europa com o aparecimento do Estado moderno[13]. Tal relação, que provém da utilização do Direito como instrumento de governo e da consequente estatização das fontes de criação normativa, aparece, por exemplo, na história da filosofia explicitada em Hobbes, autor que Bobbio estudou com grande interesse e acuidade, tendo preparado e prefaciado a edição italiana do *De Cive*[14].

A convergência entre filosofia política e filosofia do direito exige, para ser bem compreendida, uma discussão sobre o inter-relacionamento entre o Direito e o poder. Em estudo recente, Bobbio aponta a relevância das grandes dicotomias no percurso do conhecimento, mencionando entre outras: comunidade/sociedade, solidariedade orgânica/solidariedade mecânica, estado de natureza/estado de sociedade civil.

No campo do Direito, diz Bobbio, a grande dicotomia é a que resulta da distinção entre Direito privado e Direito público[15]. É com base nessa distinção que se pode aferir de que maneira os juristas lidam com o fenômeno do poder. Para os juristas e jusfilósofos, que encararam o Direito a partir do Direito privado, o Direito

Giusnaturalismo e positivismo giuridico, p. 37-38.
Da Hobbes a Marx, p. 11-74 e T. Hobbes, *Elementi filosofici sul cittadino*.
Dalla struttura alla funzione, p. 145-149.

11. filosofia do direito e filosofia política

aparece kantianamente como um conjunto de relações intersubjetivas que se distinguem da classe geral das relações intersubjetivas pelo vínculo obrigatório que une os dois sujeitos. Nessa perspectiva, a força é vista como um *meio* de realizar o Direito através do mecanismo da sanção organizada[16]. Entretanto, para os juristas e jusfilósofos que encaram o Direito a partir do Direito público, como é o caso de Santi Romano, Kelsen, Bobbio – e, entre nós, Miguel Reale –, o que salta aos olhos é a existência do Estado como instituição[17]. Nesse panorama, que é o de quem encara a existência da pirâmide escalonada de normas a partir do seu vértice, o Direito aparece como um conjunto de normas que estabelecem competências e que permitem o exercício do poder, inclusive o poder de criar novas normas jurídicas[18].

Bobbio, no entanto, não analisa a pirâmide escalonada de normas *ex parte principis*, isto é, na perspectiva daqueles a quem as normas conferem poderes. Para esses, como ele aponta em *A Teoria das Formas de Governo na História do Pensamento Político*, o tema recorrente é o da *discórdia*, e a preocupação constante é a de evitar a desagregação da unidade do poder[19]. É por isso, por exemplo, que na filosofia política de Hobbes o Direito é concebido como instrumento para instaurar uma rigorosa gramática de obediência[20]. Não é esse, no entanto, o ângulo de Bobbio, que encara as normas de organização do Estado, isto é, aquelas que tornam possível a cooperação de indivíduos e grupos, cada um perseguindo no âmbito do Estado o seu papel específico para um fim comum[21], *ex parte populi*.

Ex parte populi, o que interessa a Bobbio ressaltar são as tendências à institucionalização do poder no mundo contemporâneo, fenômeno que Miguel Reale vem denominando "jurisfação" do poder[22]. Nessa perspectiva, Bobbio aponta que uma das maneiras de distinguir a transformação do Estado absolutista e arbitrário num Estado de Direito é a extensão do mecanismo de sanção, da base para o vértice da pirâmide jurídica, isto é, dos cidadãos para os governantes. Esse processo, que assinala a passagem da irresponsabilidade para a responsabilidade jurídica de cargos, órgãos e funções e a substituição da força arbitrária por poderes juridicamente controlados e disciplinados, é uma das conquistas da técnica do Estado de Direito e da reflexão liberal[23].

16 Ibidem, p. 132-135; *Giusnaturalismo e po vismo giuridico*, p. 60-61; *Studi per una te generale del Diritto*, p. 119; *Teoria della n giuridica*, p. 210; *Teoria dell'ordinamento ridico*, p. 61-67.

17 *Dalla struttura alla funzione*, p. 165-21

18 *Teoria della norma giuridica*, p. 210.

19 *La teoria delle forme di governo...*, p. 25.

20 Prefácio a Thomas Hobbes, *Elementi filo sul cittadino*, p. 26.

21 *Dalla struttura alla funzione*, p. 118-128

22 Cf. M. Reale, *Teoria do Direito e do Es* p. 76s.

23 Cf. *Teoria della norma giuridica*, p. 211-

Bobbio encara positivamente essa tendência à legalização do poder, pois, para ele, a legalidade é *qualidade do exercício do poder*, que interessa antes aos governados do que aos governantes, uma vez que impede a *tyrannia quoad exercitium*[24]. É por isso que ele examina a força como *conteúdo* da norma jurídica, identificando o problema da legalidade *ex parte populi* na determinação e verificação através do Direito de: 1. *quando* e em que condições o poder coativo da coletividade pode e deve ser exercido; 2. *como* as pessoas incumbidas desse poder coativo podem e devem exercitá-lo; 3. *de que modo*, ou seja, que procedimentos devem reger o exercício do poder por determinadas pessoas e em determinadas circunstâncias; e finalmente, 4. *quanto* de força devem e podem deter aqueles que, observando certos procedimentos, estão incumbidos de exercer, em determinadas circunstâncias, em nome da coletividade, o poder coativo[25].

Bobbio, no entanto, não é um normativista puro, à moda de Kelsen, que vê o Direito tão somente como um instrumento específico, sem função específica, ou seja, apenas como uma forma de controle social, que se vale abstratamente da coerção organizada. Bobbio registra e aceita a historicidade do papel do Direito e as funções de controle e estímulo que ele exerce numa dada sociedade, reconhecendo, ao mesmo tempo, o impacto dessas funções na elaboração histórica da teoria do Direito. É nesse sentido que, ao estudar a teoria de Kelsen sobre a estrutura interna do sistema jurídico, Bobbio aponta que ela resulta de uma reflexão sobre a complexa natureza da organização do moderno Estado constitucional, traduzindo, no plano do Direito, a reflexão sociológica de Max Weber a respeito do processo de racionalização formal do poder estatal[26].

O normativismo de Bobbio é, basicamente, uma exigência de rigor, indispensável no momento da pesquisa. Ele considera compatível essa exigência de rigor com uma concepção democrática de Estado, posto que vislumbra, numa das dimensões do positivismo jurídico, uma ética de liberdade, de paz e de certeza. Creio não distorcer o seu pensamento ao afirmar que, num segundo momento, conceitualmente distinto no seu percurso – que é o da crítica das leis[27] –, o rigor do seu normativismo está a serviço da causa da liberdade. A esse tema consagrou ele, na década de 1950, importantes ensaios, entre os quais me permito lembrar "Democrazia e dittatura" e "Della libertà dei moderni comparata a quella dei posteri".

Cf. *Studi per una teoria generale del Diritto*, p. 83.
Ibidem, p. 119 e 124-129.
Dalla struttura alla funzione, p. 7, 13-121, 208-209 e 210-211.
Giusnaturalismo e positivismo giuridico, p. 125-126 e 142-143.

Nesses ensaios ele chamou a atenção tanto para a liberdade moderna, enquanto não impedimento e não interferência do todo político-social em relação ao indivíduo, quanto para a liberdade antiga, enquanto autonomia na aceitação da norma elaborada por meio da participação do cidadão na vida pública. Nessas duas dimensões de liberdade, Bobbio enxerga estados desejáveis do homem que, no entanto, só surgem quando se cuida institucionalmente do problema do exercício do poder.

O problema do exercício do poder, continua Bobbio em tais ensaios da década de 1950, encontrou, historicamente, contribuições importantes na técnica jurídica e na agenda de preocupações do Estado liberal que não podem ser desconsideradas em qualquer proposta significativa de reforma da sociedade[28]. Entretanto, em virtude de sua percepção sociológica das funções do Direito numa dada sociedade, a causa da liberdade e da reforma da sociedade exigiram de Bobbio que fosse além do tema técnico da validade da norma e da legalidade do poder, confrontando-se igualmente tanto com o problema da justificação do poder e do título para o seu exercício quanto com a justiça das normas.

Para Bobbio, poder e norma são as duas faces da mesma moeda, existindo um evidente paralelismo entre os dois requisitos fundamentais da norma jurídica – justiça e validade – e os dois requisitos do poder – legitimidade e legalidade[29].

Esse paralelismo conclusivo apontado por Bobbio permite chegar a uma segunda ordem de indicações a respeito de como *A Teoria das Formas de Governo na História do Pensamento Político* se insere no seu percurso intelectual. Como norma e poder no mundo moderno são as duas faces da mesma moeda, existe uma convergência substantiva entre filosofia política e filosofia do direito. A teoria do Direito, com a qual se ocupa Bobbio, enquanto teoria do ordenamento, requer uma teoria do Estado. Ambas exigem uma teoria da justiça e da legitimidade, pois não existe uma cisão, mas um *continuum* entre forma e substância, uma vez que a legalidade remete à validade, a validade à legitimidade e a legitimidade à justiça, assim como, inversamente, a justiça fundamenta a legitimidade, a legitimidade fundamenta a validade e a validade fundamenta a legalidade na intersecção que se estabelece entre a linha do poder e a norma[30].

28 Os dois ensaios encontram-se reproduzi em A. P. D'Entrèves (org.), *La libertà p tica*, respectivamente nas p. 43-53 e 67-
29 Cf. *Studi per una teoria generale del Dir* p. 84-86.
30 Ibidem, p. 85-86.

parte v: teoria política

III

A Teoria das Formas de Governo na História do Pensamento Político é, como já foi apontado, o curso dado por Norberto Bobbio no ano acadêmico de 1975-1976. Data também de 1976 o seu livro *Quale socialismo?*, que reúne trabalhos redigidos entre 1973 e 1976. *Quale socialismo?* é um excelente exemplo daquilo que Bobbio denomina crítica ético-política, que ele vem conduzindo sob a forma de incisivas e bem formuladas perguntas em relação a certos temas para os quais não tem respostas definitivas[31]. Daí a conveniência de mais uma indagação para arrematar essas indicações a respeito de seu percurso intelectual.

Essa última indagação cifra-se, em síntese, no seguinte: qual é a relação entre a filosofia jurídico-política, tal como a concebe Norberto Bobbio, e a sua crítica ético-política, exemplificada em *Quale socialismo?*

Quale socialismo? é um livro denso, e qualquer resumo de seu conteúdo corre o risco de não fazer justiça à inteireza de seus argumentos. Com essa ressalva, arriscaria, no entanto, dizer que a tese central de Bobbio nesse livro é a de que não se evita, a partir de uma verdadeira óptica socialista, o problema de *como* se governa realçando apenas a dimensão de *quem* governa (de poucos burgueses para as massas operárias). Como tanto o Estado quanto o poder político continuam a perdurar nos regimes comunistas com a estatização dos meios de produção, é uma ilusão pensar que a ditadura do proletariado é um fenômeno efêmero.

A mudança de hegemonia, afirma Bobbio, não é suficiente para mudar a estrutura do poder e do Direito, e o proletariado é, na melhor das hipóteses, um sujeito histórico. Por essa razão, a "ditadura do proletariado" não é uma instituição apta a resolver o problema do bom governo, que não se esgota com a mera mudança dos detentores do poder. Por isso, as metas de uma democracia socialista – entendida como uma democracia não formal, mas substancial; não apenas política, mas também econômica; não só dos proprietários, mas de todos os produtores; não apenas representativa, mas também direta; não só parlamentar, mas de conselhos – exigem discussão e proposta quanto a instituições político-jurídicas. É com base nessa colocação que Bobbio insiste na atualidade de uma das perguntas clássicas da filosofia política – "como se governa?" – "bem

Giusnaturalismo e positivismo giuridico, p. 126; e *Quale socialismo?*, p. XVIII.

11. *filosofia do direito e filosofia política*   187

ou mal?". Bobbio afirma que, por mais pertinentes que sejam as indagações sobre "quem governa?" – "poucos ou muitos?" – e a oportunidade de se discutir a afirmação de Marx e Engels, baseada no realismo político, de que quem governa o faz em função dos interesses da classe dominante, é igualmente urgente cuidar do problema institucional e das formas de governo em qualquer proposta significativa de reforma da sociedade[32].

Bobbio lembra que o socialismo enquanto aspiração de justiça é um movimento que visa não apenas a acabar com a mais-valia econômica, mas também a assegurar a emancipação do homem de suas servidões. Essa liberação, para ser traduzida em liberdade, exige autonomia. No campo do Direito, o conceito de autonomia é utilizado no sentido próprio de norma ou complexo de normas em relação às quais os criadores e os destinatários das normas se identificam. É o caso da esfera da autonomia privada – um contrato, por exemplo, bilateral ou plurilateral, em relação ao qual os que põem as regras e os que as devem seguir são as mesmas pessoas. É o caso de um tratado no Direito das Gentes e é também o caso, no campo do Direito público, do ideal a que tende o Estado moderno que se deseja democrático, e que se diferencia de um Estado autocrático precisamente pela menor prevalência da norma heterônoma. Nesse sentido, como dizia Rousseau no *Contrato Social*, a liberdade enquanto autonomia consiste na obediência à lei que cada um se prescreveu[33]. Falta, para a prevalência da autonomia e da democracia, uma teoria do Estado socialista. As indicações de Marx, Lênin ou Gramsci são insuficientes nesse sentido, uma vez que a ênfase maior da reflexão marxista sobre o poder gira em torno de como adquiri-lo – daí a teoria do partido – e não de *como exercê-lo*[34].

Torna-se evidente, à luz de alguns desses temas suscitados por Bobbio em *Quale socialismo?*, a razão de seu interesse pelo estudo das formas de governo. De fato, ao refazer as doutrinas do passado, tema por tema, problema por problema, sem esquecer, no trato dos assuntos e argumentos, os precedentes históricos, Bobbio procurou elementos sobre "como se pode bem exercer o poder" e deles se valeu na sua crítica ético-política. *A Teoria das Formas de Governo na História do Pensamento Político* é, portanto, no plano da filosofia política, também uma preparação para a crítica ético-política de *Quale socialismo?*, que parte não só da avaliação de que os abusos de poder, numa sociedade socialista, "sono altrettanto possibile che in una società capitalistica",

32 *Quale socialismo?*, p. IX, XI, XII, 12, 37-38
33 *Teoria della norma giuridica*, p. 103-104.
34 *Quale socialismo?*, p. 3, 7 e 80-81.

parte v: teoria política

mas, sobretudo, da assertiva de que a ditadura do proletariado não é o melhor invólucro do socialismo[35].

É por essa razão que, ao estudar as formas de governo enquanto modos de organização da vida coletiva, Bobbio, no seu curso, aponta não apenas a relevância do uso descritivo e sistemático das formas de governo como também o seu uso prescritivo e axiológico. É por essa razão, igualmente, que, ao resgatar a importância da discussão sobre as formas boas e más de governo, Bobbio aponta, na discussão sobre o governo misto – que remonta a Aristóteles e Políbio e transita por Maquiavel, Bodin, Montesquieu, Mably e Hegel –, a existência de um tema recorrente na história do pensamento político, que deriva da exigência de um controle do poder[36] como condição da liberdade. Esse controle, de acordo com Bobbio, pode apoiar-se no Direito enquanto técnica de convivência, apta a encaminhar, no mundo contemporâneo, a tutela de valores que se destinam a conduzir a reforma da sociedade.

Bobbio também chama a atenção, no seu curso, para o fato de que na Idade Média pouco se elaborou a teoria das formas de governo, aventando a hipótese de que, nessa época, como se pode ler em Isidoro de Sevilha (550-636), o Estado era visto como um mal necessário derivado da queda do homem. Daí o símbolo da espada e a salvação não pela *polis*, mas sim pela Igreja. Todas as formas de governo são más porque necessariamente despóticas, não existindo Estados bons ou maus. A dicotomia medieval era a relação Igreja e Estado, encontrando essa concepção negativa de Estado um paralelo moderno em Marx.

De fato, para os escritores católicos medievais, o momento positivo da vida na terra era a Igreja e não o Estado – como na tradição clássica –, assim como, para Marx, o momento positivo não é o Estado, mas a futura sociedade sem classes e, portanto, sem Estado[37].

Numa concepção negativa de Estado, a distinção entre formas de governo perde substância. Ora, como para Marx o Estado não surge, como em Hobbes, para pôr termo à guerra de todos contra todos, mas sim para perpetuá-la através da manutenção da divisão do trabalho, que perpetua a desigualdade, o Estado e o Direito sempre representam o despotismo de uma classe em relação a outras. É por isso que, para Marx, o despotismo se encarna no Estado, pois ele tem do Estado uma concepção

Ibidem, p. 32 e 81.
La teoria delle forme di governo..., p. 2-4, 160 e passim.
Ibidem, p. 59-64.

11. filosofia do direito e filosofia política

técnica e realista, graças à qual ele o analisa como um instrumento de domínio[38], proveniente da divisão da sociedade em classes.

Na tradição marxista, a obra mais completa sobre o Estado, lembra Bobbio no seu curso, é a de Engels, que, no entanto, cuida mais da formação histórica do Estado do que da organização do poder político[39]. É por essa razão que a tradição marxista é insuficiente para a elaboração de uma doutrina socialista do Estado. A superavaliação das poucas indicações prospectivas sobre a vida coletiva dadas por Marx na sua análise da Comuna de Paris, registra Bobbio em *Quale socialismo?*, é uma prova da exiguidade da documentação sobre o tema do Estado na tradição do pensamento socialista, sobretudo quando comparada com a rica tradição do pensamento liberal. Um Estado sobrecarregado de funções, que geram inclusive uma multiplicidade de entidades dispersas que escapam aos controles clássicos, como se verifica na práxis do Estado contemporâneo, e que tende a perdurar, seja qual for o regime econômico, conclui Bobbio na sua crítica ético-política, não pode ser democratizado apenas por meio de fórmulas de confraternização do tipo das preconizadas por Marx e retomadas por Lênin em *O Estado e a Revolução*[40].

Daí a conveniência, para uma crítica ético-política baseada nessas perspectivas, de se retomar, no plano da filosofia política e jurídica, o tema da tirania e do despotismo.

Bobbio, no seu curso, menciona, entre os tratados medievais sobre o tema, o *De regimine civitatis*, de Bártolo (1314-1357), no qual este introduz a distinção entre o *tyrannus ex parte exercitii*, isto é, aquele que é tirano porque exerce abusivamente o poder, e o *tyrannus ex defectu tituli*, isto é, aquele que é tirano porque conquistou o poder sem ter direito. Essa distinção teve sucesso, e o próprio Bobbio dela se valeu para distinguir e diferenciar legalidade de legitimidade[41].

Bobbio também discute o *tractatus De tyranno*, escrito no final do século XV por Colucio Salutati, em que este retoma a distinção de Bártolo e indica, como característica do *principatus despoticus*, a situação em que o rei governa no interesse próprio, adicionando a essa postura aristotélica a nota: como se os seus súditos fossem escravos[42], e não homens livres.

Entretanto, mais do que a discussão sobre o tema da tirania e do despotismo nos diversos autores que Bobbio examina, creio que importa mencionar, para os propósitos desse ensaio, os capítulos XI e XIV do curso, intitulados,

38 Ibidem, p. 63, 186-187 e 188-191.
39 Ibidem, p. 186.
40 *Quale socialismo?*, p. 27-35 e 36. Cf. também M. Reale, *O Homem e Seus Horizontes*, p. 151-152.
41 *La teoria delle forme di governo...*, p. 65; *per una teoria generale del Diritto*, p. 83.
42 *La teoria delle forme di governo...*, p. 65-

parte v: teoria política

respectiva e significativamente, *Intermezzo sul dispotismo* e *Intermezzo sulla dittatura*. Em ambos, Bobbio refaz as doutrinas do passado para poder encaminhar a crítica ético-política do presente, com os olhos voltados para o futuro.

No *intermezzo* sobre o despotismo, Bobbio aponta as continuidades e as descontinuidades entre Montesquieu e a tradição que o precede. O elemento de continuidade, em relação à categoria do despotismo, reside na delimitação histórica e geográfica dessa forma de governo, que a tradição ocidental sempre localizou fora da Europa – na Ásia ou no Oriente. O elemento de descontinuidade é a originalidade de Montesquieu ao considerar o despotismo não como uma monarquia degenerada, à maneira de Aristóteles, Maquiavel e Bodin, mas sim como uma forma autônoma de governo, explicável por uma série de variáveis, entre as quais se incluem o clima, o terreno, a extensão do território, a religião e a índole dos habitantes.

Até o século XVII, seja como monarquia degenerada, seja como categoria autônoma, o despotismo sempre foi encarado como uma forma negativa de governo. Entretanto, é nessa época que, pela primeira vez na história do pensamento político, surge, com os fisiocratas, uma avaliação positiva do despotismo. É a célebre tese do *despotismo esclarecido*, propugnada por François Quesnay (1694-1774), Pierre Samuel Dupont de Nemours (1739-1817) e Paul Pierre Mercier de la Rivière (1720-1793). Em síntese, para esses autores, as leis positivas devem ser leis declaratórias da ordem natural, aplicadas por um príncipe ilustrado, pois apenas o governo de uma só pessoa pode se deixar guiar pela evidência racional[43], que segundo essa corrente é capaz de esclarecer e nortear a vida da comunidade política.

Se o despotismo até o século XVII sempre foi visto como uma forma degenerada de governo, o mesmo não se pode dizer da ditadura, que na sua origem romana, como lembra Bobbio no *intermezzo* final de seu curso, era uma magistratura constitucional extraordinária, que nada tinha a ver com o despotismo, pois a excepcionalidade dos poderes do ditador, proveniente de um estado de necessidade e não da história ou da geografia, tinha como contrapeso uma duração limitada. Classicamente, o poder do ditador era apenas o executivo. Ele podia suspender as leis, mas não modificá-las. Essa é a acepção de ditadura tal como aparece, por exemplo, nas reflexões e análises de Maquiavel, Bodin e Rousseau[44].

Esse conceito de ditadura se altera com a Revolução Francesa, quando se instaura,

Ibidem, p. 151-160.
Ibidem, p. 201-206.

como dirá Carl Schmitt, uma ditadura soberana e constituinte. Essa, na lição de Saint-Just e Robespierre, baseia-se na concomitância da virtude e do terror, posto que o terror sem a virtude é funesto, e a virtude sem o terror é impotente. A ditadura jacobina, ao insistir no terror, aproxima pela primeira vez o despotismo, caracterizado, como dizia Montesquieu, pela igualdade diante do medo, da ditadura.

A ditadura jacobina assinala também o desaparecimento da monocraticidade do poder, pois este não é mais, como na tradição clássica, a magistratura de uma só pessoa, mas a ditadura de um grupo revolucionário – no caso da França, a Comissão de Salvação Pública. Essa dissociação entre o conceito de ditadura e o conceito de poder monocrático indica, consoante Bobbio, a passagem do uso clássico do conceito ao uso marxista, engeliano e leninista, que introduziu e divulgou a expressão "ditadura da burguesia" e "ditadura do proletariado", com isso entendendo o domínio exclusivo de uma só classe social[45].

Não é preciso lembrar que o medo e o terror que se associaram ao conceito de ditadura jacobina deram a essa forma de governo uma conotação negativa, que se verifica hoje em dia no uso quotidiano da palavra. Por outro lado, a dimensão de virtude imprime ao termo a sua conotação positiva clássica. Essa conotação positiva tem, como aponta Bobbio, um nexo com o despotismo esclarecido na medida em que, na sua vertente marxista-leninista, é uma forma de governo conduzida por uma vanguarda aparentemente iluminada por propósitos de virtude. Se existe um nexo com a tirania – e essas são as palavras finais de Bobbio no seu curso –, esse é um juízo que ele submete, hegelianamente, ao tribunal da história[46].

Se Bobbio, no seu curso, suspende o juízo, até mesmo por uma exigência de rigor explícita na sua proposta pedagógica, não é isso o que ele faz na sua crítica ético-política quando, em *Quale socialismo?*, não hesita em dizer que, se ditadura é domínio discricionário e não se reveste de uma natureza excepcional e provisória, o termo apropriado é despotismo, com todas as cargas negativas que essa forma de governo carrega na tradição da filosofia política[47]. Daí a insistência de Bobbio, enquanto liberal e socialista, na democracia enquanto forma de governo.

Diria, nesse sentido, que a tradição do pensamento liberal – Locke, Kant, Benjamin Constant, Tocqueville – e as técnicas do Estado de Direito que inspiraram

45 Ibidem, p. 145, 206-208.
46 Ibidem, p. 211.
47 *Quale socialismo?*, p. 55-56.

o normativismo convergem, na reflexão de Bobbio, no sentido de evidenciar que o exercício do poder, no bom governo, requer instituições disciplinadas pelo princípio da legalidade. Por outro lado, a tradição socialista de Bobbio o impele a insistir no aprofundamento e na extensão, *ex parte populi*, da legalidade, através da recuperação das instâncias democráticas da sociedade por meio de regras que permitam a participação de maior número de cidadãos nas deliberações que os interessam, seja nos diversos níveis (municipal, regional, nacional), seja nos diversos *loci* (escola, trabalho etc.).

Em síntese, para Bobbio, o problema do desenvolvimento da democracia no mundo contemporâneo não é apenas *quem* vota, mas *onde* se vota e se delibera coletivamente, pois é no controle democrático do poder econômico que, segundo ele, se vencerá ou se perderá a batalha pela democracia socialista. Essa postura em prol da democracia, que é mais revolucionária do que a socialização dos meios de produção, posto que subverte a concepção tradicional de poder, Bobbio a justifica com argumentos históricos, éticos, políticos e utilitários[48].

Bobbio aponta que hoje se atribui à democracia um valor positivo, que contrasta com significativas correntes da tradição clássica. Historicamente, esse valor positivo resulta do desenvolvimento, a partir do século passado, no contexto institucional do Estado liberal, do movimento operário, da extensão do sufrágio e da entrada em cena dos partidos de massa que, num processo de ação conjunta, evidenciaram as necessidades de reforma da sociedade.

Eticamente, Bobbio explica porque o método democrático tende a ativar a autonomia da norma aceita e, portanto, diminuir a heteronomia da norma imposta. Politicamente, ele evoca a sabedoria institucional da democracia, que enseja um controle dos governantes através da ação dos governados, com isso institucionalizando um dos poucos remédios válidos contra o abuso de poder. E, finalmente, a partir de uma óptica utilitária, Bobbio reafirma a sua convicção de que os melhores intérpretes do interesse coletivo são os próprios interessados[49].

Bobbio não ignora as dificuldades da democracia, porém insiste nos seus méritos, seja porque examina os problemas do Estado *ex parte populi*, vendo portanto como problema de fundo das formas de governo o da liberdade[50], seja porque, coerentemente com essa perspectiva, realça que as normas podem ser criadas de

Ibidem, p. 27, 32, 37, 38, 53, 85 e 100 e Della libertà dei moderni comparata a quella dei posteri, em A. P. D'Entrèves (org.), *La libertà politica*, p. 67-99.
Cf. *Quale socialismo?*, p. 76-79.
La teoria delle forme di governo..., p. 25.

dois modos: autonomamente pelos seus próprios destinatários ou heteronomamente por pessoas diversas dos destinatários. *Ex parte populi*, é evidente a razão pela qual Bobbio prefere a democracia enquanto processo de nomogênese jurídica, posto que se trata de uma forma de governo que privilegia uma concepção ascendente de poder graças à qual a comunidade política elabora as leis através de uma organização apropriada da vida coletiva. De fato, como diz Bobbio, democrático é o sistema de poder no qual as decisões que interessam a todos – e que por isso mesmo são coletivas – são tomadas por todos os membros que integram uma coletividade[51]. Isso, no entanto, não ocorre espontaneamente, sem uma organização apropriada que, por sua vez, requer regras de procedimentos. Daí o papel do Direito enquanto técnica de convivência indispensável para a reforma da sociedade.

Esses procedimentos que, enquanto legalidade, conferem qualidade ao exercício do poder, são indispensáveis, dada a relevância da relação entre meios e fins e dado o nexo estreito que existe entre procedimentos e resultados. O resultado da tortura, lembra Bobbio, pode ser a obtenção da verdade; entretanto, trata-se de procedimento que desqualifica os resultados. Os meios, portanto, condicionam os fins, e os fins, conclui Bobbio, só justificam os meios quando os meios não corrompem e desfiguram os fins almejados[52].

É nesse sentido que se pode dizer que o rigor técnico do normativismo de Bobbio está a serviço da causa da liberdade na sua defesa de um socialismo democrático. De fato, uma das notas importantes que o rigor técnico de Bobbio evidencia, no estudo dos ordenamentos jurídicos do Estado contemporâneo, é o fato de os ordenamentos obedecerem, hoje em dia, a um princípio dinâmico; ou seja, as normas que os compõem mudam constantemente para enfrentar os desafios da conjuntura. É por essa razão que ele dá ênfase à distinção técnica entre normas primárias e normas secundárias. As normas primárias são as que prescrevem, proscrevem, estimulam ou desestimulam comportamentos para a sociedade. Como estão em contínua transformação, torna-se cada vez mais relevante – ao contrário do que ocorre num Direito tradicional e sedimentado – estudar os procedimentos por meio dos quais essas normas são criadas e aplicadas. Daí a relevância do estudo das normas secundárias, isto é, das normas sobre normas, que são basicamente aquelas que tratam ou da produção das normas primárias, ou do modo como as normas primárias são aplicadas. É, portanto, através das normas

51 *Quale socialismo?*, p. 70-72.
52 Ibidem, p. 44 e 82-83.

secundárias que se pode, numa compreensão moderna da legalidade, cuidar da qualidade dos procedimentos e do nexo positivo entre meios e fins[53].

Por outro lado, afirma Bobbio, o modo como o poder é conquistado não é irrelevante para a forma pela qual ele será exercido[54], estabelecendo ele, dessa maneira, o nexo entre a legalidade enquanto qualidade dos procedimentos e a legitimidade enquanto título para o exercício do poder. Já Políbio – o grande teórico do governo misto, que Bobbio analisa com muita finura no capítulo IV do seu curso – afirmava que o início não é apenas a metade do todo, como reza o provérbio grego, mas alcança e vincula o término[55]. Na expressiva afirmação de Guglielmo Ferrero, a legitimidade é uma ponte de natureza jurídica que se insere entre o poder e o medo para tornar as sociedades mais humanas[56]; se assim é, não há de ser pelo terror, ainda que imbuído de virtude, mas sim pelo consenso do agir conjunto, que se implantará, na visão de Bobbio, uma democracia socialista.

Essa postura de Bobbio, na sua crítica ético-política, quanto ao tema da legitimidade e da legalidade, resulta, creio eu, da firmeza de suas convicções liberais e da generosidade de sua militância socialista. Raymond Aron tem razão quando afirma que os liberais da linhagem de Tocqueville, entre os quais se inclui Bobbio, participam sem receio da empresa prometeica do futuro, esforçando-se para agir segundo as lições, por mais incertas que sejam, da experiência histórica, preferindo conformar-se com as verdades parciais que recolhem do que valer-se de falsas visões totais[57]. Já os socialistas democráticos, como Bobbio, de extensos conhecimentos de filosofia, não fazem parte daqueles que dizem: "É preciso tudo destruir para a seguir recomeçar da estaca zero". Como afirma outra grande figura contemporânea da esquerda democrática, Pierre Mendès-France, na conclusão de seu livro *La Vérité guidait leur pas*: "On ne repart pas de zéro – ou alors on impose des cruautés et des convulsions que nous avons le devoir d'épargner aux plus faibles et aux nouvelles générations. Et on perd du temps. Je suis impatient"[58].

Penso que, na defesa da causa da liberdade, a verdade guiou os passos de Bobbio – para concluir com o título do livro de Mendès-France – no caminho que percorreu

Studi per una teoria generale del Diritto, p. 175-197; *Dalla struttura alla funzione*, p. 172; *Teoria dell'ordinamento giuridico*, p. 34-39. *Quale socialismo?*, p. 13.
Cf. Polybe, *Histoire*, Livro II, cap. II, p. 398.
Cf. J. J. Chevalier, La Légitimité selon G. Ferrero, *Annales de Philosophie Politique*, p. 211.
Cf. R. Aron, *De la condition historique du sociologue*, p. 64-65.
P. Mendès-France, *La Vérité guidait leur pas*, p. 258. "Não se recomeça do zero – ou então são impostas crueldades e convulsões que temos o dever de poupar aos mais fracos e as novas gerações. E perde-se tempo. Eu sou impaciente." (Tradução nossa)

e que transita, conforme procurei mapear nessas notas, pela filosofia do direito, pela filosofia política e pela crítica ético-política das leis. Um caminho em que o rigor da análise do filósofo não impede o juízo do militante, e a técnica do jurista não paralisa os esforços do cidadão para realizar os valores da justiça.

12. Sobre *Estado, Governo, Sociedade: Para uma Teoria Geral da Política*[1]

No prefácio a *Estado, Governo, Sociedade: Para uma Teoria Geral da Política*, Bobbio sublinha a importância das dicotomias no processo de conhecimento, apontando que elas podem ter um uso descritivo – que busca esclarecer conceitos –, um uso axiológico – que registra juízos de valor – e um uso histórico – que delineia uma filosofia da história.

A caracterização dicotômica descritiva tem um papel importante no percurso intelectual de Bobbio, no qual se encontram, alternados, trabalhos especializados de filosofia e teoria geral do Direito, estudos de história do pensamento político, análises de problemas políticos da atualidade e ensaios de história da cultura. É mesmo uma das características de seu estilo, que se vale das distinções para depurar os conceitos das confusões derivadas da sinonímia e da ambiguidade.

Na obra de Bobbio, a arte combinatória e classificatória das dicotomias tem, por força de seu emprego descritivo, uma função pluralista. É a sua maneira de iluminar, através da clareza e do rigor – dois ingredientes constitutivos de sua reflexão –, uma realidade percebida como complexa. Por isso o seu pensamento nunca se reduz a esquemas simplificadores, contribuindo decisivamente para o nosso entendimento das coisas. É o que também ocorre nesse livro, que trata de temas recorrentes na sua obra.

Resenha de *Estado, Governo, Sociedade: Para uma Teoria Geral da Política*, tradução brasileira de *Stato, governo e società: per una teoria generale della política*, de Norberto Bobbio, publicada na *Revista Brasileira de Estudos Políticos*, da Universidade Federal de Minas Gerais, no número de julho de 1988/ janeiro de 1989. O texto integra também o livro *Desafios: Ética e Política*, de minha autoria.

É por essa razão que, com proveito, o capítulo 1, "Público/ Privado", pode ser lido em conjugação com "A Democracia e o Poder Invisível", que integra *O Futuro da Democracia*; o capítulo 2, "A Sociedade Civil", com *Gramsci e a Concepção da Sociedade Civil*, publicado em português pela Graal em 1982; e o capítulo 4, "Democracia e Ditadura", com vários capítulos de *A Teoria das Formas de Governo*, editado pela Universidade de Brasília em 1980.

No primeiro ensaio, Bobbio examina a distinção entre o público e o privado, mostrando como essa dicotomia tem uma dupla acepção: a do público como o que se contrapõe ao particular e a do público como o que se contrapõe ao secreto. Trata-se, em síntese, de um ensaio da maior relevância, particularmente no atual momento, pois com a Constituinte defronta-se a sociedade brasileira com um duplo dilema: 1. o de evitar a publicização do privado (por exemplo: a estatização da economia) e a privatização do público (por exemplo: os favores do clientelismo político); e 2. o de reduzir o segredo do poder invisível (econômico, militar e de informações) para assegurar a transparência do Estado – e com ela a institucionalização da democracia.

No segundo ensaio, Bobbio examina o conceito de sociedade civil. Esse conceito foi largamente utilizado no debate político brasileiro recente, em contraposição ao de Estado, tendo essa dicotomia sido empregada axiologicamente como um instrumento de combate ideológico na afirmação do conteúdo democrático das aspirações da sociedade em contraposição às características autoritárias do Estado brasileiro durante o regime militar. Bobbio coloca esse problema, graças ao uso descritivo da dicotomia, no seu devido lugar. Sociedade e Estado "atuam como dois momentos necessários, separados mas contíguos, distintos mas independentes do sistema social em sua complexidade e em sua articulação interna". Dessa maneira, ele resgata a importância da distinção, que caracteriza a tradição liberal, entre Estado/sociedade.

De fato, a redução da sociedade ao Estado, na proposta do socialismo estatal, tem uma vocação totalitária na sua propensão ao controle absoluto da sociedade pelo Estado. Por outro lado, a redução do Estado à sociedade – que é a aspiração do projeto anarquista – perde-se no imaginário da utópica convivência harmônica entre os homens, que dispensaria as tarefas de coordenação da sociedade realizadas pelo Estado.

No quarto ensaio – "Democracia e Ditadura" – Bobbio resgata a atualidade dos argumentos clássicos a favor e contra a democracia; examina as características da democracia moderna, contrapondo descritivamente a

parte v: teoria política

democracia representativa à direita, a democracia política à social e a democracia formal à substancial, e todas elas à ditadura dos antigos, à ditadura moderna e à ditadura revolucionária. Nesse sentido, ele retoma ideias contidas em *Quale socialismo?*, um de seus livros de maior repercussão, no qual afirma que a institucionalização da democracia exige tanto um encaminhamento adequado à pergunta "quem governa?" – um, poucos ou muitos – quanto à pergunta "como se governa?" – se bem ou mal.

O terceiro ensaio – "Estado, Poder e Governo" – é o mais longo dos capítulos do livro e o mais importante. Nele, Bobbio articula com maior abrangência toda a reflexão de uma vida sobre o problema do Estado, unindo tanto o ponto de vista jurídico quanto o político. Trata-se, com efeito, de uma teoria geral de política. Não é possível sumariá-la e comentá-la nos limites de espaço de uma resenha. Diria apenas que Bobbio tem o mérito de incorporar, numa síntese de grande originalidade e vigor, a tradição jurídica, a tradição do pensamento filosófico-político e as inovações da ciência política contemporânea. Destaca-se pela combinação de ingredientes variados, nos quais estão presentes axiologicamente a vocação de liberdade e a aspiração de igualdade, e descritivamente o realismo, que, se afasta Bobbio das utopias infundadas, nele não elimina a confiança histórica no papel não apenas instrumental, mas construtivo, da razão a serviço de uma perspectiva *ex parte populi*.

Em síntese e para concluir: um livro extremamente significativo de um grande homem, que é, sem dúvida, um dos grandes pensadores da segunda metade do século XX.

13.

Bobbio: Razão, Paz e Democracia[1]

I

A obra de Norberto Bobbio pode ser vista como uma reflexão em contínuo processo de aperfeiçoamento, girando em torno de certos temas fundamentais do Direito e da política, que, através do método de aproximações sucessivas, ele ilumina a partir de diversas perspectivas. Nesse percurso, desempenha um grande papel a clarificação dos conceitos por meio da análise linguística, instigada pela percepção dos problemas concretos colocados pela experiência da história contemporânea. E, nesse sentido, como observa Ruiz Miguel, um dos seus melhores exegetas, Bobbio faz uma combinação rara, a do senso histórico com a inspiração analítica e a preocupação empírica[2].

Essas virtudes metodológicas contribuem para torná-lo um dos importantes pensadores da segunda metade do século XX, capaz de associar a clareza e o rigor do conhecimento com a visão do significado de uma realidade ontologicamente percebida como complexa. Elas estão presentes nesse novo livro, que reúne três dos seus últimos ensaios, que tratam, respectivamente, das relações entre razão e democracia, da comparação entre a democracia dos

Prefácio a *Três Ensaios sobre a Democracia*, de Norberto Bobbio. O texto foi publicado pela primeira vez no caderno Letras da *Folha de S. Paulo* em 20 de maio de 1989 e integra o livro *Ensaios Liberais*, de minha autoria. Cf. A. Ruiz Miguel, Filosofia de la Historia e Historia de la Filosofia en N. Bobbio, Apresentação, em N. Bobbio, *Estudios de Historia de la Filosofía*, p. 13.

antigos e a dos modernos, com aceno para a dos futuros, e da interação entre a democracia no plano interno e a paz no sistema internacional. Esses temas são recorrentes na reflexão de Bobbio e foram por ele versados em trabalhos anteriores, reunidos *inter alia* em *Politica e cultura*, *O Problema da Guerra e as Vias da Paz*, *As Ideologias e o Poder em Crise*, *O Futuro da Democracia*, *Estado Governo, Sociedade: Para uma Teoria Geral da Política* e *O Terceiro Ausente*.

II

No ensaio sobre razão e democracia, Bobbio observa que a razão não é soberana no campo da ética e da política, e que há uma desproporção entre o que se fala em política sobre o papel da razão e a função que ela efetivamente desempenha na condução da *res publica*.

O argumento ético, observa ele, para diferenciar as boas das más razões dos atores políticos se funda ora em *princípios*, ora em *resultados*. No primeiro caso, estamos diante da afirmação de uma ética de deveres, que corresponde à ética da convicção de que falava Max Weber. No segundo, de uma ética de fins a serem alcançados, que, na ponderação entre meios e fins, legitimariam a ética da responsabilidade, sustentada por Max Weber no seu clássico ensaio sobre a política como vocação.

As dificuldades de uma ética de princípios são de duas ordens: a existência, em todo sistema normativo, de princípios na prática frequentemente incompatíveis (por exemplo: liberdade individual *versus* igualdade social), e a verificação de que, também na prática, não existe princípio que não esteja sujeito a exceções na sua aplicação em determinadas situações concretas (por exemplo: a legítima defesa como exceção ao princípio de não matar).

O ajuste entre princípios incompatíveis, pela prevalência de um sobre o outro, assim como a defesa dos critérios das exceções à regra, na hora do processo decisório, normalmente leva em conta a avaliação dos resultados, o que, por sua vez, coloca as dificuldades inerentes à ética dos fins.

Com efeito, o problema epistemológico de uma ética de fins é o de determinar o resultado, com base no qual se pode emitir um juízo sobre a utilidade ou inutilidade de uma determinada ação, pois, dada a criatividade da ação política de que fala Hannah Arendt, um resultado não é gerado por outros numa cadeia inequívoca de causalidade. É certo que existe o fator tempo, que permite diferenciar o juízo político do momento do juízo histórico. Esse, de fato, ao ensejar a contemplação de um resultado num maior intervalo de tempo, cria condições para a avaliação numa perspectiva mais ampla. Existem, no entanto, controvérsias sobre a avaliação dos resultados que não são dirimidas pelo tempo e pelos historiadores, e que assim escapam ao vôo da coruja de Minerva. Por exemplo: as que dizem respeito ao emprego da violência. Daí, com as indagações a respeito das interações entre a realidade e a racionalidade, o tema da relação entre razão e história.

III

No seu importante ensaio "Filosofía de la Historia e Historia de la Filosofía en N. Bobbio", Ruiz Miguel aponta a dimensão heurística de três metáforas esclarecedoras da relação, ou da falta de relação, entre a história e a razão.

A primeira é a da história como tempestade, furacão, tormenta ou torvelinho, que indicaria o caráter caótico do processo histórico que escapa à razão. Essa metáfora, correspondente à imagem dos peixes que, colhidos na rede do pescador e com seus movimentos tornados inúteis, não escaparão ao seu fim inexorável, foi empregada por Bobbio para exprimir a atitude filosófica do ceticismo – desesperado ou resignado.

A segunda é a da história como teatro, ou seja, como peça – trágica ou cômica – cujos autor e atores conhecem o enredo e o desenlace. Essa metáfora corresponde à imagem wittgensteiniana empregada por Bobbio da mosca na garrafa, a debater-se buscando uma saída, que o observador racional conhece e pode apontar. Dessa forma, traduz-se o ponto de vista do filósofo que, com fé na razão, pretende ter descoberto a finalidade da história e a chave racional da sua trajetória.

Finalmente, a terceira metáfora é a do navio com rumo desconhecido e a do labirinto, exprimindo um modo de conceber a história que, na vida individual e coletiva, destaca a sua criativa imprevisibilidade, mas não recusa a sua racionalidade.

A história assim encarada, como um drama sem unidade predeterminada ou predeterminável, permite chamar a atenção para a existência de limites epistemológicos ao conhecimento histórico, sem recusar, ao mesmo tempo, a possibilidade de um enfoque do processo histórico dotado de objetividade e de universalidade. Essa perspectiva corresponde à imagem do labirinto, de que se vale Bobbio para sinalizar sua visão do papel da razão, que é o de indicar, pelo método de aproximações sucessivas, os caminhos bloqueados – os becos sem saída para a convivência coletiva colocados pela realidade – e o de, pelo mesmo método, buscar caminhos para a saída[3].

Bobbio absorveu a lição do labirinto com grande equilíbrio e maturidade no seu percurso intelectual. Essa lição mostrou-lhe os caminhos de um racionalismo crítico que não confunde o tomar conhecimento da realidade com o tomar posição perante a realidade, uma distinção de *status* epistemológico que não o impede de formular juízos de valor. Esses ele vê como a expressão de uma escolha livre que pode ser argumentada e defendida, no horizonte de um processo histórico aberto. É por isso que ele não é cético no seu relativismo de vocação progressista, que tem suas matrizes num *socialismo liberal* – para usar o título do livro de Carlo Rosselli, que Bobbio aprecia e prefaciou – e que se inspira na indissolubilidade da relação, que ele sabe dilemática, entre liberdade e igualdade[4].

No seu posicionamento, Bobbio entende que na história o único e verdadeiro salto qualitativo – que o seu realismo o impede de afirmar como necessário, por força da questionabilidade da identificação entre ser e *dever ser* – é o da passagem do reino da violência para o da não violência[5]. É por isso que ele opta pela democracia como um sistema cujo princípio é contar cabeças e não cortar cabeças, e pela paz, diante do beco sem saída a que leva à guerra na era nuclear.

Esse é o tema central desse livro. Bobbio o expõe com a clareza iluminada do seu inconfundível estilo, que, como todo estilo, não é a forma que se adiciona à substância, mas sim, como apontou Proust, a qualidade

3 Cf. A. Ruiz Miguel, Filosofía de la Hist[e] e Historia de la Filosofía en N. Bobbio, N. Bobbio, *Estudios de Historia de la Fil[o]fía*, e N. Bobbio, *Il problema della guerra vie della pace*, p. 21-25.

4 Cf. A. Ruiz Miguel, *Filosofía y Derech[o] Norberto Bobbio*, p. 315-348 e 393-430, e Bobbio, Introdução, em Carlo Rosselli, *So[cia]lismo liberale* (1974), p. VII-XXXIX. Perry [An]derson fez recentemente, em The Affinitie[s of] Norberto Bobbio, *New Left Review* (19[9]) uma crítica respeitosa e erudita ao socialis[mo] liberal de Bobbio, da qual discordo. Nela v[ê-se] apesar da indiscutível qualidade intelectua[l do] autor, um bom exemplo de misoneísmo [do] marxismo em relação a outras doutrinas [do] que fala Bobbio na introdução acima cit[ada] ao livro de Rosselli. A resposta a meu ver [foi] feita à crítica de Anderson foi dada por J[osé] Guilherme Merquior em Defensa de Bob[bio] *Nexos* (1988). Existe uma importante cor[res]pondência entre Bobbio e Anderson a r[es]peito dos pontos suscitados por Ander[son] que foi publicada em *Teoria politica*, 5, n. [2] 1989, p. 293-308.

5 Cf. *Le ideologie e il potere in crisi*, p. 94.

diferenciada de uma visão de mundo, como se pode apreciar pela articulação da trama reflexiva dos três ensaios que compõem o livro.

IV

Cortar cabeças é uma característica do estado de natureza, da guerra de todos contra todos, dominados pelas paixões e pela barbárie. É por esse motivo, como aponta Bobbio, que de Hobbes a Kant o pensamento político moderno vale-se do conceito da razão e da racionalidade, não para justificar a democracia, mas para fundamentar o Estado, entendendo como racional a passagem do estado de natureza para o estado de sociedade civil. Esse, como observa Bobbio, tem entre as suas acepções não apenas o vínculo com a *civitas* (a comunidade política), mas também com a *civilitas*[6]. É por esse motivo que se pode buscar na sociedade civil a sua civilidade, ou seja, o refinamento civilizado que se traduz no salto qualitativo da passagem do reino da violência para o da não violência.

Na sua análise, tanto no ensaio sobre razão e democracia quanto naquele sobre a democracia dos modernos comparada com a dos antigos, Bobbio lembra que a tradição da filosofia política, a começar por Platão, é crítica da democracia, nela vendo o oposto da razão, pelas condições que cria para o predomínio das paixões do povo exploradas pelos demagogos. Por isso que a solução clássica, formulada por Políbio, para evitar a tirania da maioria, é a teoria do governo misto, baseado no realismo do controle recíproco dos poderes, que, na Roma republicana, provinha do papel dos cônsules (representativos do princípio monárquico), do senado (representativo do princípio aristocrático) e dos comícios do povo (representativos do princípio democrático). Daí deriva, com outros fundamentos, a teoria do equilíbrio dos poderes que, depois de Montesquieu, se tornou um tema central do constitucionalismo moderno e contemporâneo[7].

A tradição clássica tem da razão uma percepção baseada na identidade entre ser e pensamento e na harmonia entre o homem e o cosmo, ensejadora do acesso racional aos caminhos do mundo, inclusive no campo da política.

Stato, governo, società, p. 37-39.
La teoria delle forme di governo nella storia del pensiero politico, p. 44-58.

Essa percepção corresponde à imagem da mosca na garrafa, que não é a de Bobbio, que escolheu a imagem do labirinto, precisamente pelas dificuldades suscitadas tanto por uma ética de princípios quanto por uma de resultados, para sustentar inequivocamente as boas ou más razões na condução da *res publica*. Por isso que ele sublinha as dificuldades de estabelecer, com argumentos racionais, o conteúdo substantivo do interesse nacional.

Assim, tal como os juristas – que se veem na contingência de definir o Direito pela forma, por meio da validade dos procedimentos de sua criação, dada a contínua mudança do Direito positivo, que torna impraticável identificar o jurídico por seu conteúdo –, Bobbio propõe uma concepção procedimental e não substantiva de democracia. Afirma consequentemente, no plano político, a sua própria visão do jurídico, assinalada por um positivismo moderado[8], e retoma a defesa da democracia como regras de jogo, articulada em *O Futuro da Democracia* e no ensaio sobre a regra da maioria, entendendo-a como uma forma de governo na qual existem certas regras, que lhe são próprias, sobre *quem* deve tomar as decisões coletivas e *como* elas devem ser tomadas.

As regras do jogo democrático representam a civilidade da passagem do reino da violência imposta heteronimamente para o da não violência. Podem ser axiologicamente justificadas pelo atendimento que dão aos valores da liberdade e da igualdade, que caracterizam a tomada de posição de Bobbio, um socialista liberal, perante a realidade. Com efeito, a regra fundamental da democracia é que as decisões devem ser tomadas com o máximo de consenso daqueles que por elas serão afetados (autonomia); como tecnicamente é difícil obter uma decisão coletiva unânime, a solução democrática baseia-se na regra da maioria. Esse é um procedimento que evita a decisão autoritária – imposta de cima para baixo –, que não respeita a liberdade de escolha dos indivíduos nem os reconhece como iguais.

A regra da maioria funda-se numa máxima de experiência: a decisão tomada por maioria atenderá melhor ao interesse coletivo do que a decisão tomada por minorias – máxima que se viu corroborada, a partir do século XIX, pela extensão do sufrágio, pelo surgimento dos partidos de massa e pelo desenvolvimento do movimento operário, dimensões da herança socialista com as quais Bobbio se identifica, e que consolidaram, nas regras do jogo da democracia, a perspectiva *ex parte populi*, ou
seja, a do poder que flui de baixo para cima.

8   *Il positivismo giuridico.*

Essa perspectiva corresponde à tomada de posição de Bobbio, o que não o impede de tomar conhecimento da perspectiva *ex parte principis*, ou seja, a dos que exercem o poder, chamando a atenção para a sua relevância, pois, como discutiu em *Quale socialismo?*, a resposta à pergunta "quem governa?" – a minoria ou a maioria – por si só não define o *como* se governa – bem ou mal[9].

Com efeito, a importância da participação de uma cidadania ativa para o devido funcionamento dos procedimentos democráticos – também uma herança conceitual da democracia dos antigos, que tem a sua matriz inspiradora na Atenas de Péricles – é uma condição para a *distribuição* do poder.

A distribuição do poder, no entanto, não é o único ingrediente da democracia, que requer igualmente, no seu *como*, através do reconhecimento dos direitos humanos, a *limitação* do poder do todo em relação às partes que o compõem. De fato, por si só, o igualitarismo participativo não assegura a liberdade da cidadania. Exige, em consonância com a modernidade, como pressuposto histórico e lógico de toda forma de democracia, a presença da herança liberal que afirma que o governo é para o indivíduo, e não o indivíduo para o governo.

É por esse motivo que, no ensaio sobre a comparação entre a democracia dos antigos e a dos modernos, Bobbio sublinha a relação entre a democracia moderna e o individualismo. Este, na perspectiva ética, significa que a pessoa humana tem dignidade ontológica, e não é apenas uma parte que se dissolve no todo, razão pela qual, metodologicamente, a soberania não pode ser encarada como a do povo, enquanto totalidade indiferenciada, mas sim como a do conjunto dos indivíduos, enquanto cidadãos concretos. Para que esses possam afirmar-se como indivíduos e também exercer a sua criatividade, inclusive no campo econômico, sem serem submetidos aos riscos do coletivismo tirânico da maioria, é preciso que os direitos econômico-sociais – um legado do socialismo, assegurador do direito de participação individualizada no bem--estar social criado coletivamente – sejam necessariamente conjugados com a tutela dos *direitos fundamentais de liberdade* – a liberdade de imprensa, de opinião, de reunião e de associação; ou seja, os assim chamados direitos humanos de primeira geração. Daí a importância do *estado de direito*, do governo pelas leis e não pelos homens, assegurador dos procedimentos democráticos e dos direitos fundamentais que, em conjunto, permitem aos cidadãos fazer a sua política no pluralismo de suas perspectivas[10] e gerar

Quale socialismo?, p. 76; p. VII-XVIII e passim. *Fundamento y Futuro de la Democracia*, p. 33-52; *Liberalismo e democracia*; *Stato, governo e società*, p. 55; e C. Lafer, *Ensaios sobre a Liberdade*, p. 11-48.

poder para realizá-los através da criatividade da ação conjunta, como diria Hannah Arendt.

Aos argumentos acima mencionados, que sustentam a dimensão qualitativa das regras do jogo democrático, ao permitir decisões coletivas que garantam melhor a igualdade e a liberdade, Bobbio agrega considerações sobre a racionalidade dos procedimentos democráticos. Conhecedor dos limites e das aporias da regra da maioria, por ele anteriormente examinados[11], Bobbio entende, no entanto, que a relação entre democracia e razão permite conclusões mais positivas do que negativas.

Com efeito, a racionalidade das regras do jogo democrático é dada pelo livre debate antes da tomada de decisão; pelas diversas formas de controle da decisão tomada; e pela possibilidade, em função desse controle, de rever decisões que se revelarem inoportunas, ineficazes e injustas – ou seja, por procedimentos que se assemelham ao método científico. Nesse sentido, o livre debate e a contínua revisão dos resultados, que caracterizam o método científico – com o qual Bobbio se afina em função de sua preocupação com o rigor do conhecimento –, comportam um paralelo com as regras do jogo democrático.

É evidente que Bobbio, que examinou amplamente o hiato entre as promessas da democracia e a sua realizabilidade, não é ingênuo na sua defesa[12]. Tem clara consciência de que o paralelo entre o método científico e o democrático é apenas uma analogia sugestiva, a começar pelo dado óbvio de que os políticos, ao contrário dos cientistas, devem tomar decisões com pressa, por força da urgência das pressões, e precisam preocupar-se com os destinatários de suas decisões, que, como eles, não são santos – e não se pode pretender que venham a sê-lo. Esse realismo não o impede, no entanto, de afirmar que, no labirinto da vida política, as regras do jogo democrático apontam o caminho da saída para a relação entre razão e política, violência e não violência.

11 La regola di maggioranza: Limiti e apo*
em N. Bobbio; C. Offe; S. Lombardini, *I*
mocrazia, maggioranza e minoranza, p. 33-
12 *Il futuro della democrazia*, p. 7-28 e passir

V

Na sequência do ensaio sobre a democracia dos antigos comparada com a dos modernos e naquele sobre democracia e sistema internacional, Bobbio fala dos dois temas vinculados à tese central desse livro, acima mencionada. O primeiro diz respeito às dificuldades que o universo não democrático do sistema internacional contemporâneo coloca para a afirmação da democracia no plano interno dos países. O segundo trata da possibilidade de a vida internacional comportar o salto qualitativo da passagem da anomia do estado de natureza para o do *nómos* (*nomia*) da não violência.

O primeiro tema se insere na reflexão que vem fazendo Bobbio sobre os obstáculos à realização do ideal democrático, o que, nesse caso, vincula-se à problemática do poder invisível que impede a transparência da *res publica*, por ele examinada em magistral ensaio inserido em *Il futuro della democrazia*[13].

Com efeito, como os Estados democráticos operam num contexto internacional no qual nem todos os Estados são democráticos, existem limites práticos ao ideal de diplomacia aberta. É por esse motivo que as democracias cuja regra básica é o princípio da transparência do exercício do poder, para o controle *ex parte populi* da conduta dos governantes, quando atuam no campo diplomático, exercem o poder de maneira mais opaca.

É isso que explica como a política externa, que é normalmente, em todos os países, esfera reservada do Executivo, enseja os segredos de Estado. Esses têm como justificativa as realidades de um sistema internacional heterogêneo que, ao colocar os imperativos de autodefesa e sobrevivência dos Estados, dão margem aos *arcana imperii*. Em outras palavras: a deliberada opacidade do poder, por força de razões de Estado, argumentada com base nas necessidades de segurança diante dos riscos da vida internacional, que sempre dão espaço para os abusos.

Nesse sentido, o sistema internacional é, de fato, um obstáculo externo à democracia interna, porque dificulta a visibilidade do poder. Por isso que a plena realização da democracia no plano interno requereria a homogeneidade de um sistema internacional integrado apenas por Estados democráticos. Em outras palavras, a condição da possibilidade de publicidade plena do poder

Ibidem, p. 75-100.

13. bobbio: razão, paz e democracia

pressupõe, como já dizia Kant em *Para a Paz Perpétua*, que Bobbio evoca, a universalização do princípio republicano democrático.

O tema do obstáculo externo à democracia interna está ligado, na reflexão de Bobbio, ao da passagem da violência para a não violência no sistema internacional, porque Kant está na raiz tanto do *pacifismo político* – que identifica como uma das causas da guerra o arbítrio do príncipe, que desconhece a vontade e os desejos dos governados – quanto do *pacifismo institucional*. De fato, ao buscar fundar, também em *Para a Paz Perpétua*, o Direito internacional numa federação de Estados livres, Kant coloca a importância de limitar juridicamente a soberania para garantir a paz, como Bobbio expõe no seu curso sobre Direito e Estado no pensamento kantiano e desenvolve, com originalidade, no ensaio sobre a ideia de paz e o pacifismo, inserido em *Il problema della guerra e le vie della pace*[14]. É nessa linha, à qual dá aprofundamento nesse livro, que ele discute o segundo tema.

Na sua obra, Bobbio vale-se frequentemente das dicotomias para, com base na observação das diferenças, contribuir para o esclarecimento da realidade. No ensaio sobre democracia e sistema internacional, aponta que *democracia/autocracia* e *paz/guerra* são duas das grandes dicotomias da política. A primeira, do ponto de vista normativo, esclarece-se pelo duo *autonomia/ heteronomia*, e a segunda, pela oposição entre *nomia (nómos)/anomia*.

A prevalência da autonomia diferencia o *nómos* democrático do autocrático e constitui uma das razões pelas quais ele defende as regras do jogo democrático, pois elas reprimem a violência da heteronomia imposta autocraticamente. Já a oposição entre paz e guerra não é um confronto entre a qualidade de nomias, mas algo que, ao derivar da anomia do estado de natureza, as antecede.

O primeiro passo, portanto, para o salto qualitativo da violência para a não violência, é o trânsito da anomia para o *nómos*, dos riscos permanentes de guerra para as possibilidades de paz, mesmo porque o onipresente risco de guerra nuclear é uma constante ameaça à sobrevivência da humanidade e de qualquer *nómos* democrático.

A guerra é um paradigma da anomia porque no estado de natureza – tal como descrito por Hobbes, autor que Bobbio examinou com particular argúcia e que é a matriz inspiradora do realismo político no estudo

14 *Diritto e stato nel pensiero di Emmanuele* [...] p. 282-286; e *Il problema della guerra e* [...] *della pace*, p. 159-188. Discuti a reflexã[...] Bobbio sobre a guerra e a paz em artigo [...] blicado em meu livro *O Brasil e a Crise M* [...] *dial*, p. 43-63, e incluído neste volume. C[...] Problema da Guerra e os Caminhos da [...] na Reflexão de Bobbio, *supra*, p. 59.

das relações internacionais – não existe nenhuma regra que exclua, e portanto qualifique como ilegítimo, o uso da violência. É por essa razão que, na reflexão contratualista, coloca-se como passo prévio para o estado de paz o pacto de não agressão dos que querem sair do estado de natureza.

Esse pacto, ainda que de conteúdo puramente negativo, é da maior importância para o surgimento da sociedade civil, porque representa o empenho das partes contratantes em excluir o uso da violência nas suas relações recíprocas. O segundo pacto, de conteúdo positivo, é aquele por meio do qual as partes estabelecem regras para a solução pacífica de conflitos futuros.

A eficácia – mas não a validade – desses dois pactos requer a inclusão de um *tertius* ativo (individual ou coletivo) distinto das partes envolvidas, que pode assumir a figura do mediador, do árbitro ou do juiz.

É com base nessas considerações teóricas, inspiradas pelo modelo contratualista e por ele expostas de maneira admirável em mais de uma oportunidade[15], que Bobbio examina o Direito Internacional contemporâneo para observar que, com a Sociedade das Nações – de maneira ainda incompleta – e depois com a ONU, chegou-se no plano mundial a um pacto de não agressão recíproca, e não só à institucionalização do *tertius* na sociedade internacional, como também, diria eu, ao efetivo reconhecimento da existência de uma comunidade mundial que não se reduz à soma dos interesses dos Estados que a integram, mas leva em conta o valor da humanidade.

O *nómos* internacional contemporâneo tem alguns ingredientes democráticos importantes, como o princípio de igualdade de todos os Estados e o reconhecimento crescente dos direitos humanos. É isso que permite falar na superação da anarquia sem incidir necessariamente no despotismo da paz pelo império. Tal ponderação não significa, no entanto, a inexistência de um papel próprio, exercido pelas grandes potências, na manutenção da ordem mundial, explicitamente reconhecido na composição do Conselho de Segurança da ONU. Esse papel, pelo caráter heterônimo, representa um significativo limite ao processo de democratização do sistema internacional.

Bobbio – que na sua reflexão sobre o Direito tratou do descompasso entre a norma e a realidade social e da complementaridade entre validade e eficácia, e que se mostra um realista na avaliação dos fatos políticos, na tradição política

Il modelo giusnaturalistico, em N. Bobbio; M. Bovero, *Società e Stato nella filosofia politica moderna*.

italiana que começa com Maquiavel e passa por Pareto e Mosca[16] – sublinha, por isso mesmo, o que ele denomina a complexidade do sistema internacional.

É essa complexidade que explica a existência, na ordem mundial, de um "duplo" desagregador que se opõe ao *nómos* internacional. Assim como as personagens da literatura moderna, a partir do romantismo, enfrentando a pluralidade contraditória da alma, revelam que na vida o "eu" tem o seu "outro" que a ele se opõe, também na vida mundial existe a duplicidade contraditória entre dois sistemas. Esses se conhecem, mas não se reconhecem; não se ignoram, mas atuam de maneira independente.

Um, o primeiro, é o novo, que acaba de ser descrito e que haure a sua legitimidade do consenso tácito ou explícito da maior parte dos membros da comunidade internacional que mantém viva a ONU. O outro é o velho, o do medo recíproco do estado de natureza hobbesiano, caracterizado pela anarquia entre iguais e pelo despotismo entre desiguais. Na convivência entre esses dois sistemas, o velho é dotado de efetividade, mas perdeu legitimidade, e o novo é legítimo, mas tem a sua efetividade contida pela realidade dos fatos.

É possível a afirmação no tempo do sistema novo com a consequente dessuetude do velho? Bobbio conclui, inspirando-se no pensamento conjectural, que isso é inverificável. Vale-se da paz como ideia regulativa da razão e, à maneira de Kant, sem profecias, abre-se na afirmação do salto qualitativo da violência para a não violência, para a esperança do discurso conjectural. Esse, como pondera Miguel Reale, é um discurso problemático, irredutível ao analógico e ao probabilístico, que nos encaminha para soluções plausíveis[17]. Soluções plausíveis, como diria Bobbio, para buscar saídas diante dos becos sem saída a que pode levar, na era nuclear, a guerra no mundo contemporâneo.

16 *Saggi sulla scienza politica in Italia.*
17 Cf. M. Reale, *Verdade e Conjectura*, p. 27

parte v: teoria política

14. Hobbes Visto por Bobbio[1]

Na obra de Norberto Bobbio, um dos filões mais ricos é a contribuição que o autor vem dando à história das ideias políticas, com destaque para a "lição dos clássicos". Essa contribuição tem como nota identificadora o rigor analítico na reconstrução conceitual das obras dos autores por ele estudados. A esse rigor também se adiciona, como marca registrada, o senso dos contextos históricos, de tal maneira que o leitor sempre pode captar as origens e os efeitos políticos, no tempo, dos textos sobre os quais incide a reflexão do grande mestre de Turim.

Na obra de Bobbio sobre filosofia política, encontram-se grandes panoramas, como é o caso de *A Teoria das Formas de Governo na História do Pensamento Político*, em que se valeu, começando com os gregos e terminando com Marx, do conceito dos temas recorrentes para comparar as diversas respostas dadas pelos pensadores políticos aos modos de organização da vida coletiva. Existem também estudos monográficos, como, por exemplo, *Direito e Estado no Pensamento de Emanuel Kant*, ou o ainda não disponível em português *Locke e il diritto naturale*. Há ainda coletâneas de estudos sobre autores a respeito dos quais longamente meditou. Entre eles cabe destacar os *Estudos Sobre Hegel* e o *Thomas Hobbes*, que acaba de ser editado pela Campus, numa primorosa tradução de Carlos Nelson Coutinho.

Hobbes, assim como Maquiavel, são pensadores da política que assinalam, de maneira

---

[1] Artigo publicado na *Revista Brasileira de Filosofia*, v. 34, fasc. 164, do Instituto Brasileiro de Filosofia, São Paulo, em 1991, e no jornal *O Globo*, do Rio de Janeiro, em 11 de agosto de 1991. Integra também o livro *Desafios, Ética e Política*, de minha autoria.

muito nítida, o surgimento do mundo moderno. A reflexão de ambos, se de um lado instiga, por outro incomoda. Por isso, como observa Bobbio, não tiveram discípulos e seguidores, mas, em compensação, exerceram uma influência subterrânea na filosofia política, pois os que a eles se seguiram acabaram tendo que lidar com os seus argumentos e terminaram absorvendo, de uma maneira ou outra, os seus pontos de vista e a sua metodologia. Na dimensão pessoal, o que distingue esses dois autores tidos como "malditos" é que Hobbes, ao contrário de Maquiavel, jamais se ocupou ativamente da política, nem mesmo como conselheiro do príncipe. Nesse sentido ele foi, como também registra Bobbio, um filósofo da política no sentido mais pleno e mais estrito da palavra – um erudito –, pois, em contraste com Maquiavel, não escreveu levando em conta a experiência prática – que não teve – das coisas da política.

Hobbes é um autor recorrente na reflexão de Bobbio, pois cuidou de temas e problemas que estão no centro da sua agenda de interesses intelectuais, muito voltada para a confluência entre a política e o Direito. Entre esses interesses estão o modelo contratualista da política, da sociedade e do Direito; o Estado moderno; o contraste entre jusnaturalismo e positivismo jurídico; e os riscos da guerra sempre presentes na sociedade internacional contemporânea, na qual prevalece a anarquia do estado de natureza. Isso se vê no *Thomas Hobbes*, que agora se tornou disponível para o leitor brasileiro.

Com efeito, o capítulo I é uma análise do modelo jusnaturalista e contratualista, que tem em Hobbes uma das suas matrizes fundamentais, que se contrapõe ao modelo clássico aristotélico e cuja vigência intelectual se viu erodida a partir da contestação hegeliana. Nesse sentido, o capítulo primeiro faz eco a um outro livro de Bobbio escrito em parceria com Michelangelo Bovero, *Sociedade e Estado na Filosofia Política Moderna*, e ao já mencionado *Estudos sobre Hegel*.

Os capítulos II e III, respectivamente "A Teoria Política de Hobbes" e a "Introdução ao *De Cive*", tratam de como Hobbes, na condição "de um observador despreconceituoso", assistiu, "humanamente horrorizado, mas filosoficamente impassível", ao nascimento de um evento fundamental, o grande Estado moderno – "do qual buscou compreender as causas e a finalidade". Essa busca das causas e das finalidades também caracteriza, na obra de Bobbio, o livro *Estado, Governo, Sociedade: Para uma Teoria Geral da Política*.

Os capítulos IV, "Lei Natural e Lei Civil na Filosofia Política de Hobbes", V, "Hobbes e o Jusnaturalismo", e VI, "Hobbes e as Sociedades Parciais", tratam do inter-relacionamento entre as concepções jusnaturalistas e o positivismo jurídico. Desse, Hobbes é um precursor decisivo, pois acentuou a estatalidade do Direito, o monismo da ordem jurídica e política e a norma como uma expressão da vontade e do poder do soberano. Nesse sentido, esses capítulos guardam correspondência com outros livros de Bobbio. Por exemplo, os ainda não disponíveis em português *Giusnaturalismo e positivismo giuridico* e *Il positivismo giuridico*.

Finalmente, o capítulo VII, "À Guisa de Conclusão", trata da atualidade de Hobbes, pois o "problema que Hobbes se punha diante da paz interna, há três séculos, coloca-se hoje com igual força em face da paz internacional". Tem assim, na obra de Bobbio, a sua contrapartida nos livros que escreveu sobre os dilemas da vida mundial, muito especialmente *O Problema da Guerra e as Vias da Paz* e *O Terceiro Ausente*.

É difícil fazer um mínimo de justiça à rigorosa, claríssima e sempre instigante reflexão de Bobbio no espaço reduzido de um pequeno artigo. Não quero, no entanto, deixar de apontar algo de mais preciso a respeito do seu mergulho na obra de Hobbes. Por isso vou sublinhar alguns aspectos particularmente relevantes dos passos de sua análise sobre a teoria política de Hobbes, contida no capítulo II.

Na reflexão de Hobbes, a ideia dominante não é a oposição opressão/liberdade, mas sim a preocupação com a dicotomia anarquia/unidade. Esse é o seu tema. Ele o trata, para afirmar a importância da unidade do poder, tendo como método o ideal de uma ética demonstrativa. Essa representa uma contestação à tradição aristotélica, que, com a noção de prudência, abre espaços para a disparidade das opiniões.

A busca de certezas, em Hobbes, fundamenta-se numa teoria nominalista e não essencialista do conhecimento, e na consequente possibilidade de demonstrar racionalmente os objetos criados pelo arbítrio das convenções humanas. Entre eles, o *Estado*, que é um artefato construído convencionalmente pelos homens. Resulta ele do temor recíproco da guerra de todos contra todos, na situação anárquica de natureza onde prevalece em estado bruto o realismo do poder diante da escassez dos bens.

Esse artefato é ditado pela razão calculadora que, para Hobbes, não se limita a conhecer pelas causas, mas é capaz de agir em função dos fins. A razão calculadora sugere, assim, a obtenção da paz – o bem supremo diante do medo generalizado que caracteriza a anarquia. Por isso é necessário constituir a regra técnica do acordo de todos para sair do estado de natureza no qual a causa principal da insegurança é a falta do poder comum. Daí o pacto de união que leva ao Estado, definido por Hobbes como "uma multidão de homens unidos como uma pessoa por um poder comum, para a paz, defesa e vantagens comuns dos mesmos".

O poder soberano criado pela regra técnica do pacto de união é irrevogável. Por isso não é possível rescindir o pacto, e daí um aspecto da função conservadora da doutrina de Hobbes. A soberania, além de irrevogável, é absoluta para Hobbes, que assim se contrapõe à teoria do mandato, matriz de "constitucionalismo". Para Hobbes, soberano é soberano, súdito é súdito. Não há direitos do indivíduo a não ser o direito à vida, que deriva da própria lógica do sistema por ele construído, pois o critério do justo e do injusto resulta das leis promulgadas pelo soberano. Essas têm como fim coibir a anarquia dos significados prevalescente no estado de natureza. Por isso, como observa Bobbio, na obra de Hobbes falta uma teoria do abuso do poder.

Finalmente, a soberania é indivisível. Isso significa que Hobbes é contrário à divisão dos poderes no interior do Estado e à separação entre o poder temporal (Estado) e o espiritual (Igreja), vale dizer, ele se contrapõe à teoria clássica de governo misto e ao equilíbrio de poderes a ela inerente, que é outra matriz do "constitucionalismo".

Hobbes, conclui Bobbio, para explicar as reações que suscitou, elaborou uma teoria do Estado que deveria agradar aos conservadores – mas não lhes agradou, pela radical modernidade de sua consequente razão calculadora. Valeu-se, na sua elaboração do ideal da ordem propiciada pela autoridade, dos argumentos caros aos liberais que a ele, no entanto, tiveram que se contrapor, pois não só não retomou o tema da liberdade dos antigos como não foi um precursor da liberdade dos modernos. Se é certo que foi um conservador, categoricamente não é um precursor do totalitarismo, pois o direito à vida em paz é a pedra de toque do seu sistema. Por outro lado, se não reconheceu a eficácia por vezes benéfica do conflito e se a sua visão de história se reduz ao jogo monótono da dicotomia anarquia/Estado (ou *Behomoth* ou *Leviatã*) não é menos verdade que ninguém tratou com mais abrangência sistêmica do Estado, como uma rigorosa disciplina das paixões humanas, que ele descreveu e classificou de maneira insuperável.

Hobbes é um realista e um rigoroso racionalista, capaz de raciocinar implacavelmente com consequências. São virtudes que Bobbio aprecia e que constituem uma parte – mas não o todo – de sua personalidade intelectual. Daí as suas afinidades com Hobbes e a razão pela qual, ao cuidar de alguns dos temas constantes de sua agenda de preocupações, se debruçou sobre a doutrina hobbesiana. Por isso a edição italiana desse livro, que recolhe os seus principais estudos sobre Hobbes (escritos num arco temporal que se inicia em 1939, com a resenha, incluída no apêndice do livro, da obra de Carl Schmitt sobre a teoria do Estado no Leviatã), foi uma iniciativa de amigos e colaboradores de Norberto Bobbio, para celebrar os seus oitenta anos. Esses foram comemorados austera e republicanamente na Universidade de Turim, em outubro de 1989. Foi nessa comemoração, a que tive o prazer e a honra de assistir, que esse livro foi lançado. É, portanto, com muita satisfação – para concluir com uma nota pessoal – que agora posso publicamente dizer algo a respeito da importância que atribuo aos estudos hobbesianos de mestre Bobbio, dele recebidos naquela grata oportunidade.

15.

Democracia
e Relações
Internacionais:

O Cenário Contemporâneo e as Reflexões de Bobbio[1]

I

O cenário internacional desta primeira década do século XXI está sendo significativamente moldado pelos desdobramentos de dois grandes eventos: o ataque terrorista aos EUA em setembro de 2001 e a intervenção militar no Iraque em 2003, patrocinada pelos EUA sem o respaldo das normas que autorizam, nos termos da Carta da ONU, o uso da força. Uma vertente desses desdobramentos diz respeito ao impacto desses acontecimentos na interação democracia, paz e relações internacionais. É disso que tratarei nesta exposição, inspirado pelas reflexões de Norberto Bobbio.

Conferência proferida em 7 de agosto de 2007 na PUC-RS, em Porto Alegre, no âmbito da iniciativa *Fronteiras do Pensamento*, patrocinada pela Copesul, com o apoio institucional da UFRGS, UERGS, Unisinos e PUC-RS. O texto foi publicado no livro *Fronteiras do Pensamento: Retratos de um Mundo Complexo*, organizado por Fernando Schüler, Gunter Axt e Juremir Machado da Silva, e em *Política Externa*, v. 16, n. 3, dez. 2007-jan./ fev. 2008.

Na reflexão de Bobbio sobre a democracia, um dos temas importantes diz respeito a democracia e sistema internacional. Desse tema, e com esse título, se ocupa o último ensaio de *O Futuro da Democracia*. Trata-se de um novo capítulo incorporado à segunda edição do livro, lançada em 1991, e que não constava da primeira edição de 1984. Na

Introdução de 1991, Bobbio explica que o novo ensaio estava ligado à sua assídua e crescente dedicação ao problema da paz, que sempre considerou intimamente vinculado à democracia. Ponderava ele que uma paz mais estável no mundo, segundo seu entender, requer a efetivação de duas condições: o aumento do número de Estados democráticos no sistema internacional e o avanço do processo de democratização do sistema internacional[2].

É importante lembrar, no contexto dessa discussão do ensaio de Bobbio em *O Futuro da Democracia*, que é de 1990 a primeira edição de *A Era dos Direitos*, em cuja introdução afirma, como é sabido: "Direitos do homem, democracia e paz são três momentos necessários do mesmo movimento histórico: sem direitos do homem reconhecidos e protegidos não há democracia; sem democracia, não existem as condições mínimas para a solução pacífica de conflitos"[3]. A articulação entre democracia, direitos humanos e paz, explicitada nesse livro, provém do modo pelo qual Bobbio foi, no seu percurso, por aproximações sucessivas, desdobrando os nexos entre democracia e Direito, Direito e razão, razão e paz, e paz e direitos humanos. No trato desses nexos, no plano internacional, a *vis directiva* filosófica de Bobbio é Kant, ou seja, a paz como um ditame da razão capaz de, no labirinto da convivência coletiva e de seus caminhos sem saída, medir e superar as consequências dos fatos que resultam da social insociabilidade humana. É uma *vis directiva* permeada pelo realismo de um olhar hobbesiano que não recusa, no entanto, os bons ofícios de Grócio nos ajustes e nas reformas que se verificam voltados para nos aproximar da ideia reguladora da razão kantiana[4].

Faço essas observações para indicar, como dedicado admirador de Bobbio e militante da divulgação do seu pensamento, que existem muitos ângulos a partir dos quais o tema *democracia e relações internacionais* poderia ser analisado no contexto de sua obra. Vou abordá-lo de maneira mais circunscrita, repensando, à sua maneira, duas facetas do tema das promessas não mantidas da democracia, derivadas de obstáculos não previstos[5]. Como disse com sabedoria Machado de Assis em *Esaú e Jacó*, o imprevisto é "uma espécie de Deus avulso" que "pode ter voto decisivo na assembleia dos acontecimentos"[6].

Por isso vou apontar, "na assembleia dos acontecimentos", as novas dificuldades para a democratização do sistema internacional e discutir também os novos problemas que

2   Cf. *O Futuro da Democracia*, p. 11-13.
3   *A Era dos Direitos*, p. 21.
4   Cf. F. Cerutti, Kantiano nel cuore, hobbesiano nello sguardo, em C. Ocone (or *Bobbio ad uso di amici e nemici*, p. 171.
5   Cf. *O Futuro da Democracia*, p. 17.
6   M. de Assis, *Esaú e Jacó*, p. 288.

parte v: teoria política

vêm afetando o funcionamento das democracias no plano interno, provenientes das atuais características da dinâmica internacional.

O primeiro item – os atuais obstáculos à democratização do sistema internacional – está ligado às dificuldades que hoje enfrenta o multilateralismo e tem ligação com a unipolaridade dos EUA. O segundo é um desdobramento do que Raymond Aron qualificaria de uma nova e crescente heterogeneidade do sistema internacional. Essa tem a sua raiz no ímpeto de uma lógica da fragmentação, que vem erodindo a construção de uma ordem cosmopolita que estava no horizonte de expectativas no início da década de 1990, com a queda do muro de Berlim e o término da bipolaridade.

Recorrerei, na minha exposição, a Aron, não só pela qualidade de sua reflexão como também porque Bobbio o apreciava. Com efeito, em *O Problema da Guerra e as Vias da Paz*[7], Bobbio discute os diversos tipos de paz baseado na tipologia proposta por Aron em *Paz e Guerra entre as Nações*[8], para indicar que a paz como valor, que é aspiração do pacifismo ativo que defendeu, requer o que Aron, inspirado por Valéry, qualifica de *paz de satisfação*. Essa não é produto do temor e de expedientes como a paz do poder de equilíbrio ou de hegemonia, mas da confiança recíproca entre os atores da vida internacional. É precisamente a confiança recíproca, na qual se lastreia a paz de satisfação, um dos ingredientes que a atual heterogeneidade do sistema internacional corrói, comprometendo, no plano interno, a transparência do poder, que é, para Bobbio, um dos ingredientes decisivos da natureza do regime democrático.

II

No seu ensaio em *O Futuro da Democracia*, Bobbio aponta que, no século XX, com a Sociedade das Nações e depois, com outra amplitude, por meio da Carta da ONU, o sistema internacional caminhou para um *pactum societatis* e para a regulamentação jurídica do uso da força[9]. Na análise desse *pactum societatis*, comenta Bobbio, em textos recolhidos em *O Terceiro Ausente*, que a Carta da ONU é

Cf. *O Problema da Guerra e as Vias da Paz*, p. 154-156.
Cf. R. Aron, *Paz e Guerra entre as Nações*, cap. VI, p. 219-246.
Cf. *O Futuro da Democracia*, p. 198.

a primeira tentativa de transpor, para as relações entre Estados soberanos, os princípios sobre os quais se funda o Estado democrático[10]. Nesse sentido, a Carta da ONU inova em relação ao Pacto da Sociedade das Nações, pois vai além da preocupação com a paz e a segurança coletiva, ao inserir de maneira abrangente a temática dos direitos humanos na construção da ordem internacional. É por isso que, ao avaliar em *A Era dos Direitos* o significado da Declaração Universal dos Direitos Humanos de 1948, da ONU, Bobbio observa que a Declaração, como um desdobramento da Carta da ONU, aponta para uma comunidade internacional não só de Estados, mas de indivíduos livres e iguais[11].

A relação da ONU, como um organismo internacional, com os Estados e com os indivíduos, tem o mérito de se contrapor, no plano do dever ser, à concepção dualista do poder – amigo/inimigo – tal como formulada por Carl Schmitt. Com efeito, a ONU significa a presença e a inserção de um *tertius* representativo de um *pactus societatis* no plano mundial. Esse *tertius*, no entanto, não é um *tertius super partes* porque não existe um *pactum subjectionis*, uma vez que os Estados não delegaram a um poder comum a exclusividade do poder coercitivo[12]. É por isso que no plano internacional convivem o velho e o novo: o velho da efetividade da anarquia entre os iguais e do despotismo entre os desiguais – simplificando Hobbes –, e o novo da *vis directiva* do *pactum societatis* do compromisso da não agressão e da aspiração de um *jus cosmopoliticum* – simplificando Kant.

Bobbio discute, no seu ensaio em *O Futuro da Democracia*, a instável convivência entre o "velho" e o "novo" e não arrisca hipóteses sobre qual deles prevalecerá. Mesmo porque fazer "qualquer aposta sobre o futuro" não é do seu feitio intelectual[13]. No momento atual está prevalecendo o velho. Para isso vem contribuindo o unilateralismo por meio do qual os EUA, na administração Bush, tem exercido o seu poderio. Com efeito, esse unilateralismo exacerba o impacto da clássica lógica das relações internacionais, caracterizada pela distribuição individual, mas desigual, do poder entre os Estados, em função dos novos desequilíbrios provenientes de um sistema internacional no qual a unipolaridade convive com uma lógica de fragmentação.

O evento exemplar do unilateralismo foi a decisão norte-americana de iniciar a guerra no Iraque contra o regime de Saddam Hussein sem o lastro de uma decisão do Conselho de Segurança que respaldasse

10 *Il terzo assente*, p. 220.
11 *A Era dos Direitos*, p. 47.
12 *Il terzo assente*, p. 221-223.
13 *O Futuro da Democracia*, p. 8 e 200.

parte v: teoria política

a legalidade e a legitimidade do uso da força. A carência desse lastro não impediu que o *hard power* dos EUA, como a única superpotência no plano internacional, possibilitasse à administração Bush exercer a soberania norte--americana ao modo de Carl Schmitt, decidindo subjetivamente o estado de exceção e o *hostis justus*[14].

O modo pelo qual o *hard power* foi exercido minou, no entanto, o *soft power* dos EUA e contribuiu, assim, para um antiamericanismo na política mundial. Esse tem, como observam Peter J. Katzenstein e Robert O. Keohane, duas vertentes: a oposição aos EUA por aquilo que hoje são (a única superpotência, o epicentro do processo de globalização, a encarnação do Ocidente etc.) e a oposição aos EUA por aquilo que fazem (basicamente o impacto da sua conduta em relação ao resto do mundo)[15]. As duas vertentes acima mencionadas obedecem a uma dialética de complementaridade e vêm dificultando a formação, liderada pelos EUA, de *coalitions of the willing*. Essas, como uma expressão de um poderio hegemônico, foram concebidas naquele país na década de 1990, depois do fim da Guerra Fria, como uma forma de ação multilateral informal e *ad hoc*, desvinculada tanto do peso dos constrangimentos do processo decisório da ONU quanto dos riscos do unilateralismo[16].

Foram significativas para a ordem mundial as consequências desse "decisionismo" desconsiderador da normatividade por parte dos EUA. Lembro que o governo norte-americano apresentou como justificativa para a derrogação das normas a existência, no Iraque de Saddam Hussein, ao arrepio da legalidade internacional, tanto de armas de destruição de massa quanto de vínculos com as redes terroristas de Bin Laden. Essas justificativas, subsequentemente[17], revelaram-se inequivocamente infundadas. Por isso se confirmou, de forma generalizada, que a ação norte-americana foi – para recorrer à reflexão de Bobbio sobre a autocracia e o poder invisível em *O Futuro da Democracia*[18] – a expressão de uma *arcana dominationis* baseada numa simulação, ou seja, a expressão de um poder hegemônico que, por meio da mentira, ocultou os seus desígnios. Essa imprudente mentira, além do mais, não foi útil, porque os seus resultados não trouxeram *gran cose*, para falar com Maquiavel. Provocaram uma centrífuga desestabilização no Iraque, reforçaram o papel do Irã xiita na região e contribuíram para o agravamento das

Cf. C. Schmitt, Teologia política, em *Le categorie del "político"*, p. 33; e *El Nomos de la Tierra en el Derecho de Gentes del Jus Publicum Europeum*, p. 126s, p. 197s; N. Bobbio, *O Problema da Guerra e as Vias da Paz*, p. 13.
Cf. P. Katzenstein; R. O. Keohane (eds.), *Antiamericanism in World Politics*, p. 2 e passim.
Cf. R. N. Haas, *The Reluctant Sheriff*.
Cf. H. Blix, Questões Sobre a Guerra do Iraque, *Política Externa*, p. 85-95.
Cf. *O Futuro da Democracia*, p. 107.

tensões regionais e extra-regionais de forma mais intensa do que aquela que caracterizou a prévia tirânica prepotência do regime de Saddam Hussein.

Não há dúvida, para não incidir numa ingenuidade analítica, de que o "velho" da efetividade da distribuição assimétrica e descentralizada do poder entre os Estados, no plano internacional, torna sempre problemática a relação entre as normas e a sua aplicação criada pelo "novo" do *pactum societatis*. O "novo" das normas do Direito internacional público positivadas pelo *pactum societatis*, no entanto, tem uma função clara no âmbito mundial contemporâneo. Essa função, como diria Bobbio, inspirada pelo pacifismo jurídico haurido em Kelsen, é a da promoção da paz[19].

Um dos modos pelos quais as normas do Direito Internacional Público positivadas pelo *pactum societatis* promove a paz é indicando e informando os Estados tanto sobre o padrão aceitável de comportamento quanto sobre a provável conduta dos atores estatais na vida internacional. É por essa razão que cabe lembrar que Bobbio, ao discutir, em *O Futuro da Democracia*, a alternativa – governo dos homens ou governo das leis? –, realça que uma das virtudes do governo *sub lege*, além da de obstaculizar o abuso do poder, é a de assegurar a previsibilidade e a calculabilidade das consequências das próprias ações. Por isso a democracia é um governo das leis e, quando perde de vista esse princípio inspirador, degenera em autocracia[20].

Um dos méritos da Carta da ONU como o "novo", diz Bobbio, conforme já mencionado, é o de transpor para as relações entre Estados soberanos os princípios sobre os quais se funda o Estado democrático de direito. É por isso, observo eu, que uma das notas da democracia no plano externo é a importância atribuída ao Direito Internacional na condução da política exterior. É nesse contexto que o precedente do "decisionismo" do estado de exceção representado pela guerra do Iraque, que desconsiderou a Carta da ONU, é grave. Grave não só porque exemplifica as dificuldades da democratização do sistema internacional na vigência da unipolaridade dos EUA. É grave porque também coloca em questão a função estabilizadora, acima mencionada, do Direito internacional. Com efeito, o "decisionismo" unilateralista não promoveu a paz, ao contrário, vem instigando a insegurança coletiva ao configurar uma alteração significativa, geradora de incertezas do espaço de valores condicionadores das ações da política externa.

19 *Da Estrutura à Função*, p. 206-207; N. B⌐ D. Zolo, "Hans Kelsen, la Teoría del De⌐ y el Derecho Internacional", *Anuario de* ⌐ *sofía Jurídica y Social*, p. 25; H. Kelsen, ⌐ *ral Theory of Law and State*, p. 21 e *The* ⌐ *Theory of Law*, p. 37-38.

20 Cf. *O Futuro da Democracia*, p. 171, 172 ⌐

A erosão da função estabilizadora desempenhada pelo Direito Internacional cria a insegurança coletiva, promovendo a multiplicação das tensões. As tensões se diferenciam das controvérsias, como ensina Charles de Visscher[21]. As controvérsias são específicas e configuram um desacordo sobre uma matéria suficientemente circunscrita que, por isso mesmo e com mais facilidade, se presta a um processo diplomático ou jurídico de solução de controvérsias. As tensões, ao contrário, são difusas, pois seu objeto é menos definido. Elas exacerbam conflitos de concepção política sobre a organização da vida em sociedade, razão pela qual são menos redutíveis à razoabilidade de uma lógica diplomática, dificultando o papel da mediação do *tertius* em favor da paz. Em síntese, as tensões promovem a insegurança coletiva ao corroer a confiança, e a falta de confiança estimula a prevalência do "velho", ou seja, instiga a anarquia de um estado de natureza de feição hobbesiana.

Na morfologia das tensões, Visscher faz referência às de hegemonia e às de equilíbrio. No cenário internacional contemporâneo, a tensão de hegemonia resulta do modo pelo qual o governo Bush vem utilizando a preponderância do poder dos EUA. As tensões de equilíbrio são afetadas pela tensão da hegemonia, mas a sua incidência é basicamente regional, variando de grau à luz das especificidades políticas e das rivalidades de cada região. Nesse sentido, por exemplo, o contexto europeu é distinto do asiático, assim como o africano não se confunde com o do Oriente Médio, que é completamente distinto da América Latina.

Existem tensões que são um novo desdobramento dos conflitos não resolvidos da Guerra Fria e da descolonização. É o caso da divisão da Coreia, de Taiwan, da Cachemira, do confronto Israel/palestinos. Existem tensões que provêm da dinâmica do processo de globalização que, com seus fluxos e suas redes, internaliza, de distintas e assimétricas maneiras, o mundo na vida das pessoas. As tensões de hegemonia e de equilíbrio minam, no plano dos fatos, a construção de uma paz de satisfação e estão estacando o processo de democratização internacional. Como aventou Bobbio no prefácio de 1997 à 4ª edição de *O Problema da Guerra e as Vias da Paz*, o término do equilíbrio do terror das armas nucleares – caracterizado por Aron pela fórmula "paz impossível, guerra improvável" – não ensejou, em função da multiplicação das tensões, uma paz acordada ou consensual entre os atores da vida internacional. Trouxe o risco da paz imposta pela potência hegemônica[22],

Cf. C. de Visscher, *Théories et realités en Droit International Public*, p. 91-105 e 371-372.
Cf. *O Problema da Guerra e as Vias da Paz*, p. 16-17.

15. *democracia e relações internacionais*

contida, no entanto, na sua efetividade, pela nova heterogeneidade do sistema internacional – ou seja, a supremacia não se viu acompanhada de uma ampliação da capacidade de controle. Essas duas situações afetam o funcionamento da democracia no plano interno e comprometem a democratização do sistema internacional.

III

Em *Paz e Guerra Entre as Nações*[23], Aron faz uma distinção importante entre um sistema internacional homogêneo e um heterogêneo. Aponta que um sistema homogêneo é aquele no qual os Estados integrantes obedecem a uma mesma concepção de política, em contraste com os heterogêneos, nos quais os Estados têm, no plano interno, princípios e valores da organização da vida coletiva contrapostos. Aron faz essa distinção para esclarecer que a conduta externa dos Estados não é apenas comandada pelas relações de forças, pois ideias e sentimentos influem nas decisões dos atores internacionais, aí incluídas, sublinho eu, as afinidades ou discrepâncias provenientes das maneiras de conceber a vida em sociedade.

Em *La Societé industrielle et la guerre*[24], ao examinar as condições de uma humanidade pacífica, Aron elenca entre elas a ideia de Estados dispostos a se aceitar mutuamente no âmbito da comunidade internacional. Essa aceitação, como diria Kelsen, pressupõe o reconhecimento do outro que não é compatível com o solipsismo voluntarista da soberania. Esse reconhecimento do outro, diz Kelsen, é congruente com os princípios da democracia no plano interno – a tolerância, o princípio da legalidade –, realçando ele também, como Bobbio, a relevância numa democracia, em contraste com uma autocracia, do critério da publicidade do poder[25]. Foi no contexto desse universo conceitual que Bobbio, com inspiração kantiana, discutiu a relação entre democracia interna e paz externa, ponderando a importância de uma progressiva ampliação dos Estados democráticos para uma efetiva paz internacional, com base na *vis directiva* do *pactum societatis* concebido pela Carta da ONU.

23 Cf. R. Aron, *Paz e Guerra entre as N[...]* p. 159-165.
24 *La Societé industrielle et la guerre*, p. 56.
25 Cf. H. Kelsen, State-form and World [...] look, em *Essays in Legal and Moral Ph[...] phy*, p. 95-113.

A queda do muro de Berlim e o fim da URSS geraram, no início da década de 1990, expectativas positivas sobre a possibilidade da construção de uma ordem mundial mais pacífica e cooperativa no âmbito de um sistema internacional de natureza mais homogênea. No imediato pós-Guerra Fria foram sinais apontando nessa direção, entre outros, uma maior convergência dos critérios de legitimidade e uma diluição dos conflitos de concepção, que promoveram a construção de consensos gerais. Disso são exemplos a conferência da ONU do Rio de 1992 sobre meio ambiente e desenvolvimento e a de Viena de 1993 sobre direitos humanos. Essa, por consenso, afirmou a universalidade, indivisibilidade e inter-relacionamento de todos os direitos humanos e apontou não apenas a interdependência entre os direitos humanos e a democracia como também o papel da observância dos direitos humanos para melhorar as condições de paz[26]. Em síntese, Viena formulou em clara linguagem diplomática os nexos entre democracia, direitos humanos e paz, conceitualmente articulados por Bobbio na introdução de *A Era dos Direitos*, já referido no início desta exposição.

O cenário atual é muito distinto e quase nada tem a ver com os sinais de progresso acima mencionados. Para isso – que constitui, como diria Bobbio, um capítulo dos obstáculos não previstos – contribuíram: as crises financeiras que na década de 1990 afetaram as economias dos países emergentes; o vigor dos protecionismos comerciais; o movimento antiglobalização que, no plano dos valores, articula uma identidade de resistência à ordem mundial e ao papel dos mercados; os particularismos que instigam a lógica da fragmentação e a xenofobia; e a violência do poder de negação que anima o solipsismo da "razão" terrorista, cuja expressão mais contundente foi o ataque de 11 de setembro de 2001 aos EUA, a que se seguiram tantos outros em distintas localizações geográficas na Europa, no Oriente Médio, na Ásia e na África. Se à tensão de hegemonia, proveniente do unilateralismo dos EUA que vem comprometendo, como acima mencionado, a função estabilizadora do Direito Internacional, se agregar a lamentável intensificação dos fundamentalismos e dos conflitos étnicos de que são exemplo o que se passou ou se passa em Ruanda, nos Balcãs, no Sudão, parece claro que o horizonte de uma ordem cosmopolita conjeturada por Bobbio, com inspiração kantiana, está nebulosamente distante do nosso olhar.

Na ausência de uma vontade comum de estabilidade dos protagonistas da vida

Cf. Declaração e Programa de Ação de Viena de 25 de julho de 1993, parágrafos 5, 6 e 8.

mundial – de que as multiplicações das tensões são uma expressão – a dialética da complementaridade entre persuasão e subversão decorre, como aponta Aron, das características da heterogeneidade de um sistema internacional, considerando ele que a subversão consiste no suscitar e atiçar o descontentamento dos povos. Pondera ele, igualmente, que não é possível imaginar uma diplomacia não violenta enquanto não for eliminada a violência da política intraestatal[27].

A violência, diz Bobbio, se distingue da força pela desproporção entre meios e fins e porque não tem medida[28]. É isso que vem caracterizando, no plano interno e internacional, numa dialética de mútua complementaridade, o solipsismo da soberania e o solipsismo da "razão" terrorista, que são ingredientes básicos da heterogeneidade do atual sistema internacional. Daí um novo obstáculo para o funcionamento da democracia no plano interno e uma das razões pelas quais uma das promessas não mantidas da democracia é a contenção, a não expansão da transparência do poder.

O terrorismo pode ser entendido como um conjunto de ações voltadas para provocar o medo, que paralisa, e o horror, que desconcerta, com o objetivo de mudar condutas. Obra na nebulosa do caldo de cultura derivado das tensões difusas provenientes dos extremismos e da intolerância, gera a insegurança coletiva, pois é a expressão do "pacto dos violentos", voltada para colocar em questão a confiança numa vontade comum de estabilidade no plano internacional.

O terrorismo não é um fenômeno novo, mas tem, no mundo contemporâneo, uma dimensão transnacional generalizada. Possui uma capacidade de atuação *erga omnes* em função de sua capacidade técnica de atuar em redes que prescindem de estruturas hierárquicas clandestinas como as que identificavam, no passado, as organizações terroristas. Intimida porque o "poder de negação" da violência se viu multiplicado pelos instrumentos que a tecnologia contemporânea oferece.

A violência, como ensina Hannah Arendt, pode paralisar e destruir o poder. Mas da sua negatividade lastreada nos implementos da violência não brota o poder[29]. É por essa razão que ela magnifica as tensões, mas não produz, no solipsismo da sua "razão", o curto-circuito, o estalo, alterador da ordem mundial[30]. É igualmente uma ameaça à democracia, que tem

27 Cf. R. Aron, *Paz e Guerra Entre as N* p. 641-649 e 877.
28 Cf. *Il terzo assente*, p. 151.
29 Cf. H. Arendt, *Sobre a Violência*, p. 42.
30 Cf. L. Bonanate, Terrorismo politico, e Bobbio; N. Matteucci; G. Pasquino (o *Dizionario di politica*.

228   *parte v: teoria política*

como uma de suas regras básicas, como diria Bobbio, "contar cabeças", e não "cortar cabeças", e não comporta, por isso mesmo, a violência política indiscriminada inerente à conduta terrorista.

IV

A dinâmica de funcionamento do sistema internacional acima descrito, além de esclarecer as atuais dificuldades da democratização do sistema internacional, constitui também um obstáculo para a vida democrática no plano interno dos Estados. Esse obstáculo resulta do fato de que essa dinâmica instiga a contenção e não a expansão da transparência do poder, que é uma das notas de um regime democrático na lição de Norberto Bobbio. Por isso se inclui no rol do que Bobbio considera promessas não mantidas da democracia.

Um dos grandes ensaios de *O Futuro da Democracia* é aquele no qual Bobbio discute o tema da democracia e o poder invisível – um dos seus temas recorrentes, que aprofunda igualmente num ensaio posterior, hoje incluído em *Teoria Geral da Política* com o título "Democracia e Segredo"[31]. Para Bobbio, é da natureza da democracia a transparência do poder, o exercício em público do poder comum. Essa é uma exigência não apenas para o controle e avaliação política *ex parte populi* da atuação dos governantes. É, também, diz ele, na esteira de Kant, um requisito moral, pois a publicidade é um teste da moralidade, como afirmado e sustentado no segundo apêndice do *Para a Paz Perpétua*.

Conter a opacidade do poder é um dos desafios da democracia, pois, como aponta Bobbio, evocando Canetti, logo no início do ensaio incluído na *Teoria Geral da Política*, o segredo está no núcleo mais interno do poder. Daí o papel dos *arcana imperii* e seus desdobramentos nos *arcana dominationis* de que é um exemplo, como apontei, o *modus operandi* do unilateralismo da intervenção norte-americana no Iraque. Aos *arcana imperii* corresponde, diz Bobbio, quase como produto natural, os *arcana seditionis*. É o que caracteriza o *modus operandi* da atuação na sombra das redes transnacionais de terrorismo. O solipsismo da soberania e o solipsismo do "poder de negação" da razão terrorista no âmbito da atual heterogeneidade do sistema internacional são impeditivos do

Teoria Geral da Política, p. 399-405.

mútuo reconhecimento e de uma vontade comum de estabilidade. Instigam e promovem, por isso mesmo, tanto os *arcana dominationis* quanto os *arcana seditionis*[32]. Ambos são novos obstáculos externos à democracia interna, ao favorecer o ocultamento do poder.

No seu ensaio em *O Futuro da Democracia*, aponta Bobbio algumas das dificuldades da *debellatio* do poder invisível pelo poder visível da transparência democrática[33]. Uma delas é a do *criptogoverno* da atuação na sombra dos serviços secretos. Outra é a da multiplicação técnica das possibilidades de os governantes controlarem os governados armazenando informações sobre a vida das pessoas. É o risco do *poder onividente* que fiscaliza e controla. Uma das consequências da luta contra o terrorismo, de alcance transnacional, em Estados democráticos, é a ampliação do papel do poder onividente e do cripto governo dos serviços de informação, fundamentado numa espécie de estado de exceção permanente que suspende a plenitude da ordem jurídica democrática. O Patriot Act de 2001 dos EUA é disso um exemplo, como aponta Giorgio Agamben[34]. Nesse sentido, *arcana dominationis* da ordem se combinam com *arcana seditionis* da subversão para, em função da heterogeneidade do sistema internacional, ocultar na sombra o poder e o contrapoder. Dessa maneira, na linha de Bobbio, trazem consequências para a democracia interna dos Estados que derivam de um universo não democrático, carente de um compromisso compartilhado com a função estabilizadora das normas jurídicas.

No seu ensaio, Bobbio também menciona o *subgoverno* da economia que lida com a gestão dos grandes centros do poder econômico. Esse subgoverno, na sua prática, pertence em grande parte, diz ele, à esfera do poder invisível, na medida em que os mercados tendem a escapar ao controle democrático e ao controle jurisdicional. A globalização econômica, que se apoia na inovação tecnológica, vem promovendo a importância crescente dos fluxos e das redes e a diminuição da clássica relevância dos territórios e das fronteiras. Isso vem trazendo uma redução da efetividade dos ordenamentos jurídicos nacionais e, por via de consequência, do potencial do controle democrático e jurisdicional no plano interno dos Estados de atividade econômica transnacionalizada num mercado que é hoje global. Esse também é um desdobramento, que menciono apenas de passagem, das novas realidades internacionais que dificultam a visibilidade do poder democrático.

32   *O Futuro da Democracia*, p. 106-113.
33   Ibidem, p. 117-120.
34   Cf. G. Agamben, *État d'exception*.

V

Bobbio, para ir encerrando esta exposição, entende que o único salto qualitativo na história – possível, mas não necessário – é o da passagem do reino da violência para o da não violência[35]. É por isso que ele opta pela democracia como um sistema cujo princípio é contar cabeças e não cortar cabeças e pela paz, diante do beco sem saída a que pode levar a guerra. Essa, como diz Aron, é um camaleão, assume sempre novas formas, de acordo com os objetivos propostos e em função da pluralidade das armas[36].

Os desdobramentos das promessas não cumpridas da democracia, que discuti, no atual momento favorecem a violência e a guerra. Ensejam, assim, para concluir com Bobbio, o mal ativo e o mal passivo[37]. O mal ativo da prepotência do poder inerente tanto ao unilateralismo dos *arcana dominationis* quanto ao dos *arcana seditionis* do terrorismo e, por via de consequência, a irradiação do mal passivo – sofrido *ex parte populi* por aqueles que acabam padecendo uma pena sem culpa, privados do direito a ter direitos que é a *vis directiva* da Declaração Universal de 1948, que postula (art. XXVIII) uma ordem internacional na qual os direitos e liberdades nela contemplados possam ser plenamente realizados.

Faço ainda uma observação final para matizar o tom pessimista da minha exposição. Bobbio, numa entrevista reflexiva sobre o seu percurso, dada por ocasião dos seus noventa anos a Pietro Polito, diz que a "luz da razão é a única de que podemos dispor para iluminar as trevas nas quais estamos mergulhados", realçando que a razão não nos dá certezas[38]. Por isso não cabe aceitar passivamente como "certezas", ou seja, como conclusões fechadas, as trevas do fecho desta exposição, pois, para continuar com outra metáfora de Bobbio, não estamos como peixes colhidos, inapelavelmente e sem saída, pela rede do pescador[39]. É preciso continuar procurando a saída do labirinto, mantendo os sinais do progresso, como dizia Kant, que cabe detectar, e seguindo, como *vis directiva*, uma frase de Tocqueville, que era do agrado de Raymond Aron: "É preciso ter do futuro o temor salutar que faz velar e combater e não a espécie de terror indolente e ocioso que abate e enfraquece os corações"[40].

Cf. *As Ideologias e o Poder em Crise*, p. III.

Cf. R. Aron, *Penser la guerre, Clausewitz*, v. II; e *L'Age planetaire*, cap. 5.

Cf. *Elogio da Serenidade e Outros Escritos Morais*, p. 182.

Cf. N. Bobbio; P. Polito, Il mestieri di vivere, il mestieri di insegnare, il mestieri di scrivere, *Nuova Antologia*, p. 47.

Cf. *O Problema da Guerra e as Vias da Paz*, p. 49-50.

I. Kant, *Scritti di storia politica e diritto*, p. 227-228; A. de Tocqueville, *De la démocratie en Amerique*, t. II, p. 656; e R. Aron, *De la condition historique du sociologue*, p. 64-65.

15. democracia e relações internacionais

16.

Sobre
Qual Democracia?[1]

I

Na obra de Norberto Bobbio existem certos temas recorrentes. A democracia é, sem dúvida, um deles, como se verifica pelo número de trabalhos sobre o assunto elencados na *Bibliografia* dos seus escritos de 1934 a 1993, organizada por Carlo Violi[2].

No trato dos seus temas recorrentes, Bobbio operava pelo método de aproximações sucessivas. Por isso, uma parte muito significativa da sua obra é constituída por livros que são coletâneas de ensaios. Estes ensaios, reunidos em função dos seus nexos temáticos, além dos méritos próprios, que oferecem ao estudioso o acesso privilegiado ao que foi o *work in progress* da sua iluminadora reflexão.

No campo da teoria política e do temário sobre democracia, obedece a esse critério o mais conhecido dos livros de Bobbio, formado por ensaios reunidos sob o título de *O Futuro da Democracia*, de 1984, cuja segunda edição ampliada é de 1991. Esse livro, em tradução lançada pela Paz e Terra em 2004, é de fácil acesso ao leitor brasileiro. Também

Prefácio a *Qual Democracia?* (2010), tradução brasileira de *Quale democrazia?*, de Norberto Bobbio, organizado por Mario Bussi.
Cf. *Bibliografia degli scritti di Norberto Bobbio – 1934-1993*, p. 446-447.

são de fácil acesso o texto "Democracia e Ditadura", inserido no seu livro de 1985 *Estado, Governo, Sociedade: Para uma Teoria Geral da Política*[3], e os trabalhos que compõem os dois capítulos, "Democracia: Os Fundamentos" e "Democracia: As Técnicas", que integram *Teoria Geral da Política: A Filosofia Política e a Lição dos Clássicos*, de 1999, superiormente organizado por Michelangelo Bovero[4]. Vale a pena, igualmente, lembrar que é da autoria de Bobbio o verbete "Democracia" no amplamente conhecido em nosso país *Dicionário de Política*, que organizou em 1976 com Matteucci e Pasquino[5]. É pertinente registrar que *Qual Socialismo?*, o muito debatido livro também publicado pela primeira vez em 1976, trata do tema da democracia ao inserir a relevância da indagação sobre o *como* se governa no âmbito das questões institucionais, não devidamente aprofundadas, no campo do socialismo, pela esquerda marxista.

A democracia passou a ser um tema recorrente de Bobbio em função do que considerou ser, como explicou em texto autobiográfico[6], o seu dever moral de participar do debate político italiano no pós-Segunda Guerra Mundial e de propor alternativas a tudo aquilo que o fascismo, ao qual se opôs, emblematizou. Ele realçou na sua análise do fascismo que uma das características identificadoras do regime de Mussolini foi a glorificação da violência e o combate à democracia. Como apontou Michelangelo Bovero no prefácio a *Do Fascismo à Democracia*, o modelo interpretativo bobbiano parte de uma aprofundada elaboração em torno da antítese entre fascismo e democracia[7],

É isso que explica o ponto de partida e o empenho de Bobbio na discussão e na defesa da democracia nos escritos de militância política elaborados em 1945-1946, por ocasião do processo da redefinição institucional da Itália após a queda do fascismo, para a qual colaborou integrando a Resistência e o Partido de Ação. Manteve esse empenho até o fim da sua ativa participação no debate público italiano, quando, na década de 1990, tratou da democracia na análise da crise dos tradicionais partidos da Itália que levaram à chamada Segunda República. O livro de 1996, *Entre Duas Repúblicas*, reúne os escritos iniciais e os que poderiam ser qualificados como fecho da sua atuação de intelectual militante em prol da democracia[8].

No arco da sua abrangente reflexão, que conjuga límpidos escritos de militância e elaborações teóricas de grande envergadura, além

3 Cf. *Estado, Governo, Sociedade*, p. 135-16

4 Cf. M. Bovero, *Teoria Geral da Polít* p. 371-471.

5 Cf. N. Bobbio; N. Matteucci; G. Pasqui *Dizionario di politica*.

6 Cf. *O Tempo da Memória*, p. 128.

7 Cf. M. Bovero, em N. Bobbio, *Do Fascis à Democracia*, p. 3 e 25-89.

8 Cf. *Entre Duas Repúblicas*.

dos textos e livros que indiquei, existem trabalhos de muita qualidade e interesse que receberam menos atenção. É o caso da conferência de 1959, *Qual Democracia?*, que foi republicada na Itália em 2009 e que agora está merecendo, muito apropriadamente, uma edição brasileira, tendo em vista também a ressonância que em nosso país tem o seu pensamento[9].

II

O contexto no qual a conferência foi pronunciada está muito bem explicado no prefácio à edição italiana de Francesca Bazoli. Resultou da participação de Bobbio nos Encontros de Cultura realizados na cidade italiana de Brescia por iniciativa de Stefano Bazoli, que tinha sido constituinte e deputado do Partido Democrata Cristão. O objetivo de Bazoli era propiciar, em "educada convivência cívica", o debate entre perspectivas importantes do pensamento contemporâneo com atuação política na Itália, vale dizer, as perspectivas dos liberais, marxistas e católicos. O sentido da convocatória era o de alargar o costume cívico do debate, tão relevante para a vida democrática.

Uma convocatória desse tipo ajustava-se perfeitamente à personalidade de intelectual militante de Bobbio, que tinha publicado, em 1955, *Politica e cultura*. No contexto dos debates com os comunistas italianos sobre a liberdade, o livro era um convite – um *invito all colloquio*, como escreveu – e, ao mesmo tempo, uma advertência aos homens de cultura para que, no plano político, avaliassem todos os argumentos antes de pronunciar-se, controlassem todos os testemunhos antes de decidir-se e não se manifestassem ao modo de oráculos, dotados de certezas definitivas[10].

A edição italiana de *Qual Democracia?* foi publicada sob os cuidados de Mario Bussi, e é de sua autoria o posfácio intitulado "A Lição de um Clássico". O posfácio insere com conhecimento e pertinência essa conferência de 1959 no abrangente percurso intelectual de Bobbio. O que me proponho fazer neste prefácio à edição brasileira, na condição de um estudioso de longa data da obra de Bobbio, que se dedicou à recepção intelectual do seu pensamento em nosso país, é acrescentar algumas observações ao importante texto de Mario Bussi.

Cf. A. Filippi; C. Lafer, *A Presença de Bobbio.*
Cf. *Politica e cultura*, p. 15.

III

Bobbio inicia a conferência registrando que o título coincide com um dos seus primeiros escritos de 1945, publicado em *Giustizia e Libertà*, o jornal turinês do Partido de Ação, ao qual pertenceu. Pondera, no entanto, que aquele e outros escritos daquela época tinham como propósito contribuir para a construção da democracia italiana na era inicial do pós-fascismo, no contexto das propostas de elaboração da nova Constituição. Já a conferência de 1959 tinha outro objetivo: o de avaliar, passados os anos, a condição da democracia na Itália.

Bobbio é um pensador analítico dotado de grande sensibilidade histórica. É por essa razão que Ruiz Miguel, tratando das dualidades do seu pensamento, o qualifica tanto como "analítico historicista" quanto como "historiador conceitualista"[11]. Essa característica do seu estilo de reflexão é muito evidente na conferência de 1959, pois a sua arte combinatória, no manejo dos conceitos, está a serviço do entendimento da concreta realidade histórica da Itália.

Em 1945, ao escrever sobre a interdependência entre instituições democráticas e costume democrático, Bobbio salientou que aquelas precisavam, para durar, do enraizamento no povo desse tipo de costume. Nesse sentido, a Constituição era um ponto de partida, e não de chegada[12]. Como tinha muita clareza a respeito do embate entre os ideais democráticos e a matéria bruta da democracia real[13], não ignorava que a cultura política italiana desfavorecia a consolidação das práticas democráticas. Num texto que consta da orelha do catálogo da exposição que celebrou, em Turim, o seu centenário, apontou que eram características da velha e sempre novíssima Itália real "a prepotência no alto e o servilismo embaixo; [...] a astúcia como suprema arte de governo e a esperteza como pobre arte de sobrevivência; a grande intriga e o pequeno subterfúgio que constituem, em conjunto, a conhecida receita do engano recíproco"[14]. É com essa ciência realista, mas de um realista sempre insatisfeito, que por isso, na sua militância de cunho neoiluminista, não extrai o dever ser da realidade, a *verità effettuale della cosa*, para falar como Maquiavel, que Bobbio se dispõe a analisar a democracia na Itália em 1959.

11 A. Ruiz Miguel, *Política, Historia y Derecho en Norberto Bobbio*, p. 177-183.
12 Cf. *Entre Duas Repúblicas*, p. 39-41.
13 *O Futuro da Democracia*, p. 33-34.
14 *Bobbio e il suo mondo.*

Como é sabido, uma das características que permeiam a sua obra é a originalidade da arte combinatória por meio da qual ilumina e esclarece as coisas, valendo-se tanto da "lição dos clássicos" quanto do emprego das dicotomias voltadas para apontar diferenças e dissimilitudes. Em *Qual Democracia?*, esse traço aparece no uso da distinção, de que se valiam os escritores políticos medievais, entre *translatio imperii* e *concessio imperii*. Na *translatio imperii*, o povo, transmitindo o poder ao soberano, dele abdicava de forma definitiva. Na *concessio imperii* a concessão do poder se fazia a título temporário, revogável se o soberano não cumprisse as obrigações assumidas perante o povo. Retomando essa antiga fórmula, aponta ele que num regime democrático o poder não é transferido para uma classe dirigente, mas é apenas concedido e sempre revogável.

O termo classe dirigente remete, como escreve Mario Bussi, para a teoria das elites que, na Itália, foi elaborada por Pareto e Mosca, duas grandes figuras da ciência política italiana da linha conservadora, que Bobbio analisou em profundidade. Integra o livro que reúne os seus trabalhos sobre Pareto e Mosca – os *Ensaios Sobre Ciência Política na Itália* – um importante capítulo intitulado "Democracia e Elites". Nele, Bobbio examina como três escritores democráticos, Piero Gobetti, Guido Dorso e Filippo Burzio, se valeram das teorias elaboradas por Mosca e Pareto, cujos intentos polêmicos eram antidemocráticos, com o objetivo oposto de sustentar a democracia[15]. Esses três autores se inserem na linhagem das afinidades de Bobbio.

Gobetti é uma referência maior do percurso de Bobbio, que nele admirava a paixão libertária. A sua dedicação à concepção gobettiana de vida pública se expressa no conjunto de textos reunidos em *Italia fedele: Il mondo di Gobetti*[16]. O seu apreço por Burzio, de quem se vale em *Qual Democracia?*, se evidencia pelo fato de que o ensaio que a ele dedicou está inserido no livro significativamente intitulado *La mia Italia*[17].

Bobbio tinha grande identificação com a cultura do Piemonte, dentro da qual se criou e foi formado[18] e da qual Burzio é uma expressão. Bobbio registra que considerava traços de bom piemontês "o fundo comum de uma vontade ativa, a seriedade construtiva, o gosto do real, um sentido de dever combinado com o prazer de ser útil, nenhum fervor ideológico, nenhum abandono lírico, nenhum heroísmo ascético". E também aponta que é "sinal de sabedoria para

Cf. *Ensaios Sobre Ciência Política na Itália*, p. 261-284.
Italia fedele.
La mia Italia, p. 224-236.
O Tempo da Memória, p. 58-78.

um realista não acreditar no milagre da política. Nesse sentido, o realista é o oposto do jacobino"[19]. Como se vê, as facetas da cultura do Piemonte, indicadas por Burzio, e as considerações sobre o realismo como contraponto do jacobinismo, sublinhadas por ele próprio, indicam suas convergências com esse autor, que faz parte da *sua* Itália. Explicam por que estava à vontade para dele se valer em *Qual Democracia?*, a fim de avaliar a política italiana em 1959 como "realista insatisfeito".

Na sua conferência, Bobbio recorre a um livro de 1945 de Burzio no qual esse diz que todas as classes políticas se autoconstituem, mas, depois de se autoconstituírem, umas se *impõem*, outras se *propõem*. Um exemplo das que se impuseram foram as que configuraram o regime fascista. Um exemplo das que se propuseram foram aquelas oriundas da luta contra o fascismo e da guerra de libertação, que se submeteram, por ocasião da redefinição institucional da Itália, ao juízo popular em eleições livres. Era essa classe política que estava atuando quando Bobbio proferiu, em 1959, a sua conferência.

No estudo sobre Burzio em *La mia Italia*, Bobbio aponta que partiu de um postulado liberal conjugado com um postulado democrático. O primeiro enunciava que o progresso social e a liberdade política só podem ser promovidos pela concorrência e pacífica coexistência de todas as elites surgidas do povo. O segundo, que a melhor circulação das elites requer a participação popular no poder político e um mínimo de igualdade dos pontos de partida[20].

Esse é o pano de fundo implícito a partir do qual Bobbio discute a *concessio imperii* numa democracia. Essa pode ser caracterizada como um regime no qual a classe dirigente se propõe à avaliação popular e se renova periodicamente pelo método eletivo. A *concessio imperii*, pontua Bobbio, para ser efetivamente democrática requer, assim, consenso popular, responsabilidade política dos que detêm o poder, e circulação da classe política.

Na sua avaliação do estado da democracia italiana em 1959, ele discute criticamente o funcionamento dos partidos que combinam eleição e cooptação de quadros, desse modo diminuindo a representatividade do consenso popular. Mostra que o poder próprio da burocracia não passa pela verificação do consenso e dá foco próprio às dificuldades existentes na Itália para o desafio democrático da circulação e renovação periódica das elites políticas.

Nessa matéria, realça que a heterogeneidade italiana e as diferenças entre o Norte e

19 *La mia Italia*, p. 234.
20 Ibidem, p. 232.

o Sul acabaram favorecendo o centrismo político encarnado na democracia cristã e, desse modo, obstaculando a alternância das elites políticas. Daí uma das insuficiências da dinâmica da mudança da classe política italiana. Essa insuficiência, com todos os seus senões, teve, no entanto, um mérito, que foi o de impedir a polarização potencial dos extremos incomunicáveis de uma sociedade heterogênea.

O encaminhamento dessa situação de déficit democrático não passa, no entanto, diz em *Qual Democracia?*, por reformas políticas, e sim por políticas públicas que possam tornar a sociedade italiana mais homogênea. Observa, assim, que a democracia italiana, em 1959, estava enfermiça, mas não moribunda, pois a doença mortal, para uma democracia, advém da contraposição polarizada de blocos incomunicáveis da esquerda e da direita.

Passados os anos, e depois da queda do muro de Berlim, em entrevista dada em 1991 a Ezio Mauro, ao discutir a agonia da Primeira República, Bobbio fez uma nova avaliação do papel da democracia cristã, da qual fez parte Stefano Bazoli, que o convidou para ministrar a conferência de Brescia. Nessa entrevista, recolhida no livro intitulado *Il dubbio e la ragione*, disse que seria honesto reconhecer que a democracia cristã assegurou anos de democracia à Itália – uma democracia não exaltante, mas ainda assim democracia. Registrou, citando Maquiavel, que a classe política democrata-cristã não se valeu da força para governar, mas sim da astúcia das raposas[21]. Não se impôs, assim, pode-se concluir, como a classe política fascista que ele combateu, mas se valeu das regras do jogo para resolver com habilidade, ainda que com déficit democrático, os conflitos políticos no período da sua longa hegemonia.

Bobbio aflora, na sua conferência, o tema da governabilidade, indicando que numa democracia a liberdade concedida aos cidadãos não deve tornar impossível a unidade do poder, e a unidade do poder não pode ser tanta que torne impossível a expansão da liberdade. Essa fórmula, na prática política, é sempre instável, pois a democracia trilha a via intermédia entre a eficiência sem consenso e o consenso sem eficiência e, como toda via intermédia, é incerta. Afirma, no entanto, que é melhor a incerteza no bom caminho que a Itália democrática estava percorrendo do que a segurança no mau caminho do regime fascista. Tal afirmação resulta da sua convicção de que no plano do dever ser a democracia é a forma mais perfeita de governo e da sua avaliação de que no plano dos fatos ela é também a mais difícil.

Il dubbio e la ragione, p. 150.

No trato dessas questões, ele pondera o papel das instituições que configuram um regime democrático, mas sublinha que elas são meios para alcançar os valores que as inspiram. Como socialista liberal, realça o valor da igualdade, não como fato para constatar, mas sim como dever a cumprir no enquadramento de um regime democrático. Registro, a título de informação complementar para o leitor brasileiro, que a complexidade do conceito de igualdade, que não é um puro igualitarismo, e o desafio inerente ao conceito de justiça (que começou a tratar, como professor de Filosofia do Direito, a partir da década de 1950) foram examinados por Bobbio em época posterior a essa conferência de 1959 com esclarecedora profundidade[22].

Ele realça, na sua tomada de posição em prol da democracia, que, se a política não se prestasse a melhorar a condição humana, seria pura expressão da política de poder e não interessaria aos participantes dos Encontros de Cultura de Brescia. Essa tomada de posição está em consonância com posteriores elaborações sobre política e poder e sobre ética e política.

No que tange ao tema da interação entre política e poder, afirmará que "o poder pelo poder é a forma degenerada do exercício de qualquer poder"; "pode ser o objetivo do homem político maquiavélico, mas não da Política". Assim escreve: "se o fim da política (e não apenas do homem político maquiavélico) fosse realmente o poder pelo poder, a política não serviria para nada"[23].

Nas múltiplas teorias sobre a relação entre ética e política que passa em revista e recombina analiticamente em ensaios que integram seu *Elogio da Serenidade e Outros Escritos Morais*, cabe lembrar, para o entendimento da sua tomada de posição em *Qual Democracia?* o que diz sobre a recorrente afirmação da tradição realista – que tem em Maquiavel uma das suas matrizes – de que os fins justificam os meios. Diz ele que a direção da análise não deve ser a do juízo técnico-operacional da eficiência dos meios, e sim a do juízo moral sobre a legitimidade do fim amplamente avaliada sobre o bom governo, no devido enquadramento jurídico de um Estado de direito constitucional como o italiano[24].

Já no fecho da conferência, fala na sua *fé* na democracia, que se ampara na *ideia a realizar* da construção de um mundo humano no qual o progresso civil resultará da redução dos extremos que separam a sociedade e da limitação do domínio do homem sobre o homem.

O significado dessa fé democrática pode ser apreendido pela distinção proposta por

22 *Teoria Geral da Política*, p. 297-319.
23 Ibidem, p. 169.
24 Cf. *Elogio da Serenidade e Outros Escritos Morais*, p. 81-83.

Ortega y Gasset entre crenças e ideias, que, por ser uma dicotomia heurística na linha de Bobbio, pode ser útil para o entendimento da sua posição. Observa Ortega y Gasset que "Las ideas se tienen, en las creencias se está" e precisa que crenças não são ideias que temos, mas sim ideias do que somos. As crenças em que estamos nos sustentam e são o fundo a partir do qual pensamos as ideias que resultam da nossa atividade intelectual. As ideias, complementa Ortega y Gasset, necessitam de crítica, como o pulmão de oxigênio, e se firmam e se afirmam apoiando-se em outras ideias que, radicadas em nossas crenças, nos permitem enfrentar o mar de dúvidas que nos envolve[25].

O regime fascista, no âmbito do qual Bobbio viveu os seus anos de formação, foi uma expressão da fúria dos extremos voltada para a destruição da razão que caracterizou, no século XX, boa parte do contexto político italiano e europeu. Em função dessa experiência, como diz Pier Paolo Portinaro, parte significativa da obra de Bobbio está voltada para a busca de alternativas medularmente distintas daquelas que o fascismo emblematizou: a aniquilação da democracia, o belicismo, a glorificação da violência[26]. A fé democrática e o pacifismo de Bobbio têm o vigor de crenças, oriundas da sua contraposição vital a essa visão do mundo e da política. Foi lastreado nessas crenças, na acepção de Ortega, que ele foi, por aproximações sucessivas, elaborando e refinando as suas ideias sobre os méritos e as dificuldades da democracia.

No seu percurso, ciente de que não existe espaço para certezas absolutas, valeu-se, para a defesa da democracia, da razão, que, como reafirmou no seu diálogo com Pietro Polito por ocasião dos seus noventa anos, é a única luz de que dispomos para iluminar as trevas em que estamos imersos[27.]

O resultado dessa dimensão do percurso bobbiano foi uma constelação de trabalhos de límpida reflexão, arguta análise e profundidade de pensamento que abrem caminhos para o bom governo da convivência coletiva. Essa conferência de 1959, que ora se publica no Brasil e que tenho a satisfação de prefaciar, integra de pleno direito a admirável constelação dos ensaios de Bobbio sobre a democracia.

Cf. *Ideas e Creencias*, p. 23-38.
Cf. *Introduzione a Bobbio*, p. 3-4.
Cf. N. Bobbio; P. Polito, Il mestiere di vivere, il mestiere di insegnare, il mestiere di scrivere, *Nuova Antologia*, p. 47.

Bibliografia

Obras de Norberto Bobbio

[1938]. *L'analogia nella logica del diritto*. 2. ed. A cura di Paolo Di Lucia. Milano: Giuffrè, 2006.

[1939]. *Der Leviathan in der Staatslehre des Thomas Hobbes, de Carl Schmitt* (Recencione), *Rivista di Filosofia*, n. 3, giu.-set.

[1948]. *The Philosophy of Decadentism: A Study in Existencialism*. Translated by David Moore. Oxford: Basil Blackwell.

[1950] Scienza del diritto e analisi del linguaggio. In: AA.VV. *Saggi di critica delle scienze*. (A cura del Centro di Studi Metodologici di Torino.) Torino: De Silva.

[1951]. La comunità internazionale e il diritto (a proposito di Mario Giuliano, *La comunità internazionale e il diritto*), *Rivista Trimestrale di Diritto e Procedura Civile*, v. 5, n. 4, dic.

[1952]. *Scienza giuridica e diritto internazionale*, de Roberto Ago (recencione), *Rivista Trimestrale di Diritto e Procedura Civile*, v. 6, n. 2, giu.

[1955]. *Politica e cultura*. Torino: Einaudi.

[1957]. *Diritto e Stato nel pensiero di Emmanuele Kant*. 2. ed. Torino: Giappichelli, 1969. (Ed. brasileira: *Direito e Estado no Pensamento de Emanuel Kant*. Tradução de Alfredo Fait. Brasília: Editora da UNB, 1984.)

[1958]. *Teoria della norma giuridica*. Torino: Giappichelli. (Ed. bras.: *Teoria da Norma Jurídica*. Tradução de Fernando Pavan Baptista e Ariani Bueno Sudatti, apresentação de Alaôr Caffé Alves. São Paulo: Edipro, 2001.)

[1960]. *Teoria dell'ordinamento giuridico*. Torino: Giappichelli. (Ed. brasileira: *Teoria do Ordenamento Jurídico*. Tradução de Ari Marcelo Solon, prefácio de Celso Lafer, apresentação de Tercio Sampaio Ferraz Jr. São Paulo: Edipro, 2011.)

[1960]. Quindici anni dopo. *Risorgimento*, v. 10, n. 1, gen. (republicado em *Rassegna mensile di Israel*, n. 6, giugno 1974; ed. brasileira: Quinze Anos Depois, *Revista USP*, n. 61, São Paulo, mar.-maio 2004.)

[1961]. *Il positivismo giuridico: Lezioni di filosofia del diritto*. 2. ed. Torino: Giappichelli, 1979. (Ed. bras.: *O Positivismo Jurídico: Lições de Filosofia do Direito*. Tradução de Márcio Pugliesi, Edson Bini e Carlos E. Rodrigues. São Paulo: Ícone, 1995.)

[1963]. *Locke e il diritto naturale.* Torino: Giappichelli. (Ed. bras.: *Locke e o Direito Natural.* Tradução de Sérgio Bath. Brasília: Editora da UNB, 1997.)

[1964]. *Italia civile: Ritratti e testimonianze.* 2. ed. Firenze: Passigli, 1986.

[1965]. *Da Hobbes a Marx: Saggi di storia della filosofia.* 2. ed. Napoli: Morano, 1971.

[1965]. *Giusnaturalismo e positivismo giuridico.* 2. ed. Milano: Edizioni di Comunità, 1972.

[1969]. *Saggi sulla scienza politica in Italia.* Bari: Laterza, 1977, 1996 e 2001. (Ed. brasileira: *Ensaios sobre Ciência Política na Itália.* Tradução de Maria Celeste F. Faria Marcondes. Brasília: Editora da UNB; São Paulo: Imprensa Oficial do Estado de São Paulo, 2002.)

[1970]. *Studi per una teoria generale del diritto.* Torino: Giappichelli.

[1971]. *Una filosofia militante: Studi su Carlo Cattaneo.* Torino: Einaudi.

[1976]. *La teoria delle forme di governo nella storia del pensiero politico.* Torino: Giappichelli. (Ed. bras.: *A Teoria das Formas de Governo na História do Pensamento Político.* Tradução de Sérgio Bath, prefácio de Celso Lafer. Brasília: Editora da UNB, 1980.)

[1976]. *Quale socialismo? Discussione di un'alternativa.* Torino: Einaudi. (Ed. bras.: *Qual Socialismo? Discussão de uma Alternativa.* Tradução de Iza de Salles Freaza. Rio de Janeiro: Paz e Terra, 1983.)

[1977]. *Dalla struttura alla funzione: Nuovi studi di teoria del diritto.* Milano: Edizioni di Comunità. (Ed. brasileira: *Da Estrutura à Função: Novos Estudos de Teoria Geral do Direito.* Tradução de Daniela Versiani, prefácio de Mario Losano, apresentação de Celso Lafer. São Paulo: Manole, 2007.)

[1978]. Ebrei di ieri e ebrei di oggi fronte al fascismo, *Il Ponte* 34, n. 11-12, nov.-dic.

[1979]. *Il problema della guerra e le vie della pace.* 4. ed. Bologna: Il Mulino, 1998. (Ed. bras.: *O Problema da Guerra e as Vias da Paz.* Tradução de Álvaro Lorenci. São Paulo: Editora da Unesp, 2003.)

[1980]. *Contribución a la Teoría del Derecho.* Edición a cargo de Alfonso Ruiz Miguel. Valencia: Fernando Torres.

[1981]. Kelsen et les sources du droit, *Revue Internationale de Philosophie*, n. 138.

[1981]. *Le ideologie e il potere in crisi.* Firenze: Le Monnier. (Ed. brasileira: *As Ideologias e o Poder em Crise.* Tradução de João Ferreira. Brasília: Editora da UNB; São Paulo: Polis, 1988.)

[1976]. *Gramsci e la concezione della società civile.* Milano: Feltrinelli. (Ed. bras.: *O Conceito de Sociedade Civil.* Tradução de Carlos Nelson Coutinho. Rio de Janeiro: Graal, 1982.)

[1984]. *Maestri e compagni.* Firenze: Passigli.

[1984]. *Il futuro della democrazia.* 2. ed. Torino: Einaudi, 1991. (Ed. brasileira: *O Futuro da Democracia.* Tradução de Marco Aurélio Nogueira. São Paulo: Paz e Terra, 2004.)

[1985]. *Stato, governo e società: Per una teoria generale della politica.* Torino: Einaudi. (Ed. brasileira: *Estado, Governo, Sociedade: Para uma Teoria Geral da Política.* Tradução de Marco Aurélio Nogueira. Rio de Janeiro: Paz e Terra, 1987.)

[1985]. *Liberalismo e democrazia.* Milano: Angeli. (Ed. brasileira: *Liberalismo e Democracia.* Tradução de Marco Aurélio Nogueira. São Paulo: Brasiliense, 1988.)

[1985]. Introduzione a Immanuel Kant. In: MERKER, Nicolao (a cura di). *Per la pace perpetua.* Roma: Riuniti.

[1985]. *Estudios de Historia de la Filosofía: De Hobbes a Gramsci.* Traducción Juan Carlos Bayon. Madrid: Debate.

[1986]. *Profilo ideologico del Novecento italiano.* Torino: Einaudi.

[1986]. *Italia fedele: Il mondo di Gobetti.* Firenze: Passigli.

[1986]. *Fundamento y Futuro de la Democracia.* Traducción Gabriel del Favero Valdés. Valparaiso: Edeval.

[1989]. *Il terzo assente: Saggi e discorsi sulla pace e la guerra.* A cura di Pietro Polito. Torino: Sonda. (Ed. bras.: *O Terceiro Ausente: Ensaios e Discursos sobre a Paz e a Guerra.* Tradução de Daniela Versiani, prefácio de Celso Lafer. São Paulo: Manole, 2009.)

[1989]. *Nicola Abbagnano.* Bologna: Massimiliano Boni.

[1989]. La rivoluzione tra movimento e mutamento, *Teoria politica* 5, n. 2-3.

[1989]. *Thomas Hobbes.* Torino: Einaudi. (Ed. bras.: *Thomas Hobbes.* Tradução de Carlos Nelson Coutinho. Rio de Janeiro: Campus, 1991.)

[1990]. I Barbari dei lager possono tornare..., *La Repubblica*, a. 15, n. 114, giovedì 17 mag. Testo del discorso (Sinagoga di Torino, 13 mag. 1990). Pronunciato dopo i fatti di Carpentras.

[1990]. *L'utopia capovolta.* Torino: La Stampa.

[1990]. *L'età dei diritti.* Torino: Einaudi, 1997. (Ed. bras.: *A Era dos Direitos.* Tradução de Carlos Nelson Coutinho, introdução de Celso Lafer. Rio de Janeiro: Elsevier, 2004.)

[1990]. *Saggi su Gramsci.* Milano: Giangiacomo Feltrinelli. (Ed. brasileira: *Ensaios sobre Gramsci e o Conceito de Sociedade Civil.* Tradução de Marco Aurélio Nogueira e Carlos Nelson Coutinho. São Paulo: Paz e Terra, 1999.)

[1991]. *Una guerra giusta? Sul conflitto del Golfo.* Venezia: Marsilio.

[1991]. *Três Ensaios Sobre a Democracia.* Tradução de Sérgio Bath, prefácio de Celso Lafer. São Paulo: Cardim e Alario.

[1992]. *Diritto e potere: Saggi su Kelsen.* Napoli: Edizioni Scientifiche Italiane. (Ed. bras.: *Direito e Poder.* Tradução de Nilson Moulin. São Paulo: Editora da Unesp, 2008.)

[1993]. *Teoria generale del diritto.* Torino: Giappichelli.

[1993]. *Il dubbio e la scelta: Intellettuali e potere nella società contemporanea.* Roma: La Nuova Italia Scientifica. (Ed. brasileira: *Os Intelectuais e o Poder: Dúvidas e Opções dos Homens de Cultura na Sociedade Contemporânea.* Tradução de Marco Aurélio Nogueira. São Paulo: Editora da Unesp, 1997.)

[1994]. *Destra e sinistra.* Nuova edizione riveduta e ampliata con una risposta ai critici. Roma: Donzelli, 1995. (Ed. bras.: *Direita e Esquerda.* Tradução de Marco Aurélio Nogueira. Ed. revista e ampliada. São Paulo: Editora da Unesp, 2001.)

[1994]. *Elogio della mitezza e altri scritti morali.* Milano: Linea d'Ombra. (Ed. bras.: *Elogio da Serenidade e Outros Escritos Morais.* Tradução de Marco Aurélio Nogueira. São Paulo: Editora da Unesp, 2002.)

[1994]. *Contributi ad un dizionario giuridico.* Torino: Giappichelli.

[1996]. *Tra due repubbliche.* Roma: Donzelli. (Ed. bras.: *Entre Duas Repúblicas: As Origens da Democracia Italiana.* Tradução de Mabel Malheiros Bellati. Brasília: Editora da UNB; São Paulo: Imprensa Oficial do Estado de São Paulo, 2001.)

[1996]. *Il positivismo giuridico.* Torino: Giappichelli.

[1996]. *De Senectute e altri scritti autobiografici.* Torino: Einaudi. (Ed. bras.: *O Tempo da Memória: "De senectute" e Outros Escritos Autobiográficos.* Tradução de Daniela Versiani, prefácio de Celso Lafer. Rio de Janeiro: Campus, 1997.)

[1997]. *Verso la Seconda Repubblica.* Torino: La Stampa.

[1997]. *Autobiografia.* A cura di Alberto Papuzzi. Roma/Bari: Laterza. (Ed. bras.: *Diário de um Século: Autobiografia.* Tradução de Daniela Versiani. Rio de Janeiro: Campus, 1998.)

bibliografia

[1997]. *Né con Marx né contro Marx*. A cura di Carlo Violi. Roma: Riuniti. (Ed. bras.: *Nem com Marx, Nem contra Marx*. Tradução de Marco Aurélio Nogueira. São Paulo: Editora da Unesp, 2006.)

[1997]. *Dal fascismo alla democrazia: I regimi, le ideologie, le figure e le culture politiche*. A cura di Michelangelo Bovero. Milano: Baldini & Castoldi. (Ed. bras.: *Do Fascismo à Democracia: Os Regimes, as Ideologias, os Personagens e as Culturas Políticas*. Tradução de Daniela Versiani. Rio de Janeiro: Elsevier, 2007.)

[1998]. *L'État et la démocratie internationale: De l'histoire des idées à la science politique*. Édition établie et présentée par Mario Telò. Traductions de Nicola Giovannini, Paul Magnette, Jean Vogel. Bruxelles: Complexe.

[1998]. *Essais de théorie du Droit (recueil de textes)*. Traduit par Michel Guéret avec la collaboration de Christophe Agostini. Préface de Riccardo Guastini. Paris: Bruylant.

[1999]. *Teoria generale della politica*. A cura di Michelangelo Bovero. Torino: Einaudi. (Ed. bras.: *Teoria Geral da Política: A Filosofia Política e as Lições dos Clássicos*. Tradução de Daniela Beccaccia Versiani. Rio de Janeiro: Campus, 2000.)

[2000]. *La mia Italia*. A cura di Pietro Polito. Firenze: Passigli.

[2004]. *Il dubbio e la ragione*. Turim: La Stampa.

[2006]. *Compromesso e alternanza nel sistema politico italiano*. (Saggi su *MondOperaio*, 1975-1989). Introd. Carmine Donzelli, posfazione Luciano Cafagna. Roma: Donzelli.

[2008]. *Contro i nuovi dispotismi: Scritti sul berlusconismo*. Premessa di Enzo Marzo, posfazione di Franco Sbarberi. Bari: Dedalo.

[2009]. *Etica e politica: Scritti di impegno civile*. Progetto editoriale e saggio introdutivo di Marco Revelli. Milano: Mondadori.

[2009]. *Quale democrazia?* A cura di Mario Bussi, premessa di Francesca Bazoli. Brescia: Morcelliana. (Ed. bras.: *Qual Democracia?* Tradução de Marcelo Perine, organização e posfácio de Mario Bussi, prefácio de Celso Lafer. São Paulo: Loyola, 2010.)

Coautoria

BOVERO, Michelangelo. *Società e Stato nella filosofia politica moderna: Modello giusnaturalistico e modello hegelo-marxiano*. Milano: Il Saggiatore, 1979. (Ed. brasileira: *Sociedade e Estado na Filosofia Política Moderna*. Tradução de Carlos Nelson Coutinho. São Paulo: Brasiliense, 1986.)

MATTEUCCI, Nicola; PASQUINO, Gianfranco (a cura di). *Dizionario dei politica*. Torino: Utet, 1976. Nova ed. ampliada, Torino: Utet, 2004. (Ed. brasileira: *Dicionário de Política*. Tradução de Carmen C. Varrialle, Gaetano Loiai Mônaco, João Ferreira, Luis Guerreiro Pinto Cascais, Renzo Dini. Prefácio de Fernando Henrique Cardoso. Brasília: Editora da UNB; São Paulo: Imprensa Oficial do Estado de São Paulo, 2004.)

OFFE, Claus; LOMBARDINI, Siro. *Democrazia, maggioranza e minoranza*. Bologna: Il Mulino, 1981.

POLITO, Pietro. Il mestiere di vivere, il mestiere di insegnare, il mestiere di scrivere: A colloquio in occasione di novant'anni di Norberto Bobbio, *Nuova Antologia*, fasc. 2211, iug.-set. 1999.

PONTARA, Giuliano; VECA, Salvatore. *Crisi della democrazia e neocontrattualismo*. Siena: Riuniti, 1984.

VIROLI, Maurizio. *Dialogo intorno alla repubblica*. Roma/Bari: Laterza, 2001. (Ed. bras.: *Diálogo em torno da República*. Tradução de Daniela Beccaccia Versiani. Rio de Janeiro: Campus, 2002.)

ZOLO, Danilo. "Hans Kelsen, la Teoría del Derecho y el Derecho Internacional: Un Dialogo de Norberto Bobbio y Danilo Zolo", *Anuario de Filosofía Jurídica y Social*, Sociedad Chilena de Filosofia Juridica y Social, 1999.

Referências Gerais

AGAMBEN, Giorgio. *État d'exception*. Paris: Seuil, 2003.

ANDERSON, Perry. The Affinities of Norberto Bobbio, *New Left Review*, 170, jul.-ago. 1988.

ANSART, Pierre. Hannah Arendt: A Obscuridade dos Ódios Públicos. In: DUARTE, André; LOPREATO, Christina; MAGALHÃES, Marion Brepohl de (orgs.). *A Banalização da Violência: A Atualidade do Pensamento de Hannah Arendt*. Rio de Janeiro: Relume Dumará, 2004.

ARENDT, Hannah. *Between Past and Future*. New and enlarged edition. New York: Viking, 1968. (Ed. bras.: *Entre o Passado e o Futuro*. Tradução de Mauro Barbosa, prefácio de Celso Lafer. 7. ed. São Paulo: Perspectiva, 2011.)

_____. *Crises da República*. Tradução de José Volkmann. São Paulo: Perspectiva, 2. ed., 2010.

_____. *Sobre a Violência*. Tradução e ensaio crítico de André Duarte, prefácio de Celso Lafer. Rio de Janeiro: Relume-Dumará, 1994.

_____. *Love and Saint Augustine*. Edited with an interpretive essay by Joanna Vecchiarelli Scott and Judith Chelius Stark. Chicago: The University of Chicago Press, 1996.

_____. *Responsabilidade e Julgamento*. Organizado por Jerome Kohn, tradução de Rosaura Eichenberg, introdução de Jerome Kohn, introdução à edição brasileira de Bethânia Assy. São Paulo: Cia. das Letras, 2004.

ARON, Raymond. *La Société industrielle et la guerre*. Paris: Plon, 1959.

_____. *Paix et guerre entre les nations*. Paris: Calmann-Lévy, 1962. (Ed. brasileira: *Paz e Guerra entre as Nações*. Tradução de Sérgio Bath, prefácio de Antonio Paim. Brasília/São Paulo: IPRI/Imprensa Oficial, 2002.)

_____. *Democracia e Totalitarismo*. Lisboa: Presença, 1966.

_____. *De la condition historique du sociologue*. Paris: Gallimard, 1971.

_____. *Penser la guerre, Clausewitz*. Paris: Gallimard, 1976. 2 v.

_____. *Le Spectateur engagé*. Paris: Julliard, 1981.

ASCARELLI, Tullio. Hobbes et Leibniz et la dogmatique juridique (Présentation). In: HOBBES, Thomas; LEIBNIZ, G. W; ASCARELLI, Tullio. *A Dialogue between a Philosopher and a Student of the Common Laws of England / Specimen quaestionum philosophicarum ex iure collectarum – De casibus perplexis – Doctrina conditionum – De legum interpretatione*. Paris: Dalloz, 1966.

BLIX, Hans. Questões sobre a Guerra do Iraque: O Uso da Força, Armas de Destruição em Massa e as Nações Unidas, *Política Externa*, v. 14, n. 3, dez.-jan.-fev. 2005-2006.

BOBBIO E IL SUO MONDO. Storie di impegno e di amicizia nel 900. Catalogo. Mostra coordinata da Marco Ravelli, ricerca di Paola Agosti, Archivio di Stato di Torino. Torino: Nino Aragno, 2009.

BONANATE, Luigi. *La guerra*. Roma/Bari: Laterza, 1998. (Ed. bras.: *A Guerra*. Tradução de Maria Tereza Buonafina e Afonso Teixeira Filho. São Paulo: Estação Liberdade, 2001.)

_____. Terrorismo politico. In: BOBBIO, Norberto; MATEUCCI, Nicola; PASQUINO, Gianfranco (a cura di). *Dizionario di Politica*, nova edição ampliada. Torino: Utet, 2004.

bibliografia

_____. *Le relazioni degli stati tra diritto e politica: A proposito di Bobbio e altro*. Napoli: Guida, 2008.

_____; BOVERO, Michelangelo (a cura di). *Per uma teoria generale della politica: Scritti dedicati a Norberto Bobbio*. Firenze: Passigli, 1986.

BORSELLINO, Patrizia. *Norberto Bobbio e la teoria generale del Diritto: Bibliografia ragionata 1934-1982*. Milano: Giuffrè, 1983.

_____. *Norberto Bobbio metateorico del Diritto*. Milano: Giuffrè, 1991.

BOVERO, Michelangelo. Identità individuali e colletive. In: BOVERO, Michelangelo (a cura di). *Richerche politiche due*. Milano: Il Saggiatore, 1983.

_____. Introdução. In: BOBBIO, Norberto. *Teoria Geral da Política: A Filosofia Política e as Lições dos Clássicos*. Organizado por Michelangelo Bovero, tradução de Daniela Beccaccia Versiani. Rio de Janeiro: Campus, 2000.

_____. *Contra il governo dei peggiori: Una grammatica della democrazia*. Roma/Bari: Laterza, 2000. (Ed. bras.: *Contra o Governo dos Piores: Uma Gramática da Democracia*. Tradução de Daniela Beccaccia Versiani. Rio de Janeiro: Campus, 2002.)

_____. Um realista insoddisfatto. In: OCONE, Corrado (a cura di). *Bobbio ad uso di amici e nemici*. Venezia: Marsilia, 2003. (Col. I libri di Reset)

_____. La teoria generale della politica: Per la riconstruzione del "modello bobbiano". In: ROSSI, Pietro (a cura di). *Norberto Bobbio tra diritto e politica*. Roma/Bari: Laterza, 2005.

_____. Fascismo e Democracia no Pensamento de Norberto Bobbio. Prefácio à edição brasileira de BOBBIO, Norberto. *Do Fascismo à Democracia*. Tradução de Daniela Beccaccia Versiani. Rio de Janeiro: Elsevier, 2007.

_____ (a cura di). *Il futuro di Norberto Bobbio*. Roma/Bari: Laterza, 2011.

BULL, Hedley. *The Anarchical Society: A Study of Order in World Politics*. London: MacMillan Press, 1977.

_____. The Grotian Conception of International Law. In: BUTTERFIELD, Herbert; WIGHT, Martin (eds.). *Diplomatic Investigations*. London: Allen and Unwin, 1966.

CAMPOS, Astério. *O Pensamento Jurídico de Norberto Bobbio*. São Paulo: Saraiva, 1966.

CARDIM, Carlos Henrique (org.). *Bobbio no Brasil: Um Retrato Intelectual*. Brasília: Editora da UnB; São Paulo: Imprensa Oficial do Estado, 2001.

CATANIA, Alfonso. Norberto Bobbio e il diritto. In: PUNZI, Antonio (a cura di). *Metodo linguaggio scienza del Diritto: Omaggio a Norberto Bobbio (1909-2004), Quaderni della Rivista Internazionale di Filosofia del Diritto*, n. 6, 2007.

CERUTTI, Furio. Kantiano nel cuore, hobbesiano nello sguardo. In: OCONE, Corrado (a cura di). *Bobbio ad uso di amici e nemici*. Venezia: Marsilia, 2003.

CÓRDOVA, Lorenzo; SALAZAR, Pedro (coord.). *Política y Derecho: [Re]pensar a Bobbio*. México: Siglo XXI/Unam, 2005.

CHEVALIER, Jean-Jacques. La Legitimité selon G. Ferrero, *Annales de Philosophie Politique*, n. 7, 1967. L'Idée de legitimité.

DANTAS, San Tiago. *D. Quixote: Um Apólogo da Alma Ocidental*. Rio de Janeiro: Agir, 1948.

D'ENTRÈVES, Alessandro Passerin (a cura di). *La libertà política*. Milano: Edizioni di Comunità, 1974.

DURANTE, Massimo. Il problema della guerra e le vie della pace: Riflessioni sul pensiero di Norberto Bobbio. In: PUNZI, Antonio (a cura di). *Quaderni della Rivista Internazionale di Filosofia del Diritto*, 6, 2007. Metodo linguaggio scienza del Diritto: Omaggio a Norberto Bobbio (1909-2004).

FASSÒ, Guido. *Storia della filosofia del diritto*. Bologna: Il Mulino, 1970. V. 3

FERRAJOLI, Luigi. Diritto e comportamenti. In: OCONE, Corrado (a cura di). *Bobbio ad uso di amici e nemici*. Venezia: Marsilia, 2003.

_____. Diritto e democrazia nel pensiero di Norberto Bobbio. In: PUNZI, Antonio (a cura di)., *Quaderni della Rivista Internazionale di Filosofia del Diritto*, 6, 2007. Metodo linguaggio scienza del Diritto: Omaggio a Norberto Bobbio (1909-2004)

_____; LUCIA, Paolo di (a cura di). *Diritto e democrazia nella filosofia di Norberto Bobbio*. Torino: Giappichelli, 1999.

FERRAZ JR., Tércio Sampaio. *Direito, Retórica e Comunicação*. São Paulo: Saraiva, 1973.

_____. *Conceito de Sistema no Direito*. São Paulo: Revista dos Tribunais, 1976.

_____. *A Ciência do Direito*. São Paulo: Atlas, 1977.

FILIPPI, Alberto (org.). *Norberto Bobbio y Argentina: Los Desafios de la Democracia Integral*. Buenos Aires: La Ley, 2006.

FILIPPI, Alberto; LAFER, Celso. *A Presença de Bobbio: América Espanhola, Brasil, Península Ibérica*. São Paulo: Editora da Unesp, 2004.

GALLIE, Walter Bryce. *Philosophers of Peace and War*. Cambridge: Cambridge University Press, 1978.

GHEZZI, Morris Lorenzo. *La Distinción entre Hechos y Valores en el Pensamiento de Norberto Bobbio*. Traducción Santiago Perea Latorre. Bogotá: Universidad Externado de Colombia, 2007.

GIORNATA LINCEA IN RICORDO DI NORBERTO BOBBIO (Roma, 18 ottobre 2005). Accademia Nazionale dei Lincei – Atti dei Convegni Lincei 226. Roma: Bardi, 2006.

GROCIO, Hugo. *Del Derecho de la Guerra y de la Paz*. Traducción Jaime Torrebiano Ripio. Madrid: Reus, 1925.

GUASTINI, Riccardo. La teoria generale del diritto. In: ROSSI, Pietro (a cura di). *Norberto Bobbio, tra diritto e politica*. Roma/Bari: Laterza, 2005.

HAAS, Richard N. *The Reluctant Sheriff: The United States After the Cold War*. New York: Council on Foreign Relations, 1997.

HOBBES, Thomas. [1948]. *Opere politiche, v. I: Elementi filosofici sul cittadino – Dialogo tra un filosofo e uno studioso del diritto comune d'Inghilterra* (a cura di Norberto Bobbio). Torino: Utet, 1959.

_____. *Leviathan*. Edited by C. B. Macpherson. Harmondsworth/Middlesex: Penguin, 1968.

HOFFMANN, Stanley. *The State of War*. New York: Praeger, 1965.

KANT, Immanuel. *Filosofía de la Historia*. Traducción Emílio Estiú. Buenos Aires: Nova, 1964.

_____. *Projet de paix perpetuelle*. Traduction J. Gibelin. Paris: Vrin, 1970. / *Per la pace perpetua* (introduzione Norberto Bobbio, a cura di Nicolao Merker). Roma: Riuniti, 1985. (Ed. bras.: *A Paz Perpétua: Um Projeto Para Hoje*. Tradução de J. Guinsburg. São Paulo: Perspectiva, 2004.)

_____. *Scritti di storia politica e diritto* (a cura di Filippo Gonnelli). Roma/Bari: Laterza, 2004.

KATZENSTEIN, Peter; KEOHANE, Robert O. (eds.). *Anti-americanism in World Politics*. Ithaca/London: Cornell University Press, 2007.

KELSEN, Hans. *What is Justice?* (*Justice, Law and Politics in the Mirror of Science*). Berkeley: University of California Press, 1957.

_____. *General Theory of Law and State*. New York: Russell and Russell, 1961.

_____. *The Pure Theory of Law*. Berkeley: University of California Press, 1967.

bibliografia

_____. *Essays in Legal and Moral Philosophy*. Selected and introduced by Oto Weinberger. Dordrecht: Reidel, 1973.

LAFER, Celso. *Ensaios sobre a Liberdade*. São Paulo: Perspectiva, 1980.

_____. *Paradoxos e Possibilidades*. Rio de Janeiro: Nova Fronteira, 1982.

_____. *O Brasil e a Crise Mundial: Paz, Poder e Política Externa*. São Paulo: Perspectiva, 1984.

_____. *A Reconstrução dos Direitos Humanos: Um Diálogo com o Pensamento de Hannah Arendt*. São Paulo: Cia. das Letras, 1988.

_____. *Ensaios Liberais*. São Paulo: Siciliano, 1991.

_____. *A Inserção Internacional do Brasil*. Brasília: Ministério das Relações Exteriores/ Funag, 1993.

_____. *Desafios: Ética e Política*. São Paulo: Siciliano, 1995.

_____. *Hannah Arendt, Pensamento, Persuasão e Poder*. 2. ed. revista e ampliada, São Paulo: Paz e Terra, 2003.

_____. *A Internacionalização dos Direitos Humanos: Constituição, Racismo e Relações Internacionais*. Barueri: Manole, 2005.

_____. Democracia y Relaciones Internacionales: Las Contribuciones de Bobbio. In: FILIPPI, Alberto (org.), *Norberto Bobbio y Argentina: Los Desafíos de la Democracia Integral*. Buenos Aires: La Ley, 2006.

LLAMAS, Angel (ed.). *La Figura y el Pensamiento de Norberto Bobbio*. Madrid: Universidad Carlos III/ Boletín Oficial del Estado, 1994.

LIJPHART, Arend. International Relations Theory: Great Debates and Lesser Debates, *International Social Science Journal*, v. 26, n. 1, 1974.

LUISE, Raffaele. *Dubbio e mistero: A colloquio con Norberto Bobbio*. Assisi: Cittadella, 2004.

MACHADO DE ASSIS, Joaquim Maria. *Esaú e Jacó*. Rio de Janeiro: Garnier, 1988.

MENDÈS-FRANCE, Pierre. *La Vérité guidait leur pas*. Paris: Gallimard, 1976.

MERQUIOR, José Guilherme. Defensa de Bobbio. *Nexos*, Ciudad de México, n. 130, out. 1988.

MURPHY JR., Cornelius F. The Grotian Vision of World Order, *American Journal of International Law*, v. 76, n. 3, july 1982.

NORBERTO BOBBIO: Estudios en su Homenaje. *Revista de Ciencias Sociales,* Valparaiso, n. 30. Edeval, 1987. Ed. dirigida por Augustín Sequella.

OCONE, Corrado (a cura di). *Bobbio ad uso di amici e nemici*. Venezia: Marsilia, 2003. (Col. I libri di Reset)

OLAMENDI, Laura Baca. *Bobbio: Los Intelectuales y el Poder*. Ciudad de México: Océano, 1998.

ORTEGA Y GASSET, José. *Ideas e Creencias (y Otros Ensayos de Filosofía)*. Madrid: Alianza, 1986.

PAZ, Octavio. Para o Poema (Pontos de partida). Tradução de Haroldo de Campos. In: PAZ, Octavio. *Signos em Rotação*. 3. ed. São Paulo: Perspectiva, 2012.

PAZÉ, Valentina (a cura di). *L'opera di Norberto Bobbio: Itinerari di lettura*. Milano: Franco Angeli, 2005.

PERELMAN, Chaim. *La giustizia*. Traduzione Lilliana Ribet, prefácio Norberto Bobbio. Torino: Giappichelli, 1959.

_____. *Droit, morale et philosophie*. 2. ed. Prefácio de Michel Villey. Paris: Lib. Générale de Droit et Jurisprudence, 1976.

_____. *Logique juridique: Nouvelle rhétorique*, Paris: Dalloz, 1976.

POLYBE. *Histoire*. Traduction Dénis Roussel. Paris: Gallimard, 1970.

PORTINARO, Pier Paolo. *Il terzo, una figura del politico*. Milano: Franco Angeli, 1986.

_____. *Il realismo politico*. Roma/Bari: Laterza, 1999.

_____. *Introduzione a Bobbio*. Roma/Bari: Laterza, 2008.

REALE, Miguel. *Teoria do Direito e do Estado*. 2. ed. São Paulo: Martins, 1960.

_____. *O Homem e Seus Horizontes*. São Paulo: Convívio, 1980.

_____. *Verdade e Conjectura*. Rio de Janeiro: Nova Fronteira, 1983.

RECASÉNS SICHES, Luis. *Experiencia Jurídica, Naturaleza de la Cosa y Lógica "Razonable"*. México: Fondo de Cultura Econômica/Unam, 1971.

ROSSELLI, Carlo. *Socialismo liberale* (a cura di John Rosselli). Introduzione di Norberto Bobbio. Torino: Einaudi, 1974. (Ed. bras.: *Socialismo Liberal*. Tradução de Sérgio Bath. São Paulo: C.H. Cardim Edit., 1988.)

ROSSI, Pietro (a cura di). *Norberto Bobbio, tra diritto e politica*. Roma/Bari: Laterza, 2005.

RUIZ MIGUEL, Alfonso. Estudio Preliminar: Bobbio y el Positivismo Juridico Italiano. In: BOBBIO, Norberto. *Contribución a la Teoría del Derecho* (ed. a cargo de Alfonso Ruiz Miguel). Valencia: Fernando Torres, 1980.

_____. *Filosofía y Derecho en Norberto Bobbio*. Madrid: Centro de Estudios Constitucionales, 1983.

_____. *Política, Historia y Derecho en Norberto Bobbio*. Ciudad de México: Fontamara, 2000.

SCARPELLI, Uberto (a cura di). *La teoria generale del diritto: Problemi e tendenze attuali, Studi dedicati a Norberto Bobbio*. Milano: Edizioni di Comunità, 1983.

SCHELL, Jonathan. *The Unfinished Twentieth Century*. London: Verso, 2001.

SCHMITT, Carl. *Le categorie del "politico"* (saggi di teoria politica a cura di Gianfranco Miglio e Pierangelo Schiera). Bologna: Il Mulino, 1979.

_____. *El Nomos de la Tierra en el Derecho de Gentes del Jus Publicum Europeum*. Madrid: Centro de Estudios Constitucionales, 1979.

SCHÜLER, Fernando; AXT, Gunter; SILVA, Juremir Machado da (orgs.). *Fronteiras do Pensamento: Retratos de um Mundo Complexo*. São Leopoldo: Editora da Unisinos, 2008.

SILVA, Evandro Lins e. *O Salão dos Passos Perdidos: Depoimento ao CPDOC*. Rio de Janeiro: Nova Fronteira/Editora da FGV, 1997.

SIMMEL, Georg. *The Sociology of Georg Simmel*. Translated, edited and with an introduction by Kurt H. Wolff. London: The Free Press of Glencoe/Collier-Macmillan, 1964.

TOCQUEVILLE, Alexis de. *De la démocratie en Amérique*. In : TOCQUEVILLE, Alexis de. *De la démocratie en Amérique, Souvenirs, L'Ancien Régime et la Révolution*. Paris: Laffont, 1986, T. 2.

VIEHWEG, Theodor. *Tópica e Jurisprudência*. Tradução e prefácio de Tércio Sampaio Ferraz Jr. Brasília: Departamento de Imprensa Nacional, 1979.

VIOLI, Carlo (a cura di). *Bibliografia degli scritti di Norberto Bobbio: 1934-1993*. Roma/Bari: Laterza, 1995.

VISSCHER, Charles de. *Théories et realités en Droit International Public*. 4. ed. Paris: Pedone, 1970,

YOUNG-BRUEHL, Elizabeth. *Hannah Arendt, for Love of the World*. New Haven: Yale University Press, 1982.

WIGHT, Martin. *Power Politics*. Edited by Hedley Bull and Carsten Holbraad. New York: Holmes and Meier, 1978.

ZOLO, Danilo. La filosofia della guerra e della pace in Norberto Bobbio. *Iride*, n. 23, gen.-apr. 1998.

_____. *L'alito della libertà: Su Bobbio*. Milano: Feltrinelli, 2008.

Créditos das Ilustrações

[CAPA] No Brasil, durante entrevista ao *Jornal da Tarde*, em 1982. Arquivo "O Estado de S.Paulo".

[PÁGINAS 2-3] Bobbio no escritório de sua casa, na via Sacchi, em Turim, nos anos de 1950. Arquivo Família Bobbio.

[PÁGINA 4] Durante entrevista ao *Jornal da Tarde*, em 1982. Arquivo "O Estado de S.Paulo".

[PÁGINA 5] Com sua mulher, Valeria, recém-casados, à saída da igreja, em abril de 1943. Arquivo Família Bobbio.

[PÁGINAS 6-7] Reunido no escritório de sua casa com Alfonso Ruiz Miguel, Michelangelo Bovero e Luigi Bonanate, Bobbio recebe o título de doutor *honoris causa* da Universidade Autônoma de Madri, em 1998. Arquivo Michelangelo Bovero.

[PÁGINA 8] Com Giovanni Spadolini, então presidente do senado na Itália, e Bovero (em segundo plano), nas arcadas do edifício da Universidade de Turim, em 1989, por ocasião da celebração dos seus oitenta anos. Arquivo Michelangelo Bovero.

[PÁGINA 9] [NO ALTO] Com Valeria em sua casa na via Sacchi, e Mary de Camargo Neves Lafer, esposa de Celso Lafer, em 1989. Arquivo Celso Lafer.

[EM BAIXO] Durante entrevista ao *Jornal da Tarde*, em 1982. Arquivo "O Estado de S.Paulo".

[PÁGINA 13] No Brasil, em São Paulo, 1982. Arquivo "O Estado de S.Paulo".

[PÁGINA 253] Com Celso Lafer, na via Sacchi, em 1989. Foto de Mary de Camargo Neves Lafer. Arquivo Celso Lafer.

COLEÇÃO PERSPECTIVAS

Eleonora Duse: Vida e Arte
    Giovanni Pontiero
Linguagem e Vida
    Antonin Artaud
Aventuras de uma Língua Errante
    J. Guinsburg
Afrografias da Memória
    Leda Maria Martins
Mikhail Bakhtin
    Katerina Clark e Michael Holquist
Ninguém se Livra de Seus Fantasmas
    Nydia Lícia
O Cotidiano de uma Lenda
    Cristiane Layher Takeda
A Filosofia do Judaísmo
    Julius Guttman
O Islã Clássico: Itinerários de uma Cultura
    Rosalie Helena de Souza Pereira
Todos os Corpos de Pasolini
    Luiz Nazario
Fios Soltos: A Arte de Hélio Oiticica
    Paula Braga (org.)
História dos Judeus em Portugal
    Meyer Kayserling
Os Alquimistas Judeus: Um Livro de História e Fontes
    Raphael Patai
Memórias e Cinzas: Vozes do Silêncio
    Edelyn Schweidson
Giacometti, Alberto e Diego: A História Oculta
    Claude Delay

Cidadão do Mundo: O Brasil diante do Holocausto e dos Judeus Refugiados do Nazifascismo (1933-1948)
Maria Luiza Tucci Carneiro
Pessoa e Personagem: O Romanesco dos Anos de 1920 aos Anos de 1950
Michel Zéraffa
Vsévolod Meierhold
Gérard Abensour
Oniska: Poética do Xamanismo na Amazônia
Pedro de Niemeyer Cesarino
Sri Aurobindo ou a Aventura da Consciência
Satprem
Testemunhas do Futuro: Filosofia e Messianismo
Pierre Bouretz
O Redemunho do Horror
Luiz Costa Lima
Eis Antonin Artaud
Florence de Mèredieu
Averróis: A Arte de Governar
Rosalie Helena de Souza Pereira
Sábato Magaldi e as Heresias do Teatro
Maria de Fátima da Silva Assunção
Diderot
Arthur M. Wilson
A Alemanha Nazista e os Judeus, Volume 1: Os Anos da Perseguição, 1933-1939
Saul Friedländer
A Alemanha Nazista e os Judeus, Volume 2: Os Anos de Extermínio, 1939-1945
Saul Friedländer
Norberto Bobbio: Trajetória e Obra
Celso Lafer

Este livro foi impresso na cidade de São Bernardo do Campo,
nas oficinas da Paym Gráfica e Editora, em outubro de 2013,
para a Editora Perspectiva